JUST PUB

文明之光

第二册

Civilizations and
Enlightenments

吴军 著

人 民 邮 电 出 版 社

北 京

谨以此书献给我的家人。

前言

人总是要有些理想和信仰。

当人们问起我的理想时，我就给他们讲贝多芬晚年的一个故事。有一天，贝多芬的老朋友维格勒来看他，贝多芬回忆起他们年轻时的理想，那时他们一起读着席勒的《自由颂》，追求自由的理想。贝多芬说他要写一部交响曲，告诉全世界他那"人类团结成兄弟"的理想，在这样的背景下，他写出了不朽的《第九（合唱）交响曲》。一百多年后，法国著名作家罗曼·罗兰再次提到贝多芬和席勒那样的理想，他写下了《巨人三传》和《约翰·克利斯朵夫》。在后一本书中，罗曼·罗兰寄托了他希望德国和法国两个世仇民族能够团结成兄弟的理想。今天，罗曼·罗兰的这个理想已经实现了。我自己也一直有着贝多芬和罗曼·罗兰那样的信念，相信最终人类能够团结成兄弟。我相信，即使今天不完美，将来终究会变得美好，而实现这一切则是要依靠文明的力量。

我们每个人或多或少都会遇到一些不如意的事情，看到或者听到这样那样的丑恶现象。我们有时会抱怨社会，对未来产生怀疑。我们时常听到这样的抱怨："都二十一世纪了……"，仿佛在今天的文明程度下，一切事情都必须是合情合理的。其实人类几千年的文明史和地球的历史相比，实在是太短暂了，大约相当于几分钟和一年的关系。虽然我们今天的社会比农业文明时期已经高度发达了，但与它所能达到的文明程度相比，还是非常初级的。因此，我遇到各种缺憾也就没有什么好抱怨的了，因为我们人类还"太年轻"了，人类已经走过的路，相比今后要走的漫漫长路，只能算是刚刚起步。幸运的是，如果跳出一个个具体事件，站在历史的高度去看，我们会发现人类是向着美好的方向发展的。对于人类遇到的问题，最终我们发现答案比问题更多。

在历史上，人和人之间，民族和民族之间，以及人类和自然之间遇到过很多的矛盾和问题，人类甚至不知道解决这些矛盾和问题最好的方法是什么，因此，杀戮和战争成为了常态。人类学会尊重每一个人，学会通过协商解决问题，还只是近代的事情。在历史上，人类对强者的崇拜、对权力的兴趣比对文明的兴趣更大。翻开世界各国尤其是中国的历史教科书，基本上都是在讲述王侯将相攻城掠地的丰功伟业，帝国的扩展和兴衰，很少讲述世界各地区对文明的贡献。时过境迁，人们会发现，经过历史的涤荡，这些王侯将相其实剩不下什么影响，虽然他们的故事很好听，很好看。

为了说明这一点，我们不妨看看欧洲历史上的一段纠纷。法国的阿尔萨斯和洛林，是中国中学生所知道的为数不多的法国省份的名称，这一切要归功于初中语文课本入选的一篇短篇小说《最后一课》。学过这篇课文的中学生都知道，这个地方自古就属于法国，在普法战争中被德国人占领了，这篇很短的小说曾经激发了很多法国人的爱国热情。但是这个地区的归属问题在历史上并非那么简单，而围绕它的历史又会引出无数关于王侯将相的生动故事，包括路易十三的首相红衣主教黎塞留、路易十四、拿破仑三世、德国皇帝威廉一世、军事家毛奇、铁血首相俾斯麦等，它还涉及到欧洲三十年宗教战争、普法战争、第一次世界大战和第二次世界大战等诸多历史事件。但是，今天如果让法、德这两个国家的人谈谈这些历史，他们的兴趣都不大，远不如他们对当下欧债危机和各国就业情况的关注。这些地区虽然在过去的五百年里争来争去，可人们的生活基本上还是老样子，并没有因为归属法国，或者独立，或者属于德国而有什么改善。倒是在过去的五百年里，法国启蒙作家的著作、拿破仑和法学家们留下的《拿破仑法典》，以及德国工程师贡献的多项工业发明对当下世界的影响更大。真正影响到我们的是那些文明的成果，包括经济的、技术的和人文的，而这些文明的成就恰恰容易被历史所忽略。我们今天无法得知在美索不达米亚地区是谁发明了轮子，无从知晓是中国哪个地方的农民最早采用了垄耕种植法，可是，这两项发明对人类文明进步的贡献可能比从亚历山大到拿破仑那样的 10 个军事家更大。

那么为什么很多人还在对那些王侯将相的故事津津乐道呢？这本身就说明人类还很年轻，依然崇尚权力。但是另一方面，那些故事常常富有戏剧性，很好听，很好看。而如果讲述普通人的故事，讲述文明的发展就未必能如此吸引人了。因此，我从很久以前就萌生了一个想法，这些过去被忽略的、听起来可能枯燥的故事，是否也能讲得生动有趣呢？我不知道自己能否做到这一点，但是我希望挑战一下自己，尝试一番。

在为《文明之光》选择题材时，有关王侯将相的赫赫武功基本上没有选，虽然有时可能会提上一两句，因为我们是讲文明的故事，而不是讲战争史。对大家熟知的很多内容，比如关于古希腊的艺术、罗马的城市文明、中国的四大发明以及法国的启蒙运动和大革命等等，我也没有选。这并不代表它们不重要，而是因为这方面的书籍已经很多了，各种观点相互争鸣已经足以为读者提供思考这些问题的全面视角了。

我选择题材的原则有这样几条。首先是挑选一些对人类文明产生了重大影响，却常常被忽略的人和事，这样算是对大家熟知的内容提供一些补充（比如中国的垄耕种植法）。第二，所选的题材必须是我所熟悉的，因此优先选择那些我见到过实物的题材（比如关于瓷器）和在我所去过的地方发生的事情（比如文艺复兴）。第三，也是非常重要的，就是这本书中的题材是我有深刻体会和认识的，因为写书最重要的目的是和读者交流，既然是交流，作者就必须有话可说，有感可发。我选择了人类文明史上的几十个片段来讲述我对文明的理解，虽然这些片段远不足以概括人类文明的进程，但是将它们有机地拼接起来，我认为是能够看到文明发展的脉络的。在人类的文明进程中，还有很多重要而有意思的事件在书中暂时没有提及，不过今后如果还有机会，我希望能将它们补上，这样可以将人类文明的过程描绘得更完整一些。

这四册书创作的素材，很多来自于我十几年来在世界各地的所见所闻，并参考了我阅读的大量论文、书籍和收集的实物。当然，写文明故事本身回避不了历史，并且涉及到对历史事件的评述，在这方面我一般采用通行的看法。比如关于人类的起源，我选择了同源说（即现代人源于东非），虽然大部分印第安人不同意，中国的一些学者也不同意。对于宇宙的构成，我选择了标准模型（即按照目前的理解分到夸克为止，虽然一些辩证哲学家一定要说夸克也可分）。有关经济学和金融领域的一些看法，我主要参考了斯坦福大学夏普教授和普林斯顿大学麦基尔教授在Google授课时阐述的观点。这些观点，很多是值得讨论和争鸣的，但是我并非写学术专著，未必一定要让读者接受其中的一种，我会尽可能采用最新、最流行的观点。如果读者不同意其中的一些观点，也没关系，因为透过这些具体的事例了解文明的重要性才是本书的目的。写书的目的是抛砖引玉，引起读者的思考，而不只是为了灌输内容。

为了方便大家阅读，共享我的见闻，我在书中加入了大量的图片，这些图片我尽可能地使用自己在世界各地拍摄的，以及我的两个女儿绘制的。对于我没有也暂时无法去拍摄的，我一律采用了维基媒体图片。

本书的内容基本上是按照时间顺序来组织的。第一册讲述从人类文明开始到近代大航海共八个专题；第二册讲述了从近代科学兴起到原子能的应用的另外八个专题；第三册介绍了直到20世纪的音乐、艺术和一些科技进步，尤其重点介绍了以计算机为核心的信息革命，并且在最后引出我们当下必须关注的环境和发展问题；第四册介绍了影响近代文明发展的科技、艺术和政治领域的重要进步，并重点介绍了从1到N的发明创新过程。由于各章内容差异较大，可能不是所有的读者都对全部的内容感兴趣。好在每一章都是独立的，读者可以挑着读。为了方便读者选择，我对各章大致作了以下分类。

历史：第 1、2、7、8、11、13、14、15、16、20、26 章。

科技：第 3、4、6、9、12—16、19、21—23、25、29 和 32 章。

艺术：第 1、2、6、7、17、18 和 31 章。

政治：第 5、10、11、15、16、20、24、27、28 和 30 章。

在本书构思和创作的过程中，我就一些专题专门与不少专家作了交流和探讨，以保证书中内容的正确性。比如，对涉及到物理学和自然科学的内容，斯坦福大学的张首晟教授为我提供了很多建议和意见。有关经济学和金融领域的一些看法，主要参考了普林斯顿大学麦基尔教授在 Google 授课时阐述的观点。在此，我向他们表示衷心的感谢。

在本书的写作和出版过程中，特别要感谢 JUSTPUB 的周筠女士、李琳骁先生和胡文佳女士，作为本书的主要编辑、排版校对和审阅者，他们花了大量的心血和时间修改完善这本书。万科企业股份有限公司董事会主席王石先生和著名物理学家张首晟教授在百忙中为本书写了序言（见本书第一册），在此向他们表示衷心的感谢。另外，我还要感谢人民邮电出版社信息技术分社的刘涛社长和俞彬副社长，感谢他们为本书出版所做的大量繁琐细致的工作。同时感谢为本书题写书名的著名书法家、瀚海置业的王汉光董事长，以及精心设计本书封面的邹政方先生带领的设计团队。在此，还要衷心感谢文明之光读者微信群的朋友们长期给予我的热情鼓励与支持。

最后，感谢张彦女士为本书做了最初的校对，并感谢吴梦华和吴梦馨为本书绘制了很多插图。

人类文明还在不断地发展，人们的认识也在不断地提高，加上本人学识有限，书中不免有这样或那样的错误，还请读者指正，也请读者原谅。

吴军

2017 年 2 月于硅谷

目 录

第九章　艾萨克·牛顿

理性时代的开拓者

自然和自然律隐没在黑暗中；

神说，让牛顿去吧！万物遂成光明。

—— 亚历山大·波普（Alexandra Pope）

1727 年 4 月 4 日，一位先哲的灵柩，由一位公爵、三位伯爵和一位首席大法官扶着[1]，在长长的送葬队伍的护送下，下葬于英国国教的主教堂威斯敏斯特教堂（又称为西敏寺，Westminster Abbey）。威斯敏斯特教堂葬着英国最杰出的人物，包括许多国王和王后，但是即使把他们都算进去，在英国的历史上也不曾有过，也再没有过任何一位先哲或者伟人受到过如此崇高的礼遇和尊敬。四年后，在威斯敏斯特教堂内最显眼的地方，一座规模宏大的纪念碑为这位先哲建成。这座纪念碑将教堂的正厅一分为二，不曾有哪位国王的纪念碑如此显眼，如此气派。在这座纪念碑的周围，后来安葬了许多影响了世界的科学家：提出进化论的达尔文（Charles Robert Darwin，1809－1882），电磁学理论的集大成者麦克斯韦（James Clerk Maxwell，1831－1879）、发现电子的汤普森（Benjamin Thompson，1753－1814）和提出原子核模型的卢瑟福（Ernest Rutherford，1871－1937）等[2]。这位先哲就是我们这一章的主角，一位彻底改变了世界的人物 —— 艾萨克·牛顿爵士（Sir Isaac Newton，1643－1727）。他获得了前所未有的赞誉和殊荣。英国诗人亚历山大·波普（Alexander Pope，又译作柏蒲，1688－1744）为牛顿写下本章开头那段墓志铭。

牛顿是一位空前绝后的划时代人物，在他之前，科学在欧洲并未深入人心，人类对自然规律的了解还非常有限，自然科学尤其是物理学和天文学的体系相当不完整，数学的工具也非常弱；在他之后，欧洲进入了崇

1

他们是大法官（Lord Chancellor）蒙特洛斯和罗克斯布尔公爵（Dukes of Montrose and Roxburgh），彭布洛克、萨塞克斯和麦克莱斯菲尔德伯爵（Earls of Pembroke, Sussex and Macclesfield）。有些书将 Lord Chancellor 翻译成"钱塞洛尔勋爵"是不对的，Chancellor 在这里不是人名，Lord Chancellor 是英国大法官的意思。

2

本来还应该有著名物理学家和化学家法拉第，但是由于宗教教派原因葬于别处。

尚科学的理性时代。经典的物理学和天文学完全建立了起来，人们对数学的认识从静止的变量，上升到变化的函数。没有牛顿的工作，我们无法制造出今天各种复杂的机械、发动机、火箭和光学仪器，对于大部分数学问题，我们也无法找到答案，我们对宇宙的认识也将是肤浅的。正是牛顿的贡献，为后来的工业革命奠定了科学基础。

第一节 从故乡到剑桥

3
英国从亨利八世起信奉基督教新教为英国国教，因此不采纳天主教教皇颁布的新历法，二者前后差十天。关于格里高利历法，在前面"科学之路——从毕达哥拉斯到托勒密"一章中有介绍。

我从小就听父亲讲，牛顿是一位农家子弟。我不知道他这么说是不是为了激励我在艰苦的环境下好好读书。不过，后来我知道他这话说起来一点不错。在英国的旧历 1642 年（儒略历）圣诞节那一天，或者按照现行公历（格里高利历）1643 年 1 月 4 日[3]，牛顿在英国林肯郡伍尔兹索普小镇的一个农民家里诞生了。牛顿是早产儿，出生时只有三磅重（不到三斤），据说能放到一个一升多大的容器里，大家都担心他能否活下来。谁也没有想到这个小男孩日后会成为名垂千古的科学巨人，并且活到了 84 岁高龄。

牛顿是个遗腹子。在他三岁时，母亲独自改嫁给一个牧师，把牛顿留在外祖母身边抚养，因此他和这位继父的关系很不好，并且迁怒于他母亲。19 岁时他曾经向牧师忏悔过他小时候的罪恶想法——"想把他们的房子烧掉"，当

图 9.1 牛顿画像，戈弗雷·内勒作于 1702 年，收藏于伦敦肖像馆

然他没有这么做。后来他母亲的后夫也去世了，母亲带着和后夫所生的一子二女回到牛顿身边。

在牛顿的时代，英国经过伊丽莎白一世时期的发展，教育已经开始普及，因此，牛顿从小被送到公立学校读书。我想，这可能是英国能出牛顿这样的科学家的一个重要原因。至于少年时的牛顿是不是神童，关于他的各种传记说法不一。一些史学家认为他少年时可能资质平常，因为他的成绩一般，而且对读书没有兴趣。有一次他被一个高年级的孩子欺负了，从此开始发奋，要在学习上超过那个孩子，并且很快做到了。因此，我倾向于认为他是个神童。牛顿从小不仅喜欢读书，而且喜欢自己动手做各种各样的简单机械，比如风车和水钟，等等。他还抓过一只老鼠，以此为动力带动一个磨坊的模型。牛顿做的水钟并非玩具，而是一个可以使用的钟，他一直用着它，直到离开家乡时才把它送给了房东。除此之外，牛顿在少年时还有很多的小发明，他从制作这些器具当中，不仅学习了机械原理，而且培养了自己的创造力。从小培养创造力，或许是造就牛顿这样的大科学家的一个重要原因。此外，他还非常乐于给同学们讲各种科学知识，这或许对他今后当教授有一定影响。

牛顿 12 岁时，进了当地的格兰瑟姆国王中学（The King's School, Grantham）。但是，到了 16 岁那年，他不得不回家务农。牛顿的母亲原希望他当个农民，但牛顿本人对农活没有兴趣，而是喜欢读书。这时他的中学校长亨利·斯托克（Henry Stock）说服了牛顿的母亲，让他重新回到学校读书，这改变了牛顿的一生。在当时英国的很多学校里，同学们喜欢欺负读书不好的学生，为了不被欺负，牛顿发奋读书，成了学校顶尖的学生。

牛顿在国王中学读书期间，寄宿在药剂师克拉克家，经常看到克拉克做各种化学实验，于是除了读书，他对做实验也产生了兴趣，并且影响了他的一生——牛顿到老都在做各种各样的实验。据说牛顿还爱上了这位药剂师的女儿，并且可能和她订了婚，但是不知是什么原因没有结成婚，而日后他也没有再爱上什么人。

牛顿在少年时期被公认为头脑清醒、沉默少言和有思想。这几句评价，如果换一个角度解读，也就是说牛顿并不是学生中的领袖，他是一个独来独往、爱思考，但可能还有点不合群的人。不过，他可能比同龄人有着更踏实的特点。在17世纪的英国，牛顿这样一个贫穷的农家子弟能够完成小学、初中和高中的教育，除了他母亲尊重了牛顿自己的选择外，也说明当时英国的大众教育已经相当普及，正是靠普及教育，使得英国后来人才辈出。

4
名称来源于基督教的三位一体。三一学院是剑桥最古老的学院。

1661年，牛顿进入了剑桥大学最传统的三一学院[4]（Trinity College）学习。英国大学的学院（College）和我们今天讲的专业学院（比如工学院、商学院和医学院）是完全不同的概念。英国大学的学院更像是一个大学生之家，或者大学生社区。学生们和没有结婚的教师在那里同吃同住，一起生活，一起参加宗教活动和社会活动，直到今天依然如此。平日里，学院由教授和学生组成的管理委员会共同管理。（牛顿在高年级时也曾经入选这个管理委员会。）申请剑桥或牛津大学的人，不仅要被大学录取，还要被其中一个学院接纳才行，当然能否被接纳要看学院里的学生和教授是否认为申请人能够融入他们的圈子。

图 9.2 剑桥大学著名的三一学院

这样办教育的好处，按照英国著名教育家，牛津运动的代表人物纽曼（John Henry Newman，1801—1890）在他的著名演讲"大学的理念"（Ideas of University）中讲的那样，可以学到世界的知识（Knowledge of Universal），而不仅仅是书本知识——

> "先生们，如果让我必须在那种由老师管着、修足学分就能毕业的大学与那种没有教授和考试让年轻人在一起共同生活、互相学习三四年的大学中选择一种，我将毫不犹像地选择后者……为什么呢？我是这样想的：当许多聪明、求知欲强、富有同情心且目光敏锐的年轻人聚到一起，即使没有人教，他们也能互相学习。他们互相交流，了解到新的思想和看法，看到新鲜事物并且掌握独到的行为判断力。"

剑桥大学的另一个特点就是导师制，如今的大学，一个导师一般要指导二三十名学生。但是，这些导师和我们通常意义下的论文导师完全不同，剑桥（本科生）的导师未必和学生属于同一专业，他更关心的是学生的选课和将来的职业发展，而不是传授专业知识。牛顿进入剑桥三一学院后的导师是本杰明·普莱恩（Benjamin Pulleyn，？—1690），他是一名希腊语教授，和牛顿的兴趣完全不同。普莱恩自己讲，他一开始想让牛顿像大部分学生那样，以研修拉丁文等传统课程为主，但是牛顿的兴趣根本不在于此，因此他也没有对牛顿加以限制，而是让这名天才的学生自由发展。牛顿在进入剑桥之前就已经自学过很多新的知识，在很多领域知道得比他的导师还多，事实上普莱恩也很难给牛顿什么指导和建议。在剑桥，牛顿很喜欢卢卡斯教座[5]的教授巴罗（Isaac Barrow，1630—1677）[6]的课程，这些课程对他后来从事科学研究有很大的影响。

当时欧洲的大学还是以教授拉丁文法和基本的科学知识为主，很少教授专业知识，后者得等到 19 世纪德国洪堡[7]教育体系建立后才开始。当然，那个时期的大学，学生们有足够的时间在课堂以外学习和研究自己感兴趣的知识。在剑桥期间，牛顿广泛地阅读了数学、光学、力学、天文学和其他"自然哲学"（也就是我们说的自然科学）领域的经典著作，并如饥似渴地学习和钻研当时的科学发现。比如在当时，大部分学生还在学习欧几里得的经典几何知识，牛顿却花了更多的时间自学笛卡尔刚发明

[5] 在欧美的大学中，一些捐助人（机构）会出钱命名一些教席，以提供研究经费和薪金的方式资助那些被任命为教席教授的研究者。这些教席教授身份和地位都比一般教授高。在剑桥大学最著名的教席是卢卡斯，牛顿、卡文迪什和霍金都曾经是卢卡斯教座的教授。

[6] 牛顿在剑桥的导师，1664 年任剑桥首届卢卡斯教授。

[7] 洪堡（Wilhelm von Humboldt，1767—1835）德国著名教育家。

不久的解析几何。虽然他的导师普莱恩不赞同牛顿的做法，但还是让他自由学习自己感兴趣的知识。由于牛顿成绩出色，学校（主要是由他的导师决定）给了他公费生的待遇（相当于今天的奖学金），这样就保证了他在 1668 年之前都不用为生计发愁。在此之前，牛顿是减费生，虽然一年 10 英镑不算贵，但这对他收入不高的母亲来说也是一笔不小的数目。要知道，当时一英镑相当于重量为一磅（16 盎司，大约 15 两）纯银的价值，这也就是为什么英语中 pound 这个词既是重量单位，又是货币单位的原因。每年 150 两白银的费用，对于一个务农的寡妇来说无疑是很重的一笔负担。现在，有了这笔资助，牛顿可以专心研习科学了。

图 9.3　风景如画的剑桥大学

我一直对大学的教育方法很感兴趣，并且每年花不少时间参与约翰·霍普金斯大学的管理。每次董事们和系主任们讨论和研究的一个课题就是如何教育出有创造力的学生，一个大家都认可的原则就是要帮助学生找到自己感兴趣的课题。牛顿在剑桥的经历是一个很好的研究案例。公平地讲，在教授知识方面，今天的很多大学做得都比当年的剑桥好，毕业生的平均质量也比当时好很多。对于大部分学生，现在的教育方法无疑是更成功的。但是，在给学生自由发挥的空间上如今的大学不如牛顿时的剑桥，因此，在保证了平均水平的同时，也可能会牺牲了牛顿这样的天才。另一方面，牛顿的成功与他接受知识的方法很有关系。

和一般大学生习惯于接受书本知识不同，牛顿从来不轻信书本上的结论，他总是需要用实验和数学计算验证前人的看法，得出自己的结果。1664年，牛顿阅读了笛卡尔关于光学的著作，对于笛卡尔给出的结论，他也要先做实验，然后才会相信。笛卡尔认为颜色是由旋转速度不同的小球产生的，这其实只是一种假说，笛卡尔并没有给出什么根据。牛顿既没有相信这个解释，也没有否认它。有一天，他在推导万有引力定律的公式时，一丝阳光从门缝里射进来，"从来没有见过这么细的光线，如果将它再分为几丝，不知道会是什么样。"有人说牛顿去买了一个三棱镜，有人说他从抽屉里拿出一个三棱镜，当然这个细节并不重要。牛顿用三棱镜截住阳光，奇迹出现了，阳光折射到墙上，呈现出彩虹的颜色。他反复实验着三棱镜的游戏，发现结果是可重复的。于是牛顿解开了一个光学的奥秘：原来我们平时看到的白色太阳光，其实并不是单色光，而是由许多颜色的光混合而成。这一年年底，牛顿提出了太阳光谱是由红、黄、绿、蓝和紫五色光构造的理论，并且发现了"不同颜色的光折射率是不同的"原理。这实际上推翻了笛卡尔关于"不同颜色的光是因为小球旋转速度不同"的假说。这一年牛顿只有 22 岁。

在剑桥学习期间，牛顿针对所读的书做了详细的笔记，并且做了大量的实验来验证书中结论的正确性，这些实验的细节也记录在他的笔记中，后来有人将它整理成牛顿的早期文献《三一学院笔记》。我想大家一定都同意这样一个结论：如果剑桥一定要求牛顿按照笛卡尔书上的讲法回答考试问题，那么他就很难超越笛卡尔了。写到这里，我常常为我们当下的文科教育感到可悲，因为在灵活性很强的文科考试中总是要求学生遵从教科书里面的一家之言。

图 9.4　牛顿在做光散射的实验

从 1665 年起，牛顿的研究重点放在了力学上，他将自己在动力学和数学等各方面的想法与发现都记录在笔记中，其中包括发现离心力定律、牛顿力学三定律的早期想法、力的定义、物体碰撞的动量，等等。在数学上，牛顿发明了二项式定理并给出了系数关系表。同年，他获得三一学院学士学位。也是在这一年，牛顿在研究运动速度的问题时，提出了"流数"的概念，这是微积分的雏形。他把流数分为正流数（即微分）和反流数（即积分）。这年夏天，剑桥流行瘟疫，牛顿回到家乡伍尔兹索普，度过了近两年的时间。这一段时间是他思想最活跃的时期，不但有许多发现和发明，而且后来很多思想的萌芽也是在这时产生的。对于一个一心钻研科学的人，连瘟疫这样的坏事都变成了让他静静思考的机会。

1667 年春天，牛顿从家乡返回剑桥。第二年，他获得研究生的奖学金并取得硕士学位，不过依然在剑桥求学做研究。不久，牛顿发明了反射式望远镜，比伽利略的折射式望远镜清晰而且小巧，后来这种反射式望远镜以牛顿的名字命名。

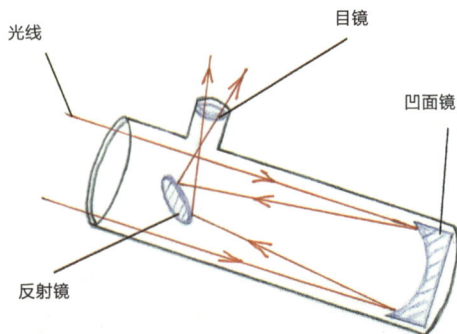

光线
目镜
凹面镜
反射镜

图 9.5　牛顿反射式望远镜的原理

今天世界上最大的太空望远镜詹姆斯·韦伯空间望远镜（James Webb Space Telescope，简称 JWST）就是应用牛顿望远镜的原理制造的。牛顿因为发明了新的望远镜而在天文学界开始有了名气。4 年后，也就是 1671 年，牛顿因此而受到了英国皇家学会（Royal Society，现在常常译作英国皇家科学院）的重视，并被提名为学会会员。这一年年底 [8]，在他 29 岁生日的前两天，他被接纳为世界上最有影响力的学会会员（现在这个头衔译作英国皇家科学院院士）。在科学界，一颗新星冉冉升起。

8
按照儒略旧历。

第二节　万有引力定律的发现和微积分的发明

1669 年，牛顿的老师巴罗辞职，牛顿接替了他在剑桥大学的位置，成为一名数学教授。这一年，牛顿 26 岁。虽然是数学教授，但是牛顿在剑桥研究的领域非常广泛，包括天文学、力学和光学等。在剑桥的学术生涯中，牛顿最大的成就是发现了物理学上的万有引力定律和发明了微积分，而牛顿发明微积分原本是为了解决力学问题，因此，这两项成果并不是孤立的。当然，牛顿还有很多其他重要的发明和发现，我们放到下一节再讲。在这一节我们只关注这两项，这不仅是因为它们对后世影响非常巨大，而且有其他人宣称对这两项发明发现也有贡献。

说起万有引力定律的发现，人们总要说这样一件事，就是牛顿看到成熟了的苹果从树上落下，得到了灵感，发现了这个定律。这个说法最早来自于牛顿本人，他多次讲他发现万有引力定律是从苹果落地受到的启示。事实上，这不过是一个传奇故事。牛顿的老朋友、《牛顿生平》（*Memoirs of Sir Isaac Newton's Life*）一书的作者威廉·斯蒂克利（William Stuke-ley，1687—1765）讲，牛顿看到苹果落地是确有其事，但是并非像卡通片里描述的那样 —— 苹果砸到了牛顿的头上。实际上，牛顿发现万有引力定律是一个很长的过程，并非这样灵机一动就想出来了。

牛顿在发现行星引力和地球重力等物理学规律时，周围有很多科学家和他一起在探讨这个问题。这些人中，包括胡克（Robert Hooke，1635—

9
弹簧的伸缩长度和
外力成正比。

1703）—— 发现了细胞和物理学上的胡克定律 [9]，哈雷（Edmond Halley，1656—1742）—— 发现了哈雷彗星，雷恩（Sir Christopher Wren，1632—1723）—— 天文学家和建筑师，伦敦的设计者之一，建有圣保罗大教堂，以及玻意尔（Robert Boyle，1627—1691）—— 物理学家，玻意尔 - 马略特定律的发现者之一。其中，胡克和牛顿的关系颇为微妙。胡克比牛顿大七岁，算是牛顿的前辈，但是两个人的学术观点常常不同，有人甚至把他说成是牛顿的宿敌。当牛顿刚刚入选皇家学会时，按照惯例应在皇家学会宣读一篇论文。牛顿的报告是《关于光和颜色的理论》，胡克却以自己的光波动说批评牛顿的光微粒说以及用折射率的不同来说明颜色的观点。这本来应该是正常的学术之争，但是不久之后胡克开始批评牛顿的反射式望远镜，并且在《哲学会报》上发表批评文章，就显得有点无理取闹了。从此，产生了科学史上著名的光的波动说与光的微粒说之争。

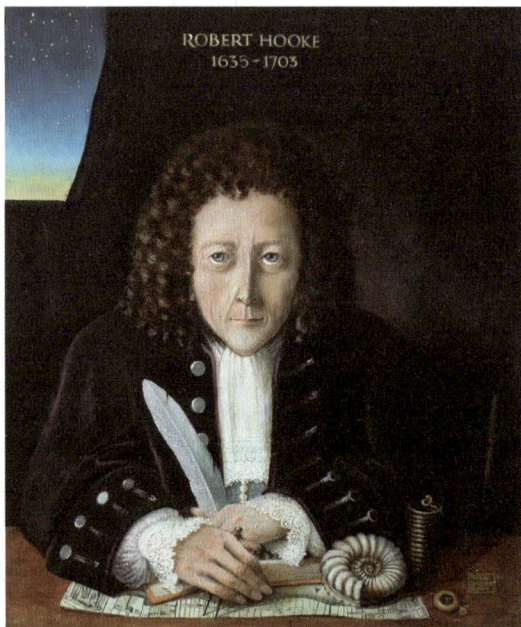

图 9.6　著名物理学家胡克，相传是牛顿在学术上的对头

1684 年前后，这些科学家都注意到了行星围绕太阳运动需要一种向心力（即来自太阳的引力），否则圆周运动或者椭圆运动的离心力将使得行星逃逸。哈雷提出向心力应该和距离的平方成反比，这和牛顿的观点一致。胡克不知是出于什么目的，宣称自己早就证明了这一点，哈雷对此颇为怀疑，要求他拿出证明来，胡克拿不出来，但却坚称自己知道如何证明。

哈雷等人自然不能相信，于是去剑桥请教牛顿。牛顿告诉哈雷等人，遵守这种向心力的天体运动轨道是椭圆的，而不是圆的。后来牛顿用（微积分中）求极限的方法证明了引力（当时牛顿称它为向心力）和距离平方成反比，并且托人把自己的手稿《论运动》带给了哈雷等人。

图 9.7　天文学家哈雷，以发现哈雷彗星而闻名

与其他物理学家不同，牛顿认识物体之间相互的引力不是根据天文现象猜测到的，而是从他自己建立的经典力学理论推导出来的。在认识万有引力的过程中，牛顿先提出了运动的三个定律，就是今天所有物理学教科书中都会提及的牛顿第一（惯性）定律、第二（加速度）定律和第三（作用力和反作用力）定律。牛顿还定义了物质的质量。在此以前，人类只了解重量，不清楚重量和质量的关系。牛顿三定律和质量概念的提出，为万有引力定律最终的发现和证明做好了理论上的准备。到1685年初，牛顿已经彻底搞清楚了物体之间具有相互引力的秘密，并且严格证明了万有引力定律，他将这一重大发现写在了他的巨著《自然哲学的数学原理》（简称《原理》）一书的第一卷中。在《原理》一书出版前几个月，胡克在皇家学会提出了万有引力定律的发现权问题，哈雷（也是牛顿这本巨著的出版人）给牛顿写信，告知胡克要求发现权一事，并希望牛顿在《原理》序言中提一下胡克的作

用。这让牛顿非常反感，他明确拒绝了胡克的要求，而只答应在最后一卷的末尾，一并提及胡克和其他相关人员。

牛顿发现万有引力定律，有其历史必然性。当时除了牛顿，其他科学家也开始认识到天体间相互的吸引力问题，并且从他们的经验中得知这个引力可能与距离的平方成反比。如果没有牛顿，或许几十年后会有另一位科学家发现并且证明这个定律。但是有了牛顿，上帝确定的自然法则很快就被揭开了。哈雷（可能还有胡克）等人对万有引力的认识更多是在感性上，与牛顿的认识相比还是有本质上的差距。除了在物理研究水平上的差距，更大的差距在于哈雷等人没有掌握微积分这个数学工具。事实上，直到《原理》一书完成之前，牛顿并没有系统地发表微积分相关论著，这也为后来微积分发明权之争埋下了伏笔。

牛顿很早就有了微积分的最初想法，这大约是 17 世纪 60 年代中期的事情，当然，微积分里的很多细节他还没有想清楚，他也没有用微积分这个词。在 1669 年，也就是牛顿接替巴罗担任了剑桥大学卢卡斯教授的这一年，他就写出了题为《论用无限项方程所做的分析》的长篇手稿，系统地总结了他过去关于流数和二项式定理的研究成果，这是微积分发展早期的重要文献。同年 6 月，他把这篇论文手稿提交给巴罗，巴罗在给当时另一位数学家（也是皇家学会图书馆负责人）约翰·考林斯的信中称赞说："这是住在剑桥的一位朋友的作品，他对于这个问题有优秀的才能" [10]，并且在当月巴罗就将牛顿的手稿寄给了考林斯。考林斯抄了一个副本后将原稿退还给巴罗。随后，考林斯将牛顿的手稿又转给了欧洲的许多朋友，这在后来就留下了一个数学史上的谜案，即德国数学家莱布尼茨（Gottfried Wilhelm von Leibniz，1646—1516）是否从这些通信中知道甚至看到了考林斯的抄本。当时，巴罗和考林斯建议牛顿将这篇手稿作为巴罗《光学讲义》的附件发表，或许牛顿觉得还不成熟，他答复巴罗说，还需要进行修改和补充，以至于长期没有发表，这让莱布尼茨后来抢在了前面。否则，就没有后来的微积分发明权之争了。

10
D Gjertsen (1986), "The Newton handbook", (London (Routledge & Kegan Paul) 1986), at page 149.

1670 年和 1671 年，牛顿又写了《级数和流数计算方法》，但是到了 1736 年才由科尔逊（John Colson，1680—1760）[11] 译成英文发表[12]，并加了评注。莱布尼茨在 1673 年访问了伦敦，与英国的几位数学家交谈和通信，并在与皇家学会秘书奥登伯格[13] 的来往信件中，了解到牛顿的流数法及其部分应用。奥登伯格在 1674 年给莱布尼茨的信中谈到牛顿的曲线测量法："只要给出坐标，用它可求出曲线长度、图形面积、旋转体的第二次分割及其反求法。"而莱布尼茨在给奥登伯格的信中说：

> "贵国了不起的牛顿提出了一个表示求解各种形状面积、各种曲线（所包围）的面积及其旋成体的体积和重心的方法。这是用逼近的过程求出的，而这也正是我要推导的。这一方法如果能被简化并且推广的话，是非常了不起的贡献，毫不怀疑这将证明他是天才的发明者。"[14]

这段话说明莱布尼茨早就承认牛顿的积分法在他之前，并且大加称赞。次年莱布尼茨才搞出微分和积分的新表示法。牛顿得知此事后，写信给奥登伯格，说明自己的方法，以便转给莱布尼茨。莱布尼茨看到牛顿的来信后要求进一步说明细节，牛顿给莱布尼茨写了后来的信，系统地阐述了二项式定理、无穷级数展开法、用流数求一般曲线的面积等原理，并且比较全面地介绍了自己的微积分。

1676 年，莱布尼茨第二次访问伦敦时，经过考林斯同意，摘录了牛顿的手稿《论用无限项方程所做的分析》以及牛顿的级数展开方法、例子和一些补充说明，这样他对牛顿的工作有了全面的了解。在此之前，莱布尼茨只是对微积分有了初步想法和新的表示方法（这一点也很重要）。他的微分原理论文和积分原理论文分别发表在 1684 年和 1686 年，但是里面没有提及牛顿的作用。这时其实已经比牛顿的《流数法》成稿晚了 15 年。

牛顿将微积分论著全部发表是 1693 年的事情，虽然他在《原理》一书中已经用到了微积分。正是因为牛顿公开发表的时间晚于莱布尼茨，所以今天数学界只能说"牛顿先发明了微积分，但是莱布尼茨先发表了这项成果。"由于分不清他们的贡献，因此，偷懒的方法就是直接将发明

11
英国数学家，剑桥大学卢卡斯教席教授。

12
早期的学术著作都是用拉丁文写的，后来才被翻译成英文。

13
亨利·奥登伯格（Henry Oldenburg 1619-1677），德国神学家和外交家，从 1660 年起担任皇家学会的秘书。

14
《牛顿通信集》*The Correspondence of Isaac Newton*，Cambridge University Press; 1 edition (October 16, 2008)

莱布尼茨书中的观点包括四个方面，今天看起来都非常荒唐：

（1）唯物主义的原理和方法的谬误是对上帝不虔诚。《原理》的作者与唯物主义者是一样是错误的。

（2）物质可以无限分割并充满空间，承认原子和虚空等于上帝创造非常完美的产品和从此不再需要创造了。

（3）空间和时间是相对的。相信绝对的和无限的空间是与上帝等同的。上帝之外是不可能有其它永恒的、非创造的东西。

（4）物体无任何东西中介超距地相互吸引（指万有引力），这是超自然的，只有上帝才能做到，不可能存在于自然界。

微积分的功劳平分给他们二人。至于为什么牛顿没有更早地发表，他自己讲主要是害怕反对和批判，当然可能的反对者并非是数学家们，而是教会。整个微积分是建立在无穷小的概念上的，几千年来人们习惯了静态思考数字，很难想象无穷小的概念。在微积分发表后几十年里，教会对此一直持反对意见，最著名的就是英国大主教乔治·贝克莱（George Berkeley，1685—1753）。他在一本标题很长的书**《分析学家；或一篇致一位不信神数学家的论文，其中审查一下近代分析学的对象、原则及论断是不是比宗教的神秘、信仰的要点有更清晰的表达，或更明显的推理》**中，对牛顿的理论进行了攻击，并嘲笑牛顿的无穷小量是"已死量的幽灵"。我之所以要将书名换一种字体表示，是因为不然的话读者可能都不知道这么长的书名什么时候结束。今天学过微积分的读者，都知道无穷小既不是零，也不是一个具体的小数字，必须动态地看待它，它的极限是零。牛顿和莱布尼茨发明的微积分今天全世界都在使用，而贝克莱的这本谁也记不住名字的书，除了成为他对科学无知（他对哲学还是很有建树的）和有偏见的证据，没有任何用途。对科学的不相信乃至口诛笔伐，不仅来自于神学家，也来自于一些笃信上帝的科学家，莱布尼茨就是其中的代表。莱布尼茨针对牛顿的万有引力学说发表了《关于上帝善行的自然神学论著》[15] 一书，反对牛顿的引力理论，并第一次提出牛顿的引力传递思想是"超距离作用"，而在基督教看来，超距离作用只有上帝才能做到。此外，他认为牛顿提出绝对时空就是无视上帝创世。

或许是害怕教会，或者还有什么别的原因，总之，牛顿并没有及时将微积分发表。如果牛顿发表了微积分，莱布尼兹的工作是否就变得没有意义呢？事实正好相反，莱布尼兹对微积分最大的贡献在于他使用了一整套完整的数学符号，而不是微积分本身。牛顿首先是物理学家，他的兴趣更多地在于物理学和实验科学，微积分只是他在研究物理的过程中发明的数学工具，因此他设计的那套微积分符号虽然自己用起来非常自如，但是其他人用起来并不方便。而莱布尼茨是数学家，并且对符号运算很有兴趣，因此他使用的微积分符号不仅方便书写，而且容易学习。正是靠他的贡献，微积分理解起来才容易。不过，就微积分的发明权问题，莱布尼茨和牛顿，德国和英国一直争论不休。莱布尼茨曾经向牛顿担任会长的英国皇家学会控告牛顿侵犯了他的发明权，其结果可想而知——还没等到牛顿开口，皇家学会的其他会员便纷纷对莱布尼茨表示谴责，并且通过决议谴责莱布尼茨的剽窃行为。在接下来的两百多年里，德国人（加上一些欧洲大陆人）和英国人就这个问题一直争吵个不休。不过今天除了科技史学者拿它做题目发表一两篇论文外，在数学界没人在意他们二人到底是谁发明了微积分。实际上我们今天学习的微积分，已经既不是牛顿的，也不是莱布尼茨的，而是一个半世纪后法国数学大师柯西（Augustin-Louis Cauchy，1789－1857）的微积分，它建立在公理化的体系下，最为完备和严密。他使用的符号，则是混合了拉格朗日和莱布尼茨的符号。图 9.8 显示了这三种符号的差别。

牛顿的符号：$\dot{y}$，$\ddot{y}$，$\cdots$

莱布尼茨的符号：$\dfrac{dy}{dx}$，$\dfrac{d^2y}{dx^2}$，$\cdots$

拉格朗日的符号：y'，y''，$\cdots$

图 9.8 牛顿、莱布尼茨和拉格朗日对于函数的微分（导数）分别使用的符号

牛顿、莱布尼茨和柯西是对微积分贡献最大的三位数学大师。虽然他们的信仰和政治观点不同，但是这些都不影响他们在科学上为人类做出的巨大贡献。总的来说，牛顿是理性主义者，并且拥护民主政治，虽然他提出过所谓"行星运动的第一推动力"一说，但是他对宗教其实不感兴趣。而莱布尼茨则是专业的神学家，并且坚持认为上帝万能。柯西在政治上是一个保守的保皇派。他们通过数学的

图 9.9 法国发行的著名数学家柯西的纪念邮票

语言，在跨度长达百年的时间里神交，使微积分得以完善。我一向反对因为一位科学家的政治主张而否认他的学术观点，政治主张和学术的对错无关。

第三节 站在巨人的肩上

牛顿从 1669 年起担任剑桥大学三一学院卢卡斯教座的教授，一做就是30 年，直到 1699 年他因为就任英国造币局局长，才辞掉这个职务。在剑桥的 30 年间，牛顿除了教授天文学，大部分时间都在进行科学研究，他在科学史上的地位无人能及。我们在前面提到了他的一些具体贡献，比如发现万有引力定律和发明微积分，这些只是他在自然科学和数学方面诸多成就的一部分。和欧几里得或者托勒密一样，牛顿是建立了科学体系，他的贡献不仅仅在于一项项孤立的发现和发明，而在于他的工作几乎为所有这些相关学科奠定了理论基础。由他确立的科学体系包括：

1. 以微积分为基础的高等数学

2. 以牛顿三定律为主线建立的经典力学

3. 以光子说为基础的光学

4. 以万有引力为基础的天文学

此外，他还完善了笛卡尔建立的解析几何学，这是微积分的基础。要专门介绍牛顿的科学成就，可以写一本书，我们在这里只能用几个段落概括一下。而在牛顿的每一项重大发明中，我们都能看到前辈巨人的影子。

3.1 数学

让我们先来看看牛顿在数学上的成就，前面已经介绍了牛顿发明微积分的故事，这里我们谈谈他在数学上的其他贡献。

在数学发展史上，牛顿的数学研究遍及 17 世纪后半叶数学所有的前沿领域，他在做曲线的切线、求二次曲线面积、解多元高次代数方程、发明二项式定理、发明微积分和微分方程等方面，都有重要建树。单凭微积分和微分方程的发明，就足以使他在整个数学史上位居最伟大的数学家前列。前面已经对微积分做了不少介绍，但是需要指出的是，即使没有微积分，他的数学研究成果也超越了之前任何一位数学家。

在牛顿以前，除了欧几里得或者笛卡尔等少数数学家外，大部分数学研究者都是局限在具体的数的法则、数学模型或者几何定理上，很少有人能建立起一整套完整的数学体系。通常一个体系的建立需要几代人的努力，比如几何学的建立和完善经历了几十代人的努力。在牛顿之前，笛卡尔是一个构建体系的数学家，他发明了解析几何。可惜他英年早逝，对于解析几何中的很多问题并未给出解答，比如二次曲线的面积和任意曲线切线的方程，这些都在牛顿时代得到完善。当然牛顿自己很谦虚，他说"如果说我比笛卡尔看得远一些，那是因为站在巨人肩上的缘故。"牛顿的《原理》一书除了有物理学和力学的很多发现外，大量的篇幅都与解析几何有关。应该讲，笛卡尔在解析几何上开了头，而牛顿站在笛卡尔的肩上完成了整个体系的构建。微积分、解析几何和后来的线性代数，是整个高等数学的基础。下面我们再来看看，除了万有引力定律和微积分，牛顿的其他主要贡献。如果一个科学家能在其中任何一个领域里取得牛顿那样的成就，就可以在历史长卷中写下重重的一笔了。

3.2　光学

光学是牛顿最早研究的课题，也是他在剑桥大学教授的课程。牛顿在光学方面有许多重大发现，并且提出了光的粒子说。

对于光、颜色和视觉的研究，可谓历史悠久。古希腊的毕达哥拉斯和古原子论的奠基者德谟克利特等人认为光由物体表面的粒子组成，视觉不过是物体放射的粒子或原子流在眼睛内引起的感觉。这可以认为是光学中粒子说的最早假想模型。对此持不同观点的是亚里士多德，他在《心理学》一书中提出光是透明的介质产生的性质或作用，这种看法可以看作是波动说的原型。所以，对于光的本质的认识，在古希腊便已经产生了分歧。

在整个中世纪，科学发展停滞，直到文艺复兴，人类对光学的研究又重新开始了。在文艺复兴后期，意大利科学家吉安巴蒂斯塔·德拉·波尔塔（Giambattista della Porta，1535—1615）发现了小孔成像原理。他在黑屋窗户上开个小孔，使阳光照在墙上显示出自然的色彩。1621年，荷兰科学家威理博·斯涅尔（Willebrord Snellius，1580—1626）发现光在相同介质里的入射角和折射角的余割之比是常数。虽然他在生前并没有发表这个成果，但是光波的折射定律依然以他的名字命名。笛卡尔后来也发现了这个定律，并于1637年在《屈光学》一书中发表了这一发现。

对于光的散射，古代中国人和阿拉伯人都注意到了这个现象。与笛卡尔几乎同时代，中国明末的科学家方以智（1611—1671）在《物理小识》中综合前人研究的成果，对色散现象作了总结。他用自然晶体（或者人工烧制）的三棱镜将白光分成五色。由此认识到，雨后彩虹、日照下瀑布产生的五色现象，以及日月之晕、五色之云等自然现象，都是白光的色散（皆同此理）。这表明中国科学家对色散现象有了较全面的认识，但这也反映出中国古代的物理学知识大都是零散、经验性的知识，缺乏定量分析。

在牛顿之前不少科学家都做过三棱镜实验，观察到光的散射现象并且考虑了颜色的问题，不过他们的解释都很混乱。比如胡克认为红色是被浓缩的光，紫色是被稀释的光。笛卡尔则认为光是在以太中旋转的小球，不同颜色的光旋转速度不同，在折射时小球转速会改变，转得越快的光（红光），折射角度越小，转得慢的（蓝光）折射角度大。比牛顿略早的英国物理学家玻意尔在《接触色的实验和思考》中，提出颜色是光经眼修改后产生了视觉效果。牛顿在剑桥读书时，读了笛卡尔的《屈光学》，也了解了先前其他科学家，包括玻意尔等人的光学理论。所有这些人，都应该属于牛顿所说的"巨人"。

牛顿的高明之处在于他没有机械地接受前人的理论，而是经过自己的思考和实验超越了前人。在光学上，他接受了笛卡尔光是小球（光子）的说法，但是不同意笛卡尔关于白光散射的解释。牛顿给出了更好的解释——不同颜色的光折射率不同。牛顿还是第一个发现白光是由七种颜色构成的科学家，虽然他在 1664 年第一次谈到白光的组成时只提到五种颜色，但是两年后，他提出了阳光由七色构成的说法，并明确地分为红、橙、黄、绿、蓝、青和深紫，同时他指出两种光之间夹着明显的中间色，因此太阳光其实可以散射成连续的光谱。

了解了不同颜色光的折射率不同后，牛顿改进了望远镜。这是一次完全靠理论指导的发明。在牛顿之前，伽利略发明了折射望远镜，就是利用凸透镜的折射原理将远处的物体放大，并且因此发现了木星的四个卫星。但是，由于不同的光折射率不同，因此当焦距比较短（放大倍数较大）时，不同颜色的光实际上聚不到一点上，造成影像模糊。使用过高倍数伽利略天文望远镜的读者可能会有这样的体会，一个远处的星星经过望远镜放大后，边沿模糊，并出现彩虹的颜色。要克服这个缺陷，就要省去凸透镜。我们都知道凸透镜是放大镜，没有了它怎么可能制造望远镜呢？牛顿有办法，他利用凹面镜反射的原理，同样可以将物体放大，同时又避免了光的散射问题，因为光反射的路线和颜色无关，这样聚焦就能更准确，也就可以把望远镜的放大倍数做得更大一些。牛顿动手能力很强，自己购买设备磨制镜片，制作了一部放大 40 倍的望远镜，由于光路在望远镜里反射了一次，因此长度短了一半，只有 6 英寸（15 厘米左右）。我们前面讲了，这部望远镜不仅让牛顿当选英国皇家学会会员，也成为了当今世界上那些最大的望远镜的原型。从这个实例中我们可以看到，在牛顿及其之后的时代，人类开始有意识地利用科学知识指导实践。

牛顿同时发现了颜色的混合可以产生新的颜色，他在《光学》一书中写道"黄和蓝变成红，黄和红变成橙，紫红和红变成深红，红和绿变成黄褐，红和蓝变成紫红……由两个三棱镜产生的颜色的混合可以产生出任何一种颜色。"当前广泛使用的彩色显示器（电视机）和彩色胶卷能展示各种颜色的图像，就是靠这种颜色混合的原理。

牛顿在光学研究上还有一些其他重要成就，如对虹的解释和衍射现象的观察，以及发现薄膜干涉现象。他在《光学》中讲到，当日光穿过小孔时，出现了折拐的现象，但是他没有用到衍射一词，也没有能很好地解释这种现象产生的原因。牛顿是最早观察到薄膜干涉现象的人，曾经将一块凸透镜凸面朝下放在一个平面透镜上，将光直射向凸镜的平面，可以观察到一个个明暗相间的同心环条纹，如果使用白光，则可以看到彩虹状的同心圆，这种现象被后人称为牛顿环。

对于光的本质，牛顿提出并完善了光的微粒说，而同时代的胡克认为光是波动的，但是完善光的波动说的是牛顿推荐的他的继承人惠更斯（Christiaan Huygens，1629—1695）。两种说法各有道理，并存了两百多年，直到 20 世纪著名物理学家爱因斯坦发现光既有粒子的特点，也有波的特点，并且提出了波粒二象性（wave-particle duality）的理论，才将这两种学说统一起来。

牛顿主张光的微粒说有两方面的原因，首先是他从科学生涯一开始就接受了原子论，他认为万物都是由原子（或者更小的粒子）组成的；另一方面，在当时的条件下，光学实验的结果用粒子说解释比较容易，而牛顿还没有条件做更深入的实验。这说明，再伟大的科学家，或多或少都要受其所在时代的限制。

3.3 力学

牛顿是经典力学的奠基人，他的力学三定律是整个力学的基础，牛顿在此基础上为后人搭起了经典力学的大厦。

谈到力学，首先要搞清楚的是"什么是力"。人类从远古开始就对"力"有认识，但是对于"力"这个概念到底是什么，谁也说不清楚。第一个真正认识到力的本质的是牛顿。不过牛顿对力的认识，也不是从一开始就非常深刻，而是经历了三个阶段慢慢完善起来的。

第一个阶段是他在剑桥大学读书的时候，主要接受了伽利略对力的认识。伽利略认为"力是运动或静止的原因"。牛顿这时对力的定义为："力是运动和静止的原因，或者是加在某一物体上的外因，或者产生或破坏它的运动，或者至少在某种范围内改变它；或者力是内因，物体的运动或静止由这个内因而保持下来，并且每一个实体由这个内因力图保持它的现有状态并反抗任何阻碍。"这时，牛顿把力分为了外力和内力，而牛顿所说的内力，就是我们今天说的惯性。由此可见，牛顿已经认识到惯性和外力的不同，但是他没有认识到惯性不是一种力，所以，他自己找了一个新名词"内力"。这说明他和以前的物理学家一样，混淆了力和惯性。

第二个阶段是在 1684 年前后，在物理学手稿《论运动》中，牛顿把外力定义为："外加于一物体上的力是一物体极力改变其运动或静止状态的力，并且是与撞击的冲力或压力、连续压力、向心力和介质阻力不同的力。"他又说："一个外加是施加于一物体上以改变其静止或在一直线上匀速运动的状态的一种作用。"这时他已经把外力和惯性分开了，并且修正了以前科学家对力的一个错误认识，即力是维持物体的运动的原因。这标志着牛顿对力的认识从感性上升到理性，并且开始科学化了。

第三个阶段是在《原理》成书前后，即 1687 年，牛顿在《原理》一书中给出了我们今天中学物理学课本里关于力的定义："力是物质间的相互作用"。牛顿的第三定律：

作用力与反作用力，大小相等，方向相反

则是对力的定义的另一种诠释。除了给出力的科学定义，牛顿还将力和动量等物理学概念完全区分开，并且分别给出准确的定义。我们今天中学物理教科书上关于力学和运动的部分，大部分来源于《原理》一书。由于牛顿对力学的贡献，物理学界用"牛顿"来命名力的单位。

由于准确地区分了力和相关的物理学概念，牛顿总结出了他的第一定律，即惯性定律：

> **一切物体总保持匀速直线运动状态或静止状态，直到有外力迫使它改变这种状态为止。**

在定义了"力"之后，牛顿定义的第二个重要的物理学概念是质量。在牛顿之前，人们普遍谈论的是重量或将重量和质量混为一谈，因为重量在日常生活中可以观察到，但是当时没有质量这个概念，因为质量是物质本身的性质，并不能直接测量。即使到了今天，没有学过中学物理的，依然搞不清重量和质量的差别。牛顿以他特有的抽象思维能力和对未知世界的洞察力，给出了这个描述物体物质多少的度量。他在《原理》中明确定义了物体的质量，即质量是"物质之量"，是其密度和体积大小的乘积，因为在牛顿时代，密度和体积是比质量更为简单的物理量。（今天，我们习惯于用质量和体积定义密度。）按照牛顿的定义，质量是物质固有的特性，是不变的。牛顿之所以能总结出质量这一概念，是因为他相信原子论，在他看来质量就是物体包含的原子数量的量度；物体的体积愈大，原子的排列愈密，它所包含的原子数愈多，其质量就愈大。

有了质量的概念，牛顿才能够科学地表达他的第二定律及其表达式：

> **物体加速度的大小跟作用力成正比，跟物体的质量成反比，且加速度的方向跟作用力的方向相同，即**

$$a = f / m$$

> **其中 a 代表加速度，f 代表力，m 代表质量。**

也正因为有了质量的定义，才得以将万有引力定律准确地表述出来。

牛顿确定的第三个物理学基本概念就是加速度。牛顿定义加速度为"与既定时间内变化的速度成比例"，而速度则是"在一定时间内移动的轨迹长度的数量"。在牛顿之前，速度和加速度是混淆的，伽利略甚至达·芬奇都注意到了惯性，但是分不清速度和加速度的关系，因此未能总结出惯性定律。不过，伽利略的工作还是给牛顿的研究奠定了基础，在力学上，从伽利略到牛顿是一脉相承的。

在 18 世纪中期以前，欧洲很多科学家只重视牛顿的第二定律，而把他的第一和第三定律认为是理所当然。欧拉（Leonhard Euler，1707—1783）、达朗贝尔（Jean le Rond D'Alembert，1717—1783）[16] 和拉格朗日（Joseph-Louis Lagrange，1736—1813）等人高度评价这个定律，它对后来的力学和物理学发展产生了极其深刻的影响。不过，牛顿的另外两个定律虽然描述起来简单，但是对力学基础的建立同样很重要。当牛顿之前的科学家认为物体在没有外力的作用下将逐渐停滞下来时，大家对惯性定律是缺乏认识的。至于第三定律，是牛顿从研究物体碰撞的过程中总结出来的，他解决了力的传递问题。今天制造的火箭遵循的最基本的原理就是牛顿第三定律。

16
法国物理学家、数学家和天文学家。

正如欧几里得的五条几何学公理奠定了整个几何学一样，牛顿的三个定律则是整个力学的基石。和欧几里得不证自明的公理不同的是，牛顿的这些认识是建立在大量科学实验基础上的，这是数学和自然科学的区别。牛顿早在 1665 年到 1666 年时，就发现了第三定律的内容，但是牛顿如实地提到了许多科学家在论证和验证第三定律上所做的工作，并且指出其中的局限性，他以自己更广泛的考虑、实验和理论与实验相印证，确认了这个定律的正确性。由此，牛顿也为后人示范了一个自然科学的研究方法，即自然科学的结论必须能够证实或者证伪，如果不能证实或者证伪（比如上帝的存在）则不属于自然科学的范畴。

3.4　天文学

万有引力定律是牛顿最著名的科学发现之一，正是这个发现奠定了天体力学的基础，并使牛顿建立起他的"宇宙系统"。他将地球上和天上的物

图 9.10 艺术家笔下的太阳系模型

质的运动规律和相互作用统一起来，实现了划时代的重大突破。拉普拉斯（Pierre-Simon Laplace，1749—1827）在《宇宙系统论》一书中写道："用地球的运动去解释天体运动所表现的简单性，得到天文学家们的一致赞同，它被认为是万有引力原理的一种新的验证，使其达到物理科学可能达到的最高境界。"关于万有引力定律的发现过程和年代问题，一种广为人知的说法是：牛顿早在 1662 年之前便已经开始考虑两个问题，即地球的运动是由太阳的引力引起，以及地球和天体的重力具有统一性。在接下来的几年里，他对前人（包括伽利略、开普勒和笛卡尔）的理论有了深入的了解。他可能是从罗杰·培根（Roger Bacon，1214—1294，不是常说的那个弗兰西斯·培根）的一些思想中受到了启发。罗杰·培根认为，物体落下的原因和加速运动归于地球的"吸引"。在关于天体运动的轨迹问题上，开普勒的椭圆模型已经非常接近行星运动的实际轨迹了。牛顿在开普勒的模型基础上，进一步发现太阳也不在太阳系各个行星椭圆轨道的焦点上，而是在各天体运动的共同重心上，二者稍有差别[17]。

17
由于太阳系大部分质量在太阳本身，因此这个差异非常小。

在这些巨人的研究成果的基础上，牛顿发现引力和距离平方成反比，并进而发现了万有引力定律。在此基础上，牛顿建立起他的宇宙系统，包括行星运动的理论、彗星理论、潮汐理论和月球理论。牛顿的力学三定律，加上万有引力定律，被后人评价为人类科学史上最伟大的发现。牛顿超越前人的地方在于，他第一个说明了太阳、地球、月亮和所有天体都是遵循同一运动规律，并且可以量化计算。因此有人这样形容牛顿的贡献，"上帝创造了世界，而牛顿发现了上帝创造世界的方法。"

第四节 生活中的牛顿

牛顿的一生，除了幼年时期贫穷而坎坷外，应该讲一直都非常顺利。从剑桥大学毕业后不久，牛顿就接任了他的老师巴罗在剑桥大学担任的卢卡斯教授的教席。29 岁当选为英国皇家学会会员。

牛顿对政治和管理工作的兴趣不亚于学术。在 1688 年英国资产阶级革命（光荣革命）胜利后，英国由君主制改为了君主立宪制，作为新政权的拥护者，牛顿参加了上议院的选举。当时剑桥大学有三个议席，牛顿以得票第二当选，之后又多次当选上议员。

1696 年牛顿被任命为英国皇家造币局总监，并在三年后担任造币局局长。这主要是靠他的老熟人蒙塔格（Charles Montagu，1661—1715）的推荐。蒙塔格也是剑桥大学三一学院的毕业生，与牛顿同时任上议院议员，在 17 世纪 80 年代和 90 年代初蒙塔格曾在国家金库、国库任领导职务，在建立世界上第一个中央银行——英格兰银行中起过重要作用。他推荐牛顿的另一个原因是考虑到牛顿对化学和冶金有深入的研究。牛顿当时的一个任务就是检验货币成分，防止伪币。牛顿写了一份关于各种货币的报告[18]，其中有各种货币的重量和成分表。在任上，牛顿成功地领导了一场反对伪币的重大战役，甚至将几个人送上了绞刑架。由于住在伦敦，牛顿无法兼任剑桥的教授，干脆于 1699 年辞去了剑桥卢卡斯教授的职务，专心从政了。

18

Reports as Master of the Mint

1703 年，牛顿在学术上的主要对手胡克去世了，牛顿当选皇家学会主席就没有了障碍。这一年年底，牛顿当选为学会主席，一直连任到他去世为止，长达 25 年，这也是英国皇家学会史上任期最长的主席。这时的牛顿已经 60 岁了，并且有了好几年担任造币局局长的管理经验，于是，他把政府管理的那一套做法搬到了学会。在他的领导下，学会不再是松垮的组织，而是一个经常举办学术讨论会的活跃机构。除非有特殊情况，

19
美国著名科学史专
家，前哈佛大学教
授，写了很多科学
家传记，其中最主
要的是《牛顿传》。

牛顿是各种会议从不缺席，无论是理事会的会议和还是学术讨论会。因此，他被认为是皇家学会历史上最负责和最有作为的主席之一。美国科学史家伯纳德·科恩（I.Bernard Cohen，1914－2003）[19] 称他是以铁腕统治皇家学会。

1705 年，英国女王安妮和她的丈夫乔治亲王授予牛顿爵士（Sir，有的地方翻译成勋爵）称号。这是英国第一次给科学家封爵位，从此，牛顿的名声从科学界走上了社会。不过，由于久居伦敦，他在剑桥的影响力渐渐减小了，于是在剑桥选区的上议院选举中落选。

在一般人眼里，优秀的科学家应该对钱财看得比较淡，但牛顿并非如此，事实上他颇为爱财。牛顿接受造币局长一职的主要原因是这个职位不仅有权，而且薪水很高。此外，他还积极参与投资或者说是金融投机，并且"有幸"赶上人类历史上早期著名的股市泡沫"南海泡沫"。

南海泡沫的过程非常有意思，我们会在本系列第三册的"伟大的博弈"一章中作详细介绍。用一句话来概括，就是这家资质不佳但是有政府背景的公司，靠发布假消息在半年里股价从每股一百多英镑涨到了一千多英镑，又在两个月时间里跌回到一百多英镑。牛顿也是南海泡沫诸多的受害者之一。他第一次进场是赚了一笔（七千英镑），等到股价到达高峰时他再次进场，结果赔了两万英镑。对比 50 年前牛顿在剑桥读书时一年只花 10 英镑，两万英镑就如同天文数字了。牛顿因此感叹到"我能算出天体的运行，却无法预测人类的疯狂"。（I can calculate the motions of heavenly bodies, but not the madness of people.）实际上，他自己也是疯狂的人之一。

和当时的很多科学家一样，牛顿对罗马教廷没有什么好感，虽然他也信仰上帝。（他信仰英国国教，但是对清教徒并不排斥，在他领导的皇家学会里，大部分会员是清教徒。）当时，如果谁想反对罗马教廷，最好的办法就是从《圣经》本身出发，而不是抛弃《圣经》，宗教改革家马丁·路德就是这么做的。牛顿在人到中年以后，对政治和宗教的兴趣大增，他花了很多年时间研究《圣经》中的《预言书》和《圣·约翰启示录》，他认为罗马教廷实际上背叛了基督的教义，并写了一本书《关于但以理书和圣·约翰启示录的意见》[20]阐述自己的观点。但是由于当时教会审查很严，这本书一直未能发表，直到他去世后，部分内容才得以发表。当时，神学的观点和科学的观点经常交锋，一些科学家也支持神学的观点，不过各种学说都有讲话的自由。著名科学家玻意尔就曾经立下遗嘱，用他的部分遗产支持神学讲座。牛顿的《原理》一书发表后，虽然广受好评，但是也受到很多对上帝万能坚信不疑的学者的质疑，牛顿不得不和他们通信论战，后来迫于压力，也不得不承认以太的存在（教会的观点）。

牛顿一生未婚。他谈过两次恋爱，一次是和他的表妹，另一次是和他的房东药剂师克拉克的女儿安妮·斯托勒（Anne Storer）小姐。据说他和斯托勒小姐还订过婚，但不知什么原因两个人终究没有走到一起。保加利亚作家瓦西列夫在《情爱论》里把牛顿描写成和贝多芬一样的情圣，并且为了一个不可替代的对象而终生未娶。不过，我倒觉得牛顿对科学的兴趣可能大于对女人的兴趣。有意思的是，很多伟人的恋爱婚姻都不是很顺利，包括我们后面要讲到的华盛顿、杰弗逊和奥本海默。这或许是因为上帝很公平，不能让一个人把好处都占了。

第五节 科学与伪科学之间

牛顿去世时封存了一些手稿和笔记，按照他的遗嘱，这些文献在他去世若干年后才能打开。后来著名经济学家凯恩斯（John Maynard Keynes，1883－1946）得到这些遗物并送回了剑桥。在牛顿规定的时间一过，凯恩斯等人迫不及待地想知道牛顿到底留给人类什么遗产，立即翻阅和研究了牛顿留下的这部分多达百万字的手稿，而让凯恩斯等人吃惊的是，手稿中竟有不少内容是没什么意义的炼金术和神学。从手稿上来看，牛顿晚年花在炼金术和神学上的时间可能并不比他花在数学或者物理学研究上的时间少。往好里说，牛顿对未知领域的探求一直没有停止过；往坏里说，牛顿把大部分宝贵的时间全浪费在不可能有结果的事情上了。

20

Observations Upon the Prophecies of Daniel and the Apocalypse of St. John

现在看来，欧洲历史上的炼金术和中国古代的炼丹术一样，同属伪科学，不过很多术士的做法，倒和今天自然科学的研究方法非常相近，只不过他们缺少知识，在做一些不可能有结果的事情。在牛顿的时代，什么是科学，什么是伪科学，界限并不十分清晰。

实际上炼金术还不是牛顿研究的唯一伪科学，他一度还对占星术产生过兴趣。1663年，牛顿接触到占星术，那时占星术和天文学混在一起。牛顿读了本占星术的书，不过他从不盲信任何东西，用三角学知识剖析所谓占星术的理论，发现里面空洞无物，全是伪科学的结论，从此再没碰过占星术。

21
布鲁塞尔的化学家
和医生。

牛顿对炼金术的兴趣大约始于1688年，那时他在剑桥当教授，读了从亚里士多德开始到海尔蒙特（Jan Baptista van Helmont，1579—1644）[21]的很多关于炼金术的书。为了置办药品，他专门去了伦敦一趟。从剑桥到伦敦，大约相当于从苏州到上海，在马车时代不算太近。回到剑桥后，他用1.5英镑建了两个炉子做实验，从此便开始了对炼金术的研究。

牛顿研究炼金术的直接目的是为了探索物质的组成和变化机理。牛顿在很早就接受了物质是由原子组成的观点，这和当时大部分科学家，包括胡克、惠更斯和莱布尼茨坚信的上帝创世纪的观点不同。双方为此有过激烈的争论。牛顿认为宇宙中有原子和真空，而对神创论坚信不疑的学者则认为，世界上不能有真空，对于真空的地区，必须有一种看不见摸不着的物质——以太来填充。

我倒不认为牛顿研究炼金术是他一生的污点，那只是他不成功的科学尝试而已。在牛顿的时代，没有人懂得一种单质（黄金和水银都是单质）是不可能由另一种单质通过化学反应得到的，因此水银变不成黄金，显然牛顿也没有认识到这一点。不过，对于一个严肃的科学家来说，通过实验去探索未知的做法是很容易理解的，毕竟好奇是他们的天性。牛顿对物质的组成也持非神创论的观点，这就决定了他研究炼金术和化学是出于对科学的追求。虽然牛顿炼金是失败了，但是他对炼金术和化学的研究也并非一无所获。

首先，这让他的物质观由向以太说妥协转变为后期比较坚定的原子论。他在实验中发现物质重量与质量成比例，否定了当时一些科学家认为的无重量的以太构成万物的思想。其次，他发现物质经过一些化学反应，可以互相转变或者生成新的化学物质。他成功地进行了一些酸、碱、盐之间的化学实验，并且有物质的转变和新物质的产生。但是牛顿还不知道世界上的物质有单质和化合物之分，单质的转变是需要对原子核进行改造的（核物理的范畴），而不是一般化学反应能够实现的。比如用中子轰击汞原子可以得到金（当然这样的造价是天然金的成百上千倍，没有人愿意这样制造黄金），但是任何化学反应却做不到这一点。

其次，通过对炼金术和化学的研究，牛顿得出了物质不灭的结论，他指出，每一物体能够变成其他的物体，这些材质只是传递，并没有减少，而且还可以反转回来。

再次，在研究炼金术时，牛顿发现了置换反应，比如用较活跃的金属，可以将汞盐中的汞置换出来，将金属放到酸中可以产生气泡（氢气）。经过大量的实验，他得到了不同金属元素（和氢）在盐溶液中进行置换的次序，对 19 世纪化学家关于金属活跃表的产生和原子之间结合力的学说有很大贡献。另外，牛顿发现将酸和碱结合可以生成盐。不过他把另外一些合成物生成的反应也错误地归入酸碱中和反应，比如他发现将硫磺和汞结合生成硫化汞，便解释成硫磺是酸性的，而汞是碱性的。

不过牛顿无法解释这些化学实验的结论，他只能用一些物理概念去解释化学问题，比如从原子的大小、重量、亲和力等给出似是而非的解释。

牛顿在化学上的贡献，有点像达·芬奇在物理学上的贡献，他们都通过大量的实验注意到很多自然现象并总结出一些规律，但是由于认识的不足，无法给出科学的解释，或往往给出一些错误的结论。由于认识的局限性，牛顿最终没有成为一位合格的化学家，他寻求的目标（炼金）在化学上是做不到的，但是他的研究方法却是可取的。在科学研究上，正确的方法比正确的结论更重要，因为如果方法正确，即使一时得不到正确的结论，但是只要按照正确的方法走下去，最终可以得到正确的结论。但是如果方法不正确，偶然得到一些正确的结论，对科学的发展却没有什么积累。

如果说牛顿对炼金术的研究还多少解决了一些化学问题，那么牛顿在神学上的研究则毫无意义。牛顿花了不少时间研究神学，也留下了大量关于神学的手稿，但是它们都毫无价值。炼金术和神学的区别在于，前者可以通过实验证伪，这一点和科学是一样的，因此炼金术最终演变成了化学。而神学则与科学完全没有交集，既无法证实也无法证伪，其实它也不需要证实和证伪。牛顿擅长的是科学的研究方法，因此他在科学上硕果累累。而这些方法在神学上毫无用途，因为任何人都无法根据世界的物质性就证明上帝存在与否。因此，毫不奇怪，牛顿在神学上的研究一无所获。牛顿虽然是教徒，但是在骨子里有多么相信上帝值得怀疑。基督教愿意用牛顿关于第一推动力的话来证明他晚年皈依了上帝。不过，将这句话当做牛顿无奈的自嘲，也未尝不可。和剑桥大部分教师必须在学院里担任一些神职工作[22]不同，牛顿从来没有做这些事情。至于牛顿晚年为何对神学感兴趣，只有天知道了，而最支持牛顿晚年皈依了上帝这种说法的人，大多来自教会。

这就是牛顿，他是伟大的科学家和思想家，也是凡人。虽然在牛顿去世后，随着他的研究成果成为全世界大中学生必学的内容，他逐渐被后世塑造成一个神话。不过，他终究还是凡人，会走错路，也会犯错误，他同样也有凡人的贪欲和弱点。因此，我们对他不能太过苛求。

第六节　遗产

英语中对"遗产"一词有两个翻译，一个是 heritage，主要是指物质财富，另一个词是 legacy，主要是指精神财富和政治影响。牛顿虽然收入颇高，也留下不少钱财，但是那笔物质上的遗产现在已不见踪影了。

22
我们前面讲了，剑桥和其他英国大学的学院，是学生的家和社区，是由教授和学生自己管理。它们有自己的教堂，教堂里一些不重要的职务，都由教友们兼任，不再设专职人员。

牛顿的手稿是一笔
非常宝贵的史料和
档案。牛顿一生没有
结婚，当然也没有子
嗣。牛顿去世后，他
的侄子和侄女分得了
这些手稿。这些后代
中有一支后来嫁给了
朴茨茅斯家族（Ports-

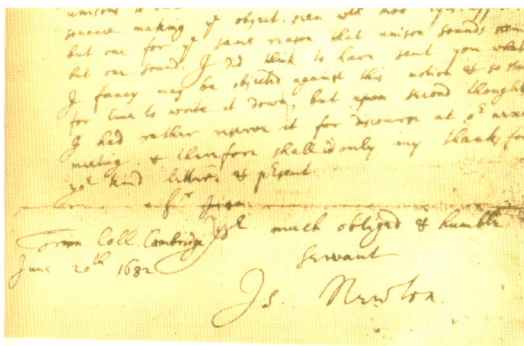

图 9.11　有牛顿签名的信件手稿

mouth），于是，这些珍贵的手稿就成了朴茨茅斯家族的财产，后来剑桥
大学又借去搞研究。这些手稿和书籍对研究牛顿的思想和研究方法非常
有价值，因此剑桥大学整理出版了《朴茨茅斯收藏目录》，之后将手稿还
给了朴茨茅斯家族。后来这个家族大概是家道中落了，在二战前将牛顿
的手稿拿到佳士得去拍卖，只卖得九千多英镑，要知道 20 世纪的九千英
镑恐怕连 18 世纪的九百英镑都不如。著名经济学家、剑桥大学的教授凯
恩斯和其他一些人士得知后，极力抢救，大部分手稿才得以留在剑桥和
英国。但是很多重要手稿却流散到世界各地，包括美国和瑞士。

当然，牛顿留下的遗产远不止这些。首先他留下了《原理》、《光学》和
《流数法》等科学巨著。这些书是牛顿留给全世界的精神财富。牛顿是近
代科学的集大成者，他给人类留下了知识和智慧。牛顿奠定了近代科学
的基础，并确立了唯物论的物质基础。牛顿是经典力学、近代天文学和
物理学的主要奠基人，他是微积分最早和主要的发明者。他发现了太阳
光谱、光和色的关系，并提出光的微粒说，奠定了光学的基础。即使在
牛顿不成功的炼金术的研究中，他通过做大量化学实验，对元素和物质
的转变和化合进行了研究，开始了人类从炼金术向化学的演化过程。在
哲学层面，牛顿对唯物的科学思想体系的确立，在科学思想史上产生了
极为深远的影响。因为有了牛顿，人类对自然的认识进了一大步。

牛顿是个划时代的人物。《原理》一书的发表标志着人类从此进入理性时

代。法国著名数学家拉普拉斯将《原理》比作超出一切人类智慧遗产的杰作和一座深邃智慧不朽的丰碑。在牛顿之前，人类对自然的认识还充斥着迷信和恐惧，苹果为什么会落地，日月星辰为什么升起又落下，这些如今看似不需要解释的现象，在当时却是无法认识的。直到牛顿出现，人们才开始摆脱了这种在大自然面前被动的状态。牛顿用自己的伟大成就宣告了科学时代的来临，他告诉我们：世界万物是运动的，而且这些运动遵循着特定的规律，这些规律又是可以认识的。牛顿的这些发现，给人类带来了从未有过的自信。在牛顿之前，人类曾经匍匐在大自然的脚下，对于不能解释的世界只能归结于神鬼的力量。在牛顿之后，人类开始用理性的眼光对待一切的已知和未知，套句中国人的老话——人类从此站起来了。

23
罗比塔侯爵全名纪尧姆·弗朗索瓦·安托 万（Guillaume François Antoine, Marquis de l'Hôpital），他发明了求极限的罗比塔法则。

24
Does he eat and drink and sleep? Is he like other men?

正是牛顿的贡献为科学在 18、19 世纪的大发展铺平了道路。正是因为如此，历史上几乎所有的著名科学家和哲学家，尽管观点和学派不同，都对牛顿的成就有这样或那样的高度评价。英国作家彼得·阿克罗伊德（Peter Ackroyd）在《牛顿》一书中记述了这样一件事，法国数学家罗比塔侯爵[23]对牛顿产生了对神一般的崇拜，他问英国人"（牛顿）他吃饭么，喝水么，睡觉吗？他和我们一样吗？"[24]著名科学家拉格朗日（Joseph Lagrange，1736—1813）说，"牛顿是曾经存在过的最伟大的天才……他还是那么的幸运，因为发现并建立一个宇宙系统的机会只能有一次。"拉格朗日的评价恰如其分地肯定了牛顿的历史地位。法国启蒙运动思想家伏尔泰则从思想史的角度评价牛顿的贡献："迄今为止，牛顿的哲学对许多人来说，似乎像古代人一样高深莫测。但是，希腊人的哲学从其产生以来实际上已经暗淡无光，而牛顿的哲学从离我们极其遥远的光芒之处升起。他已经发现了很多真理，……，把它们发掘出来并置之于充分的光明之中。"

牛顿的贡献还在于发展并完善了自伽利略和笛卡尔开始的自然科学的研究方法（具体的内容我们会在后面章节介绍）。在科学方法上，牛顿强调一切从实验和现象出发，并且把实验和数学推理相结合作为治学之道，巧妙地运用归纳法和演绎法，得到科学的结论。牛顿的时代，正是 17 世纪下半叶英国的资产阶级革命和欧洲宗教改革时期，实验科学和自然神论正在逐步取代神创论和亚里士多德的经院哲学的思想，牛顿通过自己的研究过程，向后人展示了在自然科学中，只有对权威的结论进行理性的分析、怀疑和扬弃，才能发展科学的辩证方法。在牛顿之前，即使是科学家们在论战中也免不了教条主义，他们常常使用的依据是"亚里士多德说"或者是"这样符合上帝创造世界"，等等。牛顿还开创了将数学和自然科学相互印证、相互补充的研究方法，不过后世几乎没有人能再像牛顿那样同时在数学和自然科学上都做出划时代的贡献，20 世纪的冯·诺依曼（John von Neumann，1903－1957）或许算是一个。

图 9.12 威斯敏斯特教堂中的牛顿墓

在对待抽象的理论和实验数据的关系上，牛顿并不像有些数学家那样用数学模型来硬套实验结果。他在处理数学与自然科学的关系上，致力于数学与自然科学的相互印证、渗透和补充。牛顿在他的科学发现过程中，把数学作为有力的推理工具，把科学建立在数学原理和实验之上。《原理》一书从头到尾都保持有这种特点。这样才使得数学变得活跃而生动，也使得自然科学有了坚实的理论基础。在牛顿以前，很多自然科学的结论是没有验证的假设和教条，别人信不信很大程度上看说话人的权威（比如地心说和日心说之争），而不是看逻辑和证据，这一现象在牛顿时代得到了根本的转变。现在中学和大学所教授的自然科学（比如物理和化学）的大部分内容都是自那个时代开始确立的，虽然依然有局限性，但是没有明显的谬误。牛顿对17世纪各门学科理论基础的建立、贯通和变革起了不可替代的作用。

牛顿为什么出现在那个时代，为什么会出现在英国，为什么牛顿之后再未出现这样集大成的科学巨匠？我想这是读者很感兴趣的问题。我们不妨看看牛顿的科学研究领域和那个时代的关系。牛顿的研究几乎遍及17世纪自然科学和哲学的各个学科：数学、天文学、力学、光学、炼金术、化学、冶金、流体力学和潮汐理论等。而在非学术领域，他的社会活动也很广泛。他任皇家学会主席25年，任造币局总监和局长达31年，担任上议院的议员共三届。不论从其科学思想来看，还是政治主张或者哲学和宗教观点来看，牛顿的科学发现都有着强烈的时代背景，并且是建立在自文艺复兴以来科学发展的基础上的。从1492年哥伦布发现新大陆开始，大航海和地理大发现导致了英国资本主义萌芽和发展，机械的发展，冶金的发展，航海的需求，工程和测绘的发展，都是牛顿对力学、化学、天文学、几何学和潮汐现象研究的背景。牛顿没有涉足的一个物理学领域是热力学，这是因为当时蒸汽机的时代还没有到来。而在物理学史上，热力学的主要发现正好出在蒸汽机时代。

牛顿是幸运的，他生在了一个变革的时代，并且生活在当时引领世界发展的国家。能够发现拉格朗日所说的"最伟大的宇宙"的机会只能是在那个时代的英国，要是出生早或晚半个世纪，即使他同样聪颖和努力，但是没有了那样特定的社会和科学背景，也就没有了这只有一次的机会。

当然，机会只能由具备了相应的科学才能、素质的人去获得。牛顿无疑是一个非常聪明的人，他在七十多岁的高龄还接受了莱布尼茨解数学难题的挑战，并且很快给出了答案。牛顿也非常努力，自认为若没有集中精力地持续思考和锲而不舍的钻研，是不可能做出那些科学发现的。牛顿在成名之后，有人问他何以取得如此多的发现，他回答说："靠不断地思考。""我把课题一直保持在我的面前，并且等待第一个黎明一点点地现出强烈的光芒。"关于牛顿勤奋努力的故事，在各种励志的书籍中屡见不鲜。

牛顿一直非常谨慎地看待自己在科学上所取得的成就。他在去世前不久说过："我不知道我可以向世界奉献些什么，但是对于我自己来说，我似乎只是像一个在海岸上玩耍的孩子，以时常找到一个比通常更光滑的卵形石子或者更美丽的贝壳来自娱，而广大的真理海洋在我面前还仍然没有发现。"

牛顿说得没错，科学总是要发展的，他的发现在我们今天看来是那么简单而自然，而他的理论覆盖不到的地方依然还有很多，后人仍不断有新的发现。牛顿奠定的经典力学理论到了 20 世纪，在高速运动的宏观和微观领域就变得不太准确了，经爱因斯坦等人的补充完善，形成了今天相对论下的力学体系。是否有了相对论就证明牛顿的力学不对了？针对这个观点，和爱因斯坦同时代的著名科学家卢瑟福有过一个非常恰当的评论——

> "今天有一种颇为流行的误解，科学是由推翻以前建立的理论才进步的，这是极少的情况。例如，时常有人说爱因斯坦的广义相对论推翻了牛顿在引力上的工作。真理再前进一步会是谬误。事实上他们的工作是难以比较的，因为他们处理的是不同的思想领域。就爱因斯坦的工作与牛顿的工作的关系而言，仅仅是它的基础的一种普遍的推广，事实上是数学和物理发展的一个典型情况，总之，一个伟大的原理不是可弃之物，而是加以修改，以便将它放在更广泛的和更稳固的基础之上……"

今天，牛顿的理论在我们的生活中依然适用，如果谁不相信它，一定要违背其准则去设计一辆汽车，或制造一枚火箭，这辆汽车一定无法行驶，而火箭也无法上天。

结束语

牛顿是人类历史上最伟大的科学家。1978 年，美国评出了世界历史上最有影响力的 100 位人物 [25]，牛顿名列第二。为什么世界会给予牛顿如此之高的评价，是因为他开创了科学的时代、理性的时代。在中国"五四"运动中曾经提出欢迎"赛先生"的口号，可以说中国的科学时代自"五四"开始，而西方乃至全人类的科学时代自牛顿开始。

[25] http://t.cn/8sDAhSX

附录 牛顿年谱

[26] 或 1643。

1642，	出生 [26]
1661，	进入剑桥大学学习
1664，	发现光的散射原理
1665，	发明了二项式定律，形成了力学三定律的想法和流数（微积分）的概念
1667，	获得剑桥大学硕士学位
1669，	担任剑桥大学卢卡斯教授
1670，	发明微积分
1684，	发表物理学手稿《论运动》，提出力的定义
1685，	发现万有引力定律
1687，	《原理》一书出版，在书中牛顿阐述了力学三定律和万有引力定律
1688，	当选上议员
1693，	全面发表微积分论著
1696，	担任造币局总监，三年后担任造币局局长
1703，	担任皇家学会会长
1705，	被授予爵士
1727，	去世

参考文献

1　Richard S. Westfall. 永不停息：牛顿传（*Never at Rest: A Biography of Isaac Newton*）.Cambridge University Press，1983.

2　牛顿. 自然哲学的数学原理. 赵振江，译. 商务印书馆，2006.

3　I. Bernard Cohen & Richard S. Westfall. 牛顿（*Newton*）.W. W. Norton & Company，1995.

4　Peter Ackroyd. 牛顿（*Newton*）.Nan A. Talese，2008.

第十章　荷英时代

为什么英、荷统治世界

为什么英、荷会统治世界？这是金沙江创投的合伙人林仁俊先生留给我研究的课题。

在硅谷的投资圈子里，我们经常讨论为什么一个国家或地区比同等条件的其他地区更有创造力。比如，中国两岸三地很多官员和企业家都会问为什么科技创新大多出自硅谷？我在拙作《浪潮之巅》里对此有所论述。在大家给出的诸多原因中，有一条比较有意思，那就是硅谷的气候有利于创业。硅谷地区，也就是旧金山湾区，一年到头阳光明媚，四季如春，甚至有人讲那里没有四季，只有两季：旱季和雨季。从四月到十月，天天是晴天，而且气温不高，只有摄氏二三十度。这种气候在地理上有一个专门的名词——地中海式气候[1]。风险投资人这么说当然是有根据的，因为他们的投资回报显示就是这样的结论：气候最好的硅谷地区回报最高，阴雨天气最多的西雅图地区，虽然有微软和亚马逊，但是风险投资成功率和回报都是最低的。不过也有人有疑问，林仁俊就提出，从大航海时代开始的400多年，为什么大部分时间是英国和荷兰在统治世界？那里的天气可是非常糟糕，比西雅图要差得多。如果考虑到美国人，尤其是早期的清教徒，大部分是英国人和荷兰人的后裔，甚至可以说他们至今仍在统治世界。面对这样的疑问，大家公推我去研究这个问题。

荷兰和英国的崛起始于大航海时代和地理大发现的后期，这就产生了一

1

在大洋的东岸，纬度三十五到四十度左右地区，由于受季风的影响，冬暖夏凉，气候宜人，因为地中海处于这个纬度范围内，因此这种气候被称为地中海式气候。地球上只有很少的地区有这种气候。

个新的问题：为什么大航海的先驱葡萄牙和西班牙没能统治世界，而是很快落伍了？为了说明这个问题，我们先来看看这两个伊比利亚国家的兴衰。

第一节 罗卡角的夕阳 —— 葡、西的殖民时代

人类早期的文明，除了印度的文明之外，都出现于大约北回归线（大约23.4度）到北纬35度之间的地区，因为这些地区气候适宜，有利于人类生存和生产，再往南又太热了。从公元前五世纪到公元四世纪大约一千年里，除中国以外的地区，人类文明的中心是环绕地中海而出现的。如有机会到一个世界性（而不是地区性）的博物馆看一看，你会发现在那一千年里，最好的文物都来自于希腊半岛、亚平宁半岛、北非、中东和土耳其地区，而人类古代最活跃、最先进和最有创造力的思想、科技和艺术也是出现在上述地区。可以想象，生活在地中海气候下的人们在解决了温饱后，沐浴在明媚的阳光下，就会有心情去思考、讨论和创造。而在寒冷的北欧或者西伯利亚地区，人们首先考虑到的只能是温饱问题。

图10.1 这是保存在柏林佩加蒙博物馆的佩加蒙神庙（中东地区出土，希腊风格），和雅典的帕特农神庙齐名，代表了两千多年前世界建筑和艺术的最高成就。德国在中东挖掘出这座神庙后，专门为它修建了一个博物馆。

接着，欧洲进入持续近千年的中世纪，这是一段人类发展出现停滞乃至衰退的历史，虽然说起来在那段时间里也有很多有趣的故事。等到了文艺复兴时期，还是地中海边的意大利最先开始复兴，除了气候条件外，地中海还是海陆交通的要道，因此，意大利的各个城邦为后来的欧洲培养了大量的航海能手，比如哥伦布和亚美利哥。但是，在大航海时代，最先崛起的不是意大利，反倒是地处欧洲边缘的葡萄牙和西班牙。有些时候，越是交通不便利的地区越是出商人。比如浙江的温州，地处偏远，迫使那里的人们从古至今都出门经商。葡萄牙和西班牙也是一样，这两个国家交通最不便利，因此最有动力去寻找通往亚洲的新航线。结果他们不仅找到了新航线，还顺带中了头彩——发现了广袤的新大陆。加上教皇的支持，他们一度瓜分了世界。这些我们在第一册"大航海和地理大发现"一章有过介绍。

16 世纪上半叶，葡萄牙和西班牙先后成为欧洲最富有的国家，而且这些财富的积累在短短几十年内就完成了，这在人类历史上非常少见。那么葡萄牙和西班牙又是怎样做到这一点的呢？我们不妨看看它们财富的来源。

过去受阶级论的影响，说到殖民时代，便有一种错误的观点，即欧洲人的财富（或者至少是资本原始积累）是靠掠夺殖民地得来的。的确，欧洲早期的殖民者非常残暴地掠夺过新大陆的原住民，但如果只是沿着这个思路去寻找葡、西两国的财富来源，就会误入歧途了，反而搞不清楚它们获取财富的真正途径。

与整个殖民时期欧洲人通过创造而获得的总财富相比，掠夺来的财富只占非常非常小的比例。原因很简单，新发现的大陆原住民没有多少财富可以掠夺。在葡萄牙和西班牙崛起时，虽然它们名义上拥有撒哈拉以南的非洲和整个美洲，但是真正殖民的领土并不多，在哥伦布发现新大陆后的一百年里，葡西两国殖民者的足迹所及不足百分之五的土地，即使踏足过的那些土地，大部分也没有开发。欧洲人在非洲和北美早期建立殖民点的目的，是作为航海和继续探险的桥头堡，以便到达东方开展贸易，而掠夺当地人倒在其次。南部非洲和美洲的殖民地地区，当时经济非常落后，大约相当于中国商朝之前的水平，玛雅文明直到被西班牙人灭绝时，也没有进入到青铜时代。在石器时代的文明条件下，人类创造财富的能力是非常低的，即使掠夺，也掠夺不出多少财富。当地土著人所珍视的兽牙、羽毛和贝壳，到了欧洲根本不值钱。葡萄牙人即使把非洲西海岸土著人历代积攒的全部财富抢走（其实只有少量的金银有价值），恐怕都不如达·伽马从印度带回的几船货物值钱。在所有殖民者中，只有西班牙的皮萨罗在灭亡了印加帝国后掠夺了相当数量的黄金，据说这笔黄金有一万三千磅[2]，大约 6 吨，其他的殖民者并没发现当地土著人藏有大笔的财富。然而，即使是皮萨罗的这次掠夺，所获的黄金也不过是后来西班牙人黄金开采量的百分之三左右。

既然掠夺不是主要的财富来源，那么葡萄牙和西班牙何以能在短短的几十年里积累起巨大的财富？这里面另有原因。在大航海时代，葡、西两国财富的来源是不同的。

先说说葡萄牙，它绝大部分的财富来源于东西方之间贸易带来的暴利。葡萄牙从 15 世纪初便开始尝试航海，在 1498 年达·伽马到达印度前，葡萄牙人已经在西非经营了半个世纪，虽然在当地大肆掠夺和寻宝，但并未给国家带来真正意义上的财富。葡萄牙的发迹，是在达·伽马绕过非洲到达印度并带回香料以后。葡萄牙人在同阿拉伯人争夺亚洲香料市场时获胜，并且在接下来的半个世纪里垄断了欧亚之间利润最丰厚的商品贸易。我们在"大航海与地理大发现"一章讲到过，当时亚洲的香料和中国的瓷器在欧洲的价格是产地价格的上百倍，只要带回几船香料或瓷器，卖掉以后挣的钱，就抵得上很多欧洲国家当时一年的 GDP 了。现在已经无法得知当年达·伽马的印度首航给葡萄牙带来了多少利润，但是所有关于那段历史的记载，史学家们都是用"丰厚"和"巨大"这样的字眼（massive，immense）来描述的。在理查德·沃斯（Richard Worth）写的《达·伽马传》[3]中，他估计那批货物在当时已经价值百万

2

http://t.cn/8sDAUds

3

Richard Worth,

Vasco Da Gama,

Infobase Press

美元，相当于 10 万盎司（3 吨）的黄金，这对葡萄牙人来讲一定是个天文数字。一个半世纪后"哥德堡号"沉船事件则从另一个侧面证实了当时东西方贸易利润之丰厚。

1745 年，瑞典的哥德堡号（Ship Gothenburg）满载着 700 吨从中国采购的货物 —— 主要是茶叶、瓷器和丝绸，从广州启程回国，九月驶进了哥德堡海港。在距离陆地不到一公里处，这艘船神秘地触礁沉没。由于是近海，当时打捞上来 30% 的货物，其中丝绸和茶叶因为泡了海水基本上不可用，能卖钱的只剩下瓷器。但就是这些中国的商品，在市场上拍卖后，不仅支付了哥德堡号这次（长达两年）中国之旅的全部成本，而且让股东们获得了 14% 的利润[4]。如果哥德堡号不沉，它的货物价值估计为 2.5 亿－2.7 亿瑞典银币，相当于瑞典当年一年的 GDP。哥德堡号比达·伽马首航印度在时间上晚了一个半个世纪，东西方贸易的利润已经小了一个数量级，获利尚且如此，葡萄牙早期贸易的利润可想而知。因此，靠着对欧亚之间贸易的垄断，葡萄牙成为当时欧洲最富有的国家。

4
http://t.cn/8sDA5mh

图 10.2　哥德堡号于 1984 年被打捞上来，由瑞典一家公司重新复制了一条，并于 2005 年驶向了中国，重走当年哥德堡号去中国经商的万里征途。

葡萄牙第二个财富来源是非常不光彩的贩奴贸易。欧洲当时的人口并不多，我们在第一册的第三章讲过，这是由于欧洲当时的农业很落后，粮食产量低，养不起很多人。当大航海时代到来以后，欧洲的工业和贸易发展需要大量的劳动力，而欧洲自身又提供不了，于是就到非洲去抓黑奴。最初非洲的奴隶是贩卖到欧洲而不是美洲，非洲和美洲之间的奴隶贸易是很后来的事情了。葡萄牙人靠着这种非常罪恶的交易，从欧洲其他国家身上赚了不少钱，但是相比东西方贸易的利润，也只是零头。

相比葡萄牙人单一的东西方贸易收入来源，西班牙人在早期殖民时代巨额财富的来源非常复杂。概括来说，它最主要的财富来源是在美洲开金银矿和来自荷兰地区的税收，而不是来自贸易的利润。西班牙虽然是全球第二个开始进行大航海的国家，但是在发现香料产地和从事香料贸易方面远没有近邻葡萄牙人幸运。西班牙虽然发现了新大陆，并拥有除巴西以外的全部美洲大陆，但是在一段时间里，那里并没有什么商品给他们带来可持续的利润。西班牙殖民者皮萨罗灭亡了印加帝国后，确实洗劫了那里的黄金，但是那几吨黄金很多都流进了那一百多个殖民者个人的腰包，有多少能真正流回到西班牙本土，历史学家都给不出一个准确数字，何况那是一次性买卖。后来的殖民者都不再有皮萨罗那样的运气了，因为印加帝国乃至整个美洲大陆几个世纪的积蓄全都让皮萨罗给洗劫一空了。

不过，西班牙人自有运气。他们在美洲发现了一些矿，当然，如果是煤矿，西班牙人也发不了大财，毕竟当时的海运不发达，可是他们发现的偏偏是好几处大银矿和大金矿。16 世纪 30 年代，西班牙人在加勒比海地区和哥伦比亚（当时叫新格拉纳达）地区发现了金矿。1545 年，西班牙人又在玻利维亚发现了大银矿，第二年在墨西哥的萨卡特卡斯（Zacatecas）发现了一处更大的银矿，这座银矿至今仍是世界三大银矿之一。在此后的一个多世纪里，西班牙从那里带走了近一万七千吨的白银，和一百八十多吨黄金[5]（详见下表）。

表 10.1　根据加州大学戴维斯分校提供的西班牙在殖民时期从美洲带回的黄金和白银数量（单位：吨）

年代	黄金	白银
1503—1510	5.0	0
1511—1520	9.2	0
1521—1530	4.9	0
1531—1540	14.5	86
1541—1550	25.0	178
1551—1560	42.6	303
1561—1570	11.5	943
1571—1580	9.4	1119
1581—1590	12.1	2103
1591—1600	19.5	2708
1601—1610	11.7	2214
1611—1620	8.9	2192
1621—1630	3.9	2145
1631—1640	1.2	1397
1641—1650	1.5	1056
1651—1660	0.5	443
合计	181.4	16887

这样一来，西班牙一下子成了暴发户，当时世界上 83% 的金、银矿都被西班牙占有了。为了开采金、银矿，西班牙人将非洲的黑人贩卖到美洲做奴隶。由于在美洲使用奴隶开采，银子的成本比西班牙本土低得多，大量的白银涌入欧洲，使得西班牙的银比索很快取代了奥斯曼土耳其帝国的银币，成为世界上流行的货币。在中国明代，由于商品经济的发展，流通市场上需要大量的金银，而西班牙帝国为中国带来的银币，在很大程度上弥补了中国自身货币的不足。

西班牙人的好运气还远没有结束。1519 年，西班牙国王查理一世（Charlie I，1500—1558）在他祖父去世后，继任神圣罗马帝国皇帝[6]，作为当时神圣罗马帝国的一部分，尼德兰地区（主要是今天的荷兰地区，还包

6
西班牙国王查理一世是西班牙国王斐迪南二世的外孙和神圣罗马帝国皇帝马克西米连一世之孙，1516 年在其外祖父死后继承了西班牙王位，1519 年又在其祖父去世后继承了其祖父的神圣罗马帝国皇帝的帝位，也称查理五世。

括比利时和法国的一部分）也就成为了西班牙的一部分。当时，尼德兰地区是欧洲手工业最发达的地区，从此西班牙又多了一项重要的经济来源——对尼德兰的税收，征税直到荷兰人独立为止。这部分税收，后来一度占到西班牙国库收入的一半。

现在，我们概括一下葡、西两国的发家史。一个主要靠欧亚之间香料和瓷器贸易中巨额的利润，另一个主要靠开采金山银矿，不论是哪一种，都不需要费太大的气力。如果葡、西两国能够善用这些财富发展工业，投资教育和科技，今天世界的历史可能会改写。但是，财富来得太快、太容易有时反而不是一件好事情。美国有人进行过统计，发现那些天文数字彩票大奖的中奖者，成百上千万的钱大多在十年内就挥霍一空。而在历史上，葡萄牙和西班牙就是中了这样头彩的国家，用今天的俗话说，如同暴发户或土财主。

那么有了钱以后怎么办，这两个国家不约而同地走上了同一条道路——花钱。前面讲到，西班牙从美洲挖出的银子，三分之一用于购买中国的货物了。只要用 Google 搜索一下"明朝西班牙白银"，就能得到上千万条结果，还有至少一百多篇学术论文，甚至有人认为明朝灭亡与后期西班牙向中国输入的白银减少有关，可见西班牙当时对中国贸易贡献之大。今天在中国的一些古玩市场上，依然找得到当年西班牙的银币，可见当年西班牙白银流入到中国之多。西班牙人和葡萄牙人购买其他地区的商品也是毫不吝啬。除了购买奢侈品，葡、西两国还修建了很多宫殿和教堂，如今在伊比利亚半岛上，比较像样的建筑和花园大多都是在那个年代修建的。西班牙美轮美奂的王宫也是用大航海带来的那些银子堆砌起来的。

大量涌入的财富还被两国用于一件比购买奢侈品和建设宫殿更没有意义的事情上，那就是发动宗教战争，除了破坏生产，最后是什么价值也没有产生。

大量硬通货和贸易利润的涌入，不仅没有对葡、西两国的工业发展和社会进步产生正面的影响，反而让那里的国民变得更加懒惰。在发现美洲

图 10.3　马德里的西班牙王宫

银矿之前，葡西两国刚刚联手赶走了摩尔人（阿拉伯人）。随着航海的兴起，西班牙的手工业和造船业开始发展，但在发现银矿后嘎然中止。既然银子可以直接从矿里挖（而且是让非洲的奴隶挖，不需要自己动手），何必要从事生产呢？不仅如此，他们还赶走了上万名外国工匠，尽管理由是那些人不信奉正统的天主教。久而久之，西班牙和葡萄牙便习惯了高价从外国购买商品，国内的工商业反而极度萎缩。今天，除了一些手工业，西班牙和葡萄牙在世界市场上都没有数得上的工业（近年来西班牙的服装业或许是个亮点）。有了钱之后，西班牙人渐渐地连田都不种了，本来气候非常适合发展农业的西班牙反而成为了粮食进口国。每每看到中国对土地GDP 的依赖，我们就希望决策者能看看葡、西两国的教训。

为了保证海上贸易，西班牙用黄金白银建立起一支强大的海军 —— 无敌舰队。靠着无敌舰队，西班牙不仅在殖民地可以称霸，连欧洲各国也要让它三分。1580 年，西班牙兼并了葡萄牙，成为了历史上第一个日不落帝国。这时西班牙帝国也发展到了它的顶峰 —— 挂着红十字风帆的无敌舰队横行四海，西班牙的大帆船遍及世界各地。尼德兰地区虽然对西班牙无端的征税深为不满，但是在西班牙的武力威慑下，在最初的几十年里也只能接受盘剥。英国觊觎西班牙（包括葡萄牙）从海上贸易以及各个殖民地带回的利益，但是鉴于武力不济，尚不敢公开向西班牙叫板，只能支持海盗去打劫西班牙的货船。

从表面上看，开采金山银矿和贸易带来的利润让西班牙变得富有，但是无数的白银加上强大的舰队并不能构成一个伟大的国家。建立在金圆和舰队这两个支柱上的西班牙帝国，其实是外强中干，科技、工业甚至连农业等都很落后。等到西班牙的无敌舰队（很多战舰也不是自己造的）被英国人和荷兰人打败后，荷兰便从西班牙人的统治下独立了，接着西班牙在整个美洲的殖民地也纷纷独立。这个曾经的日不落帝国从此断了财路，很快沦落为欧洲最穷的国家。在这一点上，西班牙和前苏联很相似。

葡萄牙衰落得更早，一度与西班牙合并（1580－1640），后来又分了家，之后每况愈下。随着后来荷兰的崛起，葡萄牙在亚洲的殖民地被荷兰蚕食，贸易量大幅减少。同时，欧洲其他国家开始参与欧亚贸易，商业竞争激烈，利润骤减，达·伽马时代一本万利的贸易早已经一去不复返，葡萄牙很快变得入不敷出，和西班牙一道沦落为欧洲穷国。

大航海和地理大发现让财富像潮水一般涌入伊比利亚半岛，然后又像潮水一样退去，除了留下奢靡享受的风气外，并未给这里的人们创造太多真正的价值。在大航海和地理大发现中，这两个国家中受益的只是国王、冒险家和少数贵族，大多数国民并未享受到这些财富带来的好处，他们除了承担由于货币大量增加而带来的通货膨胀外，衣食住行并未因此有明显改善。

伊比利亚半岛在近代由盛到衰的过程，非常耐人寻味，其中有着深层的政治和经济原因。这些原因用一句话概括，那就是因为这两个伊比利亚半岛的国家依然处在旧时代，而随着大航海和地理大发现的进展，世界进入了新时代，这两个依然处在旧时代的国家没有资格来领导伟大的新时代。

伊比利亚半岛的崛起是 14 和 15 世纪驱除阿拉伯人（摩尔人）的结果。在这场长达几十年的战争中，两国靠的是宗教和王权的凝聚力才取得了胜利，之后宗教和王权也因此得到强化，而这和当时整个欧洲文明的趋势正好相反。在欧洲其他地区，从南部的意大利到北部的尼德兰，宗教的势力在衰落，城邦开始兴起，并出现了资本主义萌芽。西班牙和葡萄牙反而强化了中央集权的封建统治。虽然强大的王权短期内能够调动更多的资源进行探险，但骨子里非常保守。葡、西两国的探险活动和资本主义发展没有必然的关系，大航海的确给他们带来了巨大的财富，但是这些财富并没有用于发展工商业。王公贵族们出于自身利益的考虑，害怕新兴的阶层（资本家和商人）起来挑战他们的地位，甚至有意限制工商业的发展。在这一点上，葡萄牙和西班牙统治阶级与中国康乾时代的政府很相似，虽然看上去达到了一个盛世，但不过是在维护一个没落的旧制度而已，而那个盛世也就成了农耕时代最后的辉煌。这些统治者都不懂得近代国家的富强要靠新兴的工商业，任何国家在新时代到来之际，如果不愿意改变旧制度，则必然衰落甚至灭亡。

到西班牙旅游，就应该去离马德里不远的托雷多（Toledo）看一看。这是当年西班牙文豪塞万提斯笔下的人物堂吉诃德的故乡，也是世界上少有的保存完好的古城。在那里，人们仿佛置身于 16 世纪。堂吉诃德的命运反映出伊比利亚半岛上这两个王国的兴衰，这位思想还停留在中世纪

图 10.4　西班牙古城托雷多

的骑士一生处处碰壁，至死都没有弄明白一个道理——他的盾牌保护的是一个旧世界，而他的矛头指向的是一个新世界。清朝末年的中兴名臣曾国藩的幕僚赵烈文就曾预见到清朝的灭亡，他深知他的主人曾国藩鞠躬尽瘁维护的是一个日薄西山的王朝，虽然后者嘴上不愿意承认，但是心里却同样明白旧制度难以为继。葡萄牙和西班牙也是如此，历史曾经给了它们机会，但是落后的制度却让它们无法把握住这个机会。

到葡萄牙旅游，很多人都要去罗卡角（Cabo da Roca）看日落，那里是欧洲大陆的最西端，景色非常优美，那里也是当年恩里克亲王[7]训练航海水手的地方。500多年前，伊比利亚半岛从那里开始崛起。两百年之后，曾经拥有广袤殖民地和数不尽财富的葡萄牙和西班牙开始退出世界的舞台。当我站在欧洲大陆最西头的海边，看着最后一抹阳光从海平面上消失时，不禁感慨在伊比利亚半岛能看到的只是落日，而不是日出。

到了17世纪中叶，取代葡萄牙和西班牙迎来新时代曙光的，却是一个当时并不起眼的北欧小国。

7
也译作亨利王子。

图10.5 罗卡角的日落

第二节 海上马车夫 —— 荷兰的崛起

欧洲西北部的低洼地区，在日耳曼语族中称为尼德兰（Netherlands），这是今天被称为荷兰的正确国名。其中最强大的一个省称为 Holland[8]，音译成中文就是荷兰。今天，我们用荷兰一词代表尼德兰整个国家，就如同用英格兰代表整个联合王国，或者用普鲁士代表德国一样，有点以偏概全。不过既然这个说法已经为大众接受，大家就只好将错就错了。另外，大部分中文的文献中，称荷兰立国前为尼德兰，立国后为荷兰，本书也沿用这个习惯。荷兰人和英国人是近亲，荷兰和英国一样，有很多的清教徒，因此两国在感情和行事方法上非常接近，还一起合办了很多大公司，比如联合利华和壳牌石油。

荷兰的崛起值得世界上任何国家甚至任何公司好好研究，无论从哪个角度来看，它都不具备成为世界大国的条件。首先，荷兰的地理条件和气候非常差，不宜居住。它有三分之一的陆地在海拔一米左右，四分之一的领土在海平面以下，大家可以想象来一次海啸会是什么结果。它的纬度非常高（北纬 50 度以上，接近漠河的纬度），不仅气候寒冷潮湿，而且从 9 月底到第二年的 4 月都是冬季，每年比较舒服的季节只有 6、7、8 月这 3 个月。其次，荷兰除了鲱鱼，没有任何自然资源（20 世纪 60 年代后发现了北海石油）。况且由于日照时间短，荷兰也不适合谷物生长。最后，它在历史上远离所有主要的文明，直到 12 世纪才开始有人居住，直到 2012 年荷兰的人口也不足 1700 万[9]，甚至不及北京或者上海的人口多，而国土面积只比台湾岛稍大。但是，就是这样一个国家，居然主宰了世界长达一个世纪之久。而他们的很多后裔在美国纽约依然影响着华尔街，这一点我们在后面章节会作介绍。

荷兰的历史虽然不是很长，却是欧洲最早走出中世纪并且资本主义开始萌芽的地区。当佛罗伦萨的科西莫·美第奇和布鲁内莱斯基在修建圣母百花大教堂时，远在北欧尼德兰地区的画家扬·凡·艾克（Jan van Eyck，1390—1441）和他的兄弟也在创作着新的艺术，他们发明了一种

8
现分为北荷兰省、南荷兰省。

9
在 2012 年年底，荷兰人口大约为 1677 万。

新的绘画颜料和画法，这就是后来的油画。当时，这一南一北两个地区（当时它们都不是主权国家）在很多方面都是并行的。就在意大利的城市开始兴起时，北边的尼德兰地区也一样。当意大利各个城邦的资本主义开始萌芽时，远离教皇势力范围的尼德兰也出现了具有资本主义萌芽特点的手工工场，人们在其中经营纺织、冶金、制糖和印刷业。当然，尼德兰最大的产业还是捕鱼业。

尼德兰地区土地贫瘠，不适合发展种植业，但是濒临北海，渔业资源非常丰富，每年鲱鱼都会成群结队地游到荷兰周围的北海地区，很多尼德兰人都从事打捞和贩卖鲱鱼的生意。在大航海时代，尼德兰地区人口不过百万，渔民倒有 20 万。不过，北海的鲱鱼本身是一种自然资源，周边国家也可以打捞，因此在早期，尼德兰的捕鱼业并没有什么优势。后来，尼德兰人发明了一种快速清洗和腌制鲱鱼的方法。这样，原来一两天就会腐烂变质的鲱鱼，可以保存一年之久。依靠这项并不复杂的技术，尼德兰垄断了西欧的捕鱼业，并积累起一些财富。

荷兰地处寒冷地区，人们必须非常勤劳才能生产和制造出足够的东西来养活自己。鲱鱼的捕捞一年只有一次，虽然可以捕捞1000 万公斤，但也就

图 10.6 扬·凡·艾克的代表作《阿诺菲尼的婚礼》（英国国立绘画馆的镇馆之宝）

是人均 10 公斤左右，不仅养不活整个地区的百姓，甚至连养活渔民自己都成问题。在休渔期，荷兰人就要考虑做点什么。大部分渔民想到的就是利用他们的渔船给欧洲其他地区运输货物。后来荷兰人就有了"海上马车夫"的名声。除了海运，荷兰人还从英国进口棉花，纺成布匹卖到欧洲各地，而加工业是资本主义发展早期最有效的积累财富的方法。

要了解 500 年前荷兰人是如何富裕起来的，只要看看我们熟悉的浙江温州人就可以了。温州地处浙江东南沿海，以山地为主，也没有什么矿产资源，雁荡山又将温州和内陆隔绝开来，陆地交通非常不便利，这一点和荷兰有相似之处。但是温州靠海，温州人又非常能吃苦耐劳，从海路跑到各地做生意，并将赚来的钱带回家乡，开办工厂，从事加工业。荷兰人也是一样，当他们通过渔业、海运和早期的手工业挣到一些钱后，就开始发展工业了。荷兰人很会精打细算，并且善于合法地利用规则的漏洞来谋取最大的利益，这一点和温州人也颇为相像。如果有机会看一下在大航海时代各国的帆船，就会发现一个有趣的现象：荷兰的帆船和其他国家的帆船略有不同——相比它的甲板，它的肚子非常大。我开始还以为这样设计是为了航速快，后来才知道这样设计是为了降低成本，因为当时欧洲各国的入港关税是以甲板的面积来征收的。这样一来，荷兰的运输成本就比英国和西班牙要低。当然，荷兰运输成本低的另一个原因是他们水手的工资相对较低，而西班牙和葡萄牙因为大量货币涌入，导致劳动力成本上升。这样，在当时世界的航运市场上就有了分工——当西班牙人和葡萄牙人将亚洲和美洲的货物运到伊比利亚半岛后，荷兰人再将它们运到欧洲各地。

从上面的描述可以看出，荷兰人很务实，喜欢经商。由于没有什么资源可卖，因此他们的商业活动必须是可持续发展的，比如荷兰人喜欢对原材料进行加工以获取附加值。荷兰人还有一个特点，就是他们对政治没有太多兴趣，对于名义上的统治者，他们唯一的要求就是：不要干涉他们挣钱。尼德兰这块土地原本属于神圣罗马帝国的一部分，由各个王公贵族把持。不过富裕起来的商人和市民最终从这些封建主手里买下了尼德兰各个城市的管理权。当然这是一个很长的过程，我在《浪潮之巅》中对此有所介绍。尼德兰的各个城市相对独立，因此不太关心谁是这个国家名义上的统治者。后来西班牙国王查理一世继承了神圣罗马帝国的皇帝头衔（这个头衔的权利很虚）后，就将尼德兰划归了西班牙统治，尼德兰人居然也就接受了。不过，尼德兰人与西班牙人的价值观、宗教信仰和行事风格完全不同，加上尼德兰和西班牙之间隔着法国和比利时，因此虽属一个国家但身处两个地区的人根本融合不到一起去。为了加强统治，西班牙国王向尼德兰派去了总督，尼德兰的商人们和市民对此毫不关心，自己的生意才是他们唯一关心的事情。今天，荷兰还流传这样一句古老的谚语——"管好自己的生意，不要问别的"。在查理一世接管尼德兰时，代夫特（Delft）和布鲁日（Bruges）等城市已经成了北欧的工商业中心，而阿姆斯特丹和鹿特丹则成了西北欧地区的贸易和金融中心。西班牙得到这样一个富庶的地区，自然忘不了向尼德兰各个城市收税，以弥补因过度挥霍而日益空虚的国库。

尼德兰人可以不管国家名义上的统治者是来自于奥地利还是西班牙，可以不在乎骑在他们头上的总督是谁，但前提是不要动他们的钱袋。因此，当西班牙人开始对尼德兰地区征税时，尼德兰人就不干了。当然，一开始他们希望用和平的方式和西班牙人交涉，获得商业的主导权和宗教自由，并且希望西班牙国王给予第三阶层[10]充分的权利。西班牙当时的国王是腓力二世（Felipe II，1527—1598），他一方面答应召回不受欢迎的总督，并撤走西班牙军队，另一方面却暗地里制定计划镇压尼德兰人的民权运动，最终引发了战争。在战争刚开始时，荷兰人希望找到一个强有力的君主来保护自己对抗西班牙，他们先是找到法国国王亨利三世，但是后者正忙于内战，无瑕顾及荷兰。于是，荷兰人又找来英国女王伊丽莎白一世，后者正与西班牙争夺海上霸权，便爽快地答应了。不过很快荷兰人发现，英国人收取的保护费比西班牙人收的税一点也不少，这时荷兰人才意识到国家只能由自己来管理，于是荷兰人在奥伦治亲王威廉（Willem I，1533—1584）的领导下，于1581年宣布独立，并且组成了一个新的国家——"七省联省共和国"[11]，由于荷兰省的经济和政治地

10
贵族和教士为第一和第二阶层，其他人包括商人为第三阶层。

11
包括了今天的荷兰，卢森堡，比利时的大部，德国和法国北部的一部分。

位最为重要，故又称"荷兰共和国"。当然，西班牙并不想放弃这块最富庶的地域，因此双方争战了几十年，最后西班牙战败，并且承认了荷兰的独立。

如果要问世界上第一个资本主义国家是哪个，答案并不是许多人认为的英国，而是荷兰。荷兰在独立运动开始之前，就显示出强大的力量。这种强大的力量，并非像西班牙或者路易十四时代的法国那样来自于王权，也不像阿拉伯帝国那样来自于宗教，而是来自于市民。荷兰虽然也选出了自己的国王，但是各个城市相对独立，而且城市由包括商人在内的市民管理。

在脱离西班牙统治宣布独立之前，西班牙是荷兰最大的贸易伙伴，但是自从两国开战以来，西班牙对荷兰进行贸易封锁，荷兰人的财路就断了，而荷兰这块地方靠自己的资源和物产又无法养活自己。俗话说得好，穷则思变，对荷兰人来讲是"困则思变"，既然选择了独立，市民们就只能全力自救。当时，荷兰的航运业已经颇为发达，但是仍局限于欧洲本地，他们便自然而然地想到学习西班牙人和葡萄牙人，直接和东方开展贸易。荷兰不缺好的水手和精明的商人，所欠缺的就是进行远航贸易所需要的大量资金。而作为一个刚刚成立的国家，荷兰并没有多少钱可以投资远洋贸易，但是由于长期实行藏富于民的国策，因此市民们还是很富庶的，于是，荷兰人发明了一种集资的方法：由市民们出钱成立一家股份公司，参股的市民就成了公司的股东，将来从公司的利润中分红。在当时荷兰的首相、大议长奥登巴恩维尔特伯爵（Johan van Oldenbarnevelt，1547—1619）主持下，荷兰成立了一个前所未有的股份公司——东印度联合公司（不是英国的东印度公司）。与文艺复兴时期意大利或大航海时西班牙那种几个人凑钱参股的有限责任公司不同，它面向全社会发股票融资。因此，东印度公司是现代公司的始祖。荷兰市民纷纷拿出自己的积蓄购买东印度公司的股票，就这样，积少成多，很快凑足了600多万荷兰盾的本金，这在当时是一笔巨款。公司将这笔钱交给一些愿意冒险的商人与东方开展贸易，并承诺给投资人发股息。这样，公司的股东（市民）和经营管理层（愿意冒险的商人）就分开了，这种组织形式很像今天的上市公司了。而在东印度公司之前的有限责任公司里，股东实际上也是管理层。除了所有权和管理权分离外，东印度公司在历史上还是一个非常特殊的公司，不仅过去不曾有过，现在也不可能有了。首先，它拥有很多只有国家才有的特权。当初，为了支持该公司，荷兰政府发给它一纸特许状。有了这份特许状，东印度公司可以拥有自己的军队，在海外建立殖民地，并且代表国家和他国缔结条约。其次，它的股东，或者说股民数量非常庞大，就连当时一些有钱人家的仆人也持有该公司的股票。从这个角度讲，它又有点像一个全民的企业。

成千上万的荷兰人敢于把自己的积蓄投入这项冒险，原因有这么几条。首先，荷兰人喜欢冒险，这也使得他们的后裔建立起了华尔街。其次，东印度公司有荷兰政府的背书。再次，但也是最重要的是——荷兰商人信誉良好，并且是世界上最早恪守信托责任的群体。在这里，我们必须要谈一谈信托责任对现代商业，乃至对一个国家能否主导世界的重要性。信托责任对中国人来讲有些陌生，因为在中国的传统文化中并没有这一项。虽然今天的报纸和电视上经常谈到这个词，但是大多数时候人们简单地把信托责任和诚信划上了等号。可实际上，信托责任并不是人们常说的守信用和不欺诈那么简单，它至少包括三方面的责任，首先是法律责任，这个很容易理解，当集资人把钱交给某个人做生意时，这个人有法律上的义务——不能将这些钱窃为己有。第二是道德责任，比如合伙人将公司交给一个职业经理人管理，经理人有责任将公司管理好，并为公司股东谋利益。一个管理者，如果不尽心尽力为股东谋求利益（可以是短期的，也可以是长远的），也许并不违反法律，但是不符合道德责任。第三是专业责任，受托人必须具有专业知识和技能，这一点其实常常被人们忽略，没有第三点，好心未必能做成好事。信托责任不仅是现代管理的基础，也是现代商业的支柱。

到今天为止，全世界恪守信托责任的国家并不多。在 21 世纪有一家很大的公司，在它最需要钱和技术的时候，一家外国公司给了它许多的投资，包括大量资金、技术和人员，当然也就占到这家公司的大量股份，持股比例超过了这家公司的创始人和创始团队成员。后来，这家公司玩猫腻，将其中最有价值的一部分资产转到了这个创始人名下的另一家公司，当然他总能找出这么做的理由。虽然后来经过调解，这家公司给了当初的投资人一些补偿，但是这些补偿和投资人的损失相去甚远。这是不恪守信托责任的典型例子。因为当初为了获得资金和技术而出让了相应的股权，这就和卖东西一样，谈好了价钱就不能反悔，姑且不说当初的价钱是否合理，就算不合理，也不能因为价钱卖低了就给买主少发货。这件事给一个国家的信誉造成了严重的损害。而在信托责任方面，荷兰人自大航海时代起就做得很好。下面的两个例子很有代表性。一个是我们在"大航海与地理大发现"一章中提到的巴伦支北极探险的例子。

那是 1596 年的事情，距今已经 400 多年了，在中国正是明朝万历年间。由于和西班牙交恶，荷兰人往南到达亚洲的路就被堵死了，于是他们很有创意地想到了穿越北冰洋前往亚洲的探险之路。荷兰的商人们准备好货物，满怀希望地将货物交给两个年轻的船长，海姆斯凯尔克（Jacob van Heemskerk，1567—1607）和让·莱普（Jan Rijp，1570—1613）。委托人们希望这些货物能在中国卖个好价钱，然后能带回中国的特产瓷器、丝绸和茶叶。这次航海还有一位英雄，他的名字叫巴伦支，就是我们在"大航海和地理大发现"那一章提到的人物。因为他对北冰洋西伯利亚沿海了解较多，阿姆斯特丹的市长这次便聘用了他做向导。

不过精通数学的巴伦支犯了一个重大错误，由于身为新教徒的他不相信格里高利更正过的日历（也就是我们现在使用的日历），而坚持采用差出来十几天的旧历——儒略历，因此，在计算太阳回归的时间上差出了半个月。这半个月的误差最终证明是致命的。航行一开始，两条船一路向北向东颇为顺利，但是走了一段时间后，两位船长就对路线发生了分歧。分歧的结果是由海姆斯凯尔克和巴伦支带领一条船向东，莱普带着另一条船向北行进。到了 8 月中旬（实际上已经是新历的 9 月初了），北极的冬天已经来临。海姆斯凯尔克和巴伦支等人驶入北冰洋的喀拉海（Kara

图 10.7 海姆斯凯尔克和巴伦支的船受困北极

Sea）时，有天早晨，他们醒来就发现船被海上的冰层冻住了，经过商量，两人得出一个结论——他们必须在北极过冬了。他们不得不上了岸，搭起了窝棚，他们将在这些简陋的窝棚里度过长达9个月的冬季。

接下来的日子有多么艰苦，在关于巴伦支的各种传记中都有描述。在漫长的冬季里，他们不得不与严寒、暴风雪、饥饿和疾病作斗争。他们饿得精疲力竭，只能靠偶尔捕猎到的野狐狸过活，由于营养不良并且长期吃不到蔬菜，船员得了坏血病（缺维生素C），每过一段时间都有船员冻死或病死。而船上装满了货物，包括可以保暖的衣服和治病的药品，但是这些船员们居然宁可冻死、病死也不去动那些荷兰商人委托的物品，因为他们深知那些物品属于委托人，而不属于他们。这年冬天，很多船员因此死去了。到了第二年六月，幸存的船员是被俄国商船救起，辗转于当年11月才抵达阿姆斯特丹。荷兰船员在生命和信托责任之间，选择了恪守信托责任，也创立了传之后世的商业法则。这种行为在那些信奉"人不为己，天诛地灭"的国度是难以置信的，但这又实实在在地发生在几百年前的荷兰。这种恪守信托责任的行

图 10.8 荷兰东印度公司的货站和雇员宿舍

为，日后给荷兰商人们带来了长远的利益，它帮助荷兰商人占领了海上贸易的世界市场。巴伦支也在这次探险中丧生，为了纪念他和他的同伴对探索北极航线做出的贡献，后世用他的名字命名了北冰洋的一片海域。

第二个例子与银行的商业信誉有关。到了 17 世纪初，荷兰靠着贸易积累起一些财富，这时资本运转的效率就变得非常重要，因此，荷兰在 1609 年建立了阿姆斯特丹银行，这是一家市民的银行，或者说商业银行，有别于当年美第奇在意大利建立的美第奇银行，后者更像现在的投资银行。要再过将近一个世纪，英国人才建立起他们的中央银行英格兰银行。今天我们都知道，信誉对于银行非常重要。美第奇银行的信誉，很大程度上是靠这个家族百年来的声望以及家族成员和客户之间的私人关系。阿姆斯特丹银行则不同，它的背后没有一个传奇的家族，也没有国家背景，它的信誉完全靠自己建立起来的。为了保证国民和外国人在银行的存款安全，阿姆斯特丹立法规定，任何人不得以任何借口干涉银行的商业自由。也就是说，即使国王或者市政府也不能干预银行的业务。于是就出现了一件令今人不可思议的事情：当时荷兰和西班牙正在打仗，阿姆斯特丹银行居然没有冻结西班牙的白银，甚至当西班牙向它贷款买军需物资时，它还给西班牙贷款了。这可以说是履行信托责任的又一个典范。客户将钱放在银行里，银行就要保证客户的资产安全，并且随时提取兑现，这就是一种信托责任。如果找个借口冻结客户的资产，就违背了信托责任。在荷兰人眼里，信托责任甚至高于国家的（短期）利益。遵守信托责任的好处在当时立竿见影，大量外国的钱都涌入荷兰，就如同今天世界各国的钱涌入瑞士一样。当时英格兰银行还没有成立，英国国债的发行靠的是荷兰的银行，每年荷兰人从英国国债中赚到的手续费和利息就高达两千多万荷兰盾，相当于 200 吨白银。

图 10.9 世界上最早的现代银行 —— 阿姆斯特丹银行

当东印度公司开始到东方做贸易时，西班牙国王很想知道这个挑战者将靠什么与自己竞争。东印度公司其实已经给出了答案，这就是该公司所肩负的对全国投资人的信托责任。就这样，荷兰人的商船浩浩荡荡驶向了东方，他们不仅没有无敌舰队的保护，而且一开始为了多装货物，甚至拆掉了商船上的一些炮位。很快，西班牙国王就不得不对荷兰刮目相看。遗憾的是，这些王公贵族一直没有搞懂，为什么西班牙会竞争不过荷兰。今天回过头来看，这个道理不难理解，西班牙每一支独立行事的船队和东印度公司实际上是不同时代的竞争者。前者是有钱人和贵族赞助，由冒险家和囚犯组成的各自为战的船队，而后者是近代组织严密、行动统一、管理高效的跨国公司。在东印度公司成立的头五年，每年向海外派出的拥有 50 只船以上的商船队数量，超过了西班牙和葡萄牙派出的船队的总和。此后，荷兰和西班牙的差距逐步拉大了。

西班牙和葡萄牙国运不能持久的另一个原因就是利益分配不公平。西班牙和葡萄牙的船队是各自独立核算，如果哪个船队几条船回来一半，他们就有可观的利润可分，如果大部分商船沉没了或者被海盗抢了，那么投资人可能就会血本无归，这一个个船队没有能力在全球各地建商埠造码头。在这样的氛围里，很多生意都是一锤子买卖，比如这次在亚洲捞到一票，投资人可能就不再去做这种高风险的投资了，这样生意就缺乏长久性。而荷兰东印度公司则不同，他们所追求的是长远的买卖。在公司成立的头十年里，东印度公司并没有派发股息，而是将全部的利润投入到扩大对外贸易和修建基础设施上，他们在世界各处修建码头、仓库、船坞，同时大量造船，

图 10.10 荷兰写实画家维特（Emanuel de Witte，1617—1692）笔下的阿姆斯特丹股票交易所，反映了当时股票交易热闹的情形（收藏于荷兰鹿特丹布尼根博物馆）

扩大船队规模。在确立了全球贸易的主导地位后，公司在成立的十年后支付了第一次红利，然后每年都向国民和政府支付高额红利。在世界历史上，人们的所作所为不断地证明着一个真理：一个维护少数人富裕的国家，虽然可以强大一时，但是很难持久。

说到东印度公司的分红，读者可能会有个疑问，荷兰人为什么能容忍十年不分红呢？这倒不是因为他们觉悟高和有远见，这两条是根本靠不上的。这里面的关键在于荷兰人发明了一种新的资本运作体制——他们于1609 年在阿姆斯特丹建立了世界上第一个股票交易所。东印度公司的股东们只要愿意，就可以自由交易手中的股票，将其变成现金，这有点像Facebook 和阿里巴巴在没有上市前，公司内部员工可以交易股票一样。荷兰人就这样发明了今天的股市。在没有股市之前，资本的获利除了靠股息，就只能靠放贷了，而基督教又不允许放高利贷（这成就了犹太人的银行业），因此，在很长时间里，欧洲王公贵族的钱并没有很好的渠道进行保值或增值。现在出现了一种新的投资方式——股市，于是国外

大量的资金也涌入荷兰，荷兰的经济进一步繁荣。四百多年前，人口近200万的荷兰，居然有了上千名正式的股票经纪人。1625年，荷兰的移民在大洋彼岸的曼哈顿岛周围建立起他们的新家园，取名为新阿姆斯特丹，在那里最终建成了世界最大的股票交易市场，今天这个城市叫做纽约，取义于"新约克"。

在17世纪，荷兰成为世界资本市场的中心，除了阿姆斯特丹银行，荷兰还建立起大大小小许多银行，并且创造了金融业中"信用"这个概念，通过信用给企业和个人贷款。在信托责任基础之上，荷兰人发明了有限责任公司。因此，可以讲荷兰人创造了现代经济制度，当然，荷兰的全体市民也从这样的交易中获得丰厚的利润。

到了17世纪中叶，荷兰的全球商业霸权已经牢固地建立了起来。东印度公司在全球建立了一万五千个贸易机构，在将近两个世纪里，四千多艘悬挂荷兰国旗的商船往返于世界各地。在17和18世纪里，人口不到三百万的荷兰，其贸易额居然占据了全球贸易额的一半 [12]，它的殖民地和港口遍及全世界。在东亚，他们占据了台湾并在日本的长崎（当时日本唯一的对外贸易港口）建立了货站；在东南亚，他们占领了印度尼西亚，并且建起了雅加达城；在印度和非洲，他们从葡萄牙人手中夺得多处殖民地，并且占据了新航线的要塞好望角；在北美洲他们占据了东部最好的贸易区，取名为新荷兰（现在叫做纽约州）；在南美洲，他们占领了巴西；即使在大洋洲，他们还占领了两个大岛，并且用他们西兰省的名字命名了这个地区 —— 新西兰。

12
在将近两个世纪里，有上百万人次的荷兰人在海外经商，而同时期欧洲其他各国的总和只有80万人次。当时欧洲贸易的第二名英国，贸易量只有荷兰的五分之一。

从上面的对比，可以看出荷兰和葡西两国之间巨大的反差。概括来说，这首先是制度上的差异。葡西两国坚持的是靠王权建立起来的日趋衰落的旧制度，它无法抗衡荷兰新兴的资本主义新制度。其次，在利益分配上，在葡西两国，大航海的受益者只限于王室、贵族、富商和冒险家，对国家的强大或百姓的富足没有直接的帮助。而在荷兰，全球贸易则是一个全民参与的行动。通过全球贸易，这个低地国家做到了民富国强。

第三，荷兰人开创了现代商业体系，他们不仅发明了现代的银行、证券交易所、信用和有限责任公司，而且开创了信托责任制度。在荷兰诞生了一个信守信托责任的专业管理阶层，这些专业人士使得工商业摆脱了古代和中世纪缺乏规范性的状态，变得井井有条。

在本节的最后，我们还要再说几句信托责任对现代商业的重要性。直到今天，在商业活动中能信守信托责任的人和公司也并不多。很多人，特别是西方各国认为世界各国的股市，能让人比较放心地投资的只有两个半国家。做事认真的德国人在历史上较少出现金融诈骗和做虚假报告，本来可以算一个，但是它对整个欧洲，主要是欧元区有义务，因此只能算半个 —— 毕竟它的那些欧元区伙伴就未必靠得住了。另外两个只有英国和美国了，倒不是因为这两个国家的人多么诚实，而是因为那些上市公司的管理人员（首席执行官和其他高管）大多数是职业经理人，基本恪守（或者不得不恪守）信托责任。虽然荷兰人做得也不错，但是毕竟他们的股市太小、公司太少，任何基金经理哪怕投入所管理资产的百分之五到荷兰股市上，都显得太多了。在世界其他国家和地区，管理人员大多不恪守信托责任，因此投资人和他们有利益冲突。而正是因为恪守信托责任，在过去的几百年里只有英美两国的股市回报最好。如果你在华盛顿就职总统的 1789 年在美国股市上投入一美元，到今天它的价值已经超过一千万美元了 [13]。由此可见信托责任对于国家长期发展的重要性。

13
麦基尔《漫步华尔街》

第三节　从重商主义到自由贸易 —— 英国的崛起

英国和荷兰渊源颇深，除了很多英国人早期是从德国北部和北欧来到英国之外，英国在资本主义刚确立时的国王也来自荷兰。1688 年，荷兰国王威廉三世，也就是他们开国的君主威廉一世的曾孙，带着他的王后玛丽，一位英国公主，前往英国即位英国国王。英国为什么要请一位荷兰人来做自己的国王呢，这就要从英国的近代史说起了。

英国近代史应该始于伊丽莎白一世。不过她的父亲亨利八世也是一位特立独行的人物。在亨利八世以前，欧洲被天主教控制着。天主教有个特点，就是非经特许不得离婚，直到 20 世纪 70 年代，在葡萄牙天主教徒离婚还非常难。偏偏这位亨利八世不喜欢因为政治婚姻而迎娶的西班牙公主——阿拉贡的凯瑟琳，却和这位王后的侍女安妮·博林（Anne Boleyn，1501—1536）好上了。要是换了别的国王，要么偷情，要么把安妮小姐封为情妇也就算了，可这位亨利八世很较真，一不做二不休，非要废掉凯瑟琳王后，立安妮小姐为王后，而他和罗马教廷的关系又不好，教皇当然不会特许。好在当时北欧（德国地区）出了个马丁·路德，自己改革教会创立了新教路德派。亨利八世学着他的样子，干脆脱离了罗马教廷（从此不纳贡了），自创了一个基督教的教派——英国国教（Anglican，这个词来源于盎格鲁人的教堂 Anglo Church，而英国人原本是盎格鲁 - 萨克逊人），并且自封为大主教。从此，这位风流国王结婚离婚自己说了算，于是废后、立后的游戏做上了瘾，他一辈子娶了六个王后。其

图 10.11　伊丽莎白一世肖像中最著名的一张（今天很多媒体上的伊丽莎白一世头像取自它的局部），这幅肖像是在英国击败西班牙无敌舰队后绘制的，背景是舰队，女王手扶在一个地球上，表示英国获得了世界的霸权（收藏于乌邦寺 Woburn Abbey）

中第三任妻子珍·西摩给他生了一个儿子，根据英国的长子继承制，这位儿子在 10 岁时当了英国国王，就是爱德华六世，但是他只当了 6 年国王就去世了，结果他的大姐玛丽（凯瑟琳的女儿）当上了女王。这位女王和母亲一样笃信天主教，开始迫害英国国教教徒，因此得到"血腥玛丽"的恶名。五年后，她撒手归西，没有留下任何子嗣，英国的王位就传给了她的妹妹伊丽莎白一世。从这时开始，英国开始了它的荣光时代。

在伊丽莎白一世时期，最大的事件当属英国人在 1588 年打败了西班牙的无敌舰队，并且开始了海权的争夺。至于为什么尚未崛起的英国能够打败当时如日中天的西班牙帝国，中国学者和西方学者的观点颇为不同。中国学者（包括官方的观点）多认为，强大的王权，或者说伊丽莎白一世的领导对英国的崛起和这场战争的胜利起了很大的作用；西方学者则认为王权的作用并不大，事实上参战的英国军舰全部是私人的商船和海盗船，指挥官德雷克本身就是一位海盗，只不过他是女王投资的海盗。英国虽然给了他们一些资助，但是却并不拥有这支海军。相反，倒是西班牙的无敌舰队为王室所有。1588 年海战的胜利与其说是英国王权的胜利，不如说是女王放权的胜利。伊丽莎白一世对商业和议会采取了开明的政策，最重要的是，英国从那时开始了影响它后世几百年的国策——重商主义，这个我们一会儿要细讲。在伊丽莎白一世时代，英国从一个蛮夷小邦变成了欧洲大国，而且那个时期人才辈出，包括戏剧大师莎士比亚和哲学家弗兰西斯·培根等，都是那个时代的杰出人物。

伊丽莎白一世在位 48 年，但是终身未婚，也被称为处女女王。她去世后，英国的王位继承权就成了悬念。女王的兄弟姐妹早已过世，因此她父亲传下来的这一脉就绝种了，都铎王朝从此结束。最后，按照血缘的远近，苏格兰斯图亚特家族的詹姆斯一世继承了英国的王位。

尽管詹姆斯一世很博学，并且力图维持国内的稳定和伊丽莎白在国际关系上的成就，但是历史学家对他的评价并不高，他为人昏庸而自大，在政治上他对内迫害清教徒，破坏宪法体制，他不了解英格兰的议会，也懒得搞懂，而且几次擅自解散议会。当时欧洲大陆正值 30 年宗教战争期间，而两个贸易大国西班牙和荷兰也处在长达 80 年的战争状态，因此詹姆斯一世这才得以做了 20 多年太平天子，英国在他治下没有什么发展，却也无大碍。

不过詹姆斯的儿子查理一世就没有那么好的运气了。查理一世比他父亲还要独裁，在位期间，他无时无刻不在和议会争吵，另外他还喜欢干涉教会事务，并且继续迫害清教徒。最后他和议会之间爆发了战争，代表新兴阶层的议会获胜后，希望他接受君主立宪制，但是他继续执迷不悟，跑回老家苏格兰组织力量跟议会再次开战，结果又一次被击败，并被逮捕、审判和处死。苏格兰斯图亚特家族的一些成员在内战中站在了查理一世的一边，结果也遭到了逮捕和处决。今天苏格兰的特拉奎尔（Traquair）依然属于这个家族，在那里仍能感受到那段动荡的历史。对我来讲，世界近代史尤其是西方近代史，比古代史有意思，因为很多实物至今仍能看到，读完近代史后去看看那些"古迹"，马上能产生一种亲切感。到过特拉奎尔的人或许会有这样的印象，虽然那里的风景不错，但却不属于今天这个时代。

17 世纪英国的两次内战在历史上也被称为英国资产阶级革命。查理一世被处决的这一年，也就是 1649 年，远在东方的中国刚刚完成了一次改朝换代，所不同的是，中国只是一个王朝取代了另一个王朝而已，而英国则走向了现代。推翻查理一世的统治后，英国经历了短暂的共和时期，领导革命军的克伦威尔接下来自封护国主，他在保障资产阶级利益的同时，实行了几年的独裁统治。但是独裁在英国并不受欢迎，克伦威尔去世后，查理一世的儿子查理二世短暂复辟，虽然他想恢复革命前的王权，但是时代已经不允许了，英国的大权已经从王权转移到议会的手里。因此，当查理二世开始报复革命党时，英国国会对这位旧式君主已经不抱任何希望了，决定废掉他。经历了克伦威尔的独裁时期，英国人觉得有一个开明而不管事的国王比一个平民出身的独裁者可能更好，因此他们倾向于君主立宪而不是共和制。不过，让谁当国王却成了一个问题。最后，他们认为英国的女婿、荷兰国王威廉三世比较开明，于是便迎请他来英国做国王，这就有了本小节开头的一幕。

图 10.12　苏格兰的斯图亚特家族的特拉奎尔庄园，主人是斯图亚特家族的后裔，据说现在还在梦想着恢复王朝的统治

威廉在英国登陆后，受到英国人的欢迎，他兵不血刃地登上了王位。为了感谢给他带来王位的妻子玛丽公主，威廉与她共同执政，当时人称"双王登基"。美国早期著名大学威廉 - 玛丽学院的名字就是为了纪念这两个人。英国人喜欢这样不流血的革命，因此把这次革命称为"光荣革命"。光荣革命之后，英国从一个旧式的封建王国变成了一个君主立宪的现代国家。从亨利八世 1534 年创立英国国教开始，英国正式走出中世纪，到光荣革命之后变成资本主义社会，英国人用了一个半世纪。这一个半世纪是英国历史上相对集权的时期，但是除了在伊丽莎白一世时期政治比较开明外，剩下的时间（大约一个世纪）里内忧外患不断，英国并没有什么长足的进步。因此，如果现在还有人试图以伊丽莎白一世的成绩来鼓吹集权可以使国家强大，则要么是缺乏历史常识，要么是缺乏基本逻辑。一个国家是不可能靠出现一两个明君就做到长期繁荣稳定，因为在古今中外历史上，向来是昏君和暴君的数量比明君的数量要多，而将一个国家命运寄托在国君一人身上的结果，就是繁荣和衰退不断地交替。

英国在光荣革命之后，确立了一个民主的制度，保证了英国可以长期稳定发展。虽然当时的民主并不广泛，只有不到十分之一的人口拥有投票权，但是英国的政治制度当时在世界各国中已经是最先进的了。因此，英国的崛起，第一步是解决体制的问题，这一步英国人走了一个半世纪，可相比其他国家，时间并不算长。

进入现代民主社会后，英国人做的两件事不仅使得它从一个岛国跃居为世界第一强国，而且确定了今天国际商业和政治的游戏规则。其一是完成从重商主义到自由贸易的过渡，其二是完成工业革命。

重商主义是很多国家崛起的必经之路。欧洲的荷兰和英国等现代国家形成以后，它们马上就面临一个财务问题：国家要发展，对外扩张是需要钱的。诚然，可以像西班牙那样直接从美洲挖金银，但不是每个国家都有那么好的运气。

在致富的道路上，荷兰与英国走了一条与葡西两国完全不同的道路。我们已经讲过，西班牙和葡萄牙是靠挖金银及从事暴利的贸易获取财富，而英国人和荷兰人更多地是靠从事生产来获得财富，即使在其殖民地地区，他们也主要是经营而非掠夺，更多地从事生产而不是直接开采贵重金属。因此，英国和荷兰这两个国家的发展是可持续的。英国和荷兰这么做，自有一大套理论，这就是重商主义。法国思想家伏尔泰认为英国崛起的关键，是从伊丽莎白一世时代起，英国各方面已经就重商主义的重要性达成共识。

"重商主义"这四个字很多人都听说过，但是大部分人都是从字面去理解，认为就是重视商业，尤其是考虑到英国和荷兰崛起时正是全球贸易欣欣向荣的时代。但是，重商主义的真正含义是重视生产，尤其是重视工业生产。重商主义概括起来有这样几个要点：

1. 尽可能多地拥有硬通货，因为只有这样国家才能搞基础建设、军备和从事对外扩张；

2. 为了做到第一条，国际贸易必须优先于国内贸易，必须保证贸易顺差；

3. 既然各国都在生产，那么保证顺差的前提是要从事高附加值的劳动，在当时就是从事来料加工而不是出口原材料；

4. 鼓励生育，因为社会需要大量的劳动力；

5. 国家引导，并且监督产品质量，以保证全球竞争力。

在重商主义的指导下，英国不仅大力发展新兴工业，而且为了提供便利的运输条件，到处挖河修路建设港口。伦敦很快成了世界的中心。在短短的几十年里，英国不仅国力增长突飞猛进，而且在全球经济中控制着当时劳动附加值最高的行业，把亚洲地区和美洲殖民地广大地区变成了原材料产地和潜在的市场。当时，在欧洲除了英国，只有荷兰一贯坚持这项国策（法国在路易十四时开始坚持重商主义，但是接下来又走上了西班牙和葡萄牙的老路），因此这两个当时最先进的国家不可避免地发生了战争，虽然在几十年前他们还联合对付过西班牙。经过三次战争，英国终于获得了贸易的主导权。

重商主义是短期内提高一个国家的国力最好的办法，19 世纪的德国和日本在崛起时也部分采用了这项国策。对比这些政策和改革开放后中国的国策，就会发现前两条与中国在过去 30 多年里的做法完全相同。第三条不是中国不想做，而是暂时做不到，不过从 2005 年以后，中国生产的产品很多已经是高附加值的了。第四条中国看上去是反其道而行之，那是因为中国在过去的几十年里处于劳动力过剩状态，不需要鼓励生育，人口红利还非常大，而且现代工业对劳动力数量的要求不像 17、18 世纪那么多。最后一条或许中国今后会做，不过在历史上英国这一条做得比中国好很多。英国最早大量制造的工业品是纺织品，尤其是呢绒。为了保证纺织品的质量，英国设立了专门的官员，定期到呢绒厂检查质量，对于质量不好的工厂主，政府会施以重罚。英国还几次颁布法规，强调如果质量不佳将有损于帝国的声誉。在很长的时间里，我们今天认为是高品质的德国货，当时在欧洲则属于仿造英国货的山寨货。

重商主义不仅大大提高了资本家的地位，同时大幅增加了熟练工人的收入。当科技的积累和工业化发展到一定阶段后，便开始了工业革命。到了 18 世纪末，英国成为世界上率先完成工业革命的国家，机器的使用使得生产效率比农耕时代提高了好几个数量级。马克思评价说："资产阶级在它不到一百年的阶级统治中，创造的生产力比过去一切世代创造的全部生产力还要多。"工业革命的结果，第一次使得人类生产出来的商品超过了所需要的。人类经济的发展首次从缺乏劳动力和资源变成了缺乏市场，在这个大前提下，英国从重商主义迈向自由贸易，因为它的工业品需要卖到世界各地区。直到今天，英国及其继承者美国依然在大力鼓吹自由贸易。

阴谋论者可能会认为自由贸易是一个阴谋，但是不论你对自由贸易相信与否，当时英国的政治家们都对此坚信不疑，最有代表性的政治人物是著名的小威廉·皮特（William Pitt the Younger，1759—1806）首相。皮特是英国历史上最出名的首相之一，他 24 岁就担任了首相一职，一生担任这个要职长达 19 年。在一些中文网站上流传着这样一个关于他的故事。

> 1788 年，皮特参加了一次特殊的宴会，而宴会中最特殊的客人是一位来自苏格兰的海关职员。赴宴的其他人大多是英国的贵族、政府要员和业界巨子。当这位教授走下马车，步入客厅时，原本站在各处谈笑风生的绅士们，立即停止交谈，大家把目光都投向了这位来客，并纷纷站起向他致意。这位年长的客人说："先生们，请坐！"这时候，已经站在他身边的首相皮特认真地说道："博士先生，您不坐，我们是不会坐下的。"这位来客名叫亚当·斯密。

我个人认为这个故事是中国人杜撰的（至少也做了很多添油加醋的改动），因为我从来没有找到过这个故事的英文版本。另外，故事里面也有很多硬伤，比如把亚当·斯密说成海关小职员，而他并没有担任过这个职务，他曾是大学教授，但是在发表了一本影响世界的书后，亚当·斯密就担任了苏格兰的关税部长，这可不是什么小官。不过不论真伪，皮特的确是斯密的忠实信徒，他虽然没有听过斯密的课，但是一生自称是他的学生。

这位亚当·斯密是何
方神圣，能让皮特首
相和英国当时所有的
达官贵人对他如此敬
重？他的英文名字叫
Adam Smith，斯密
是清朝时对 Smith 的
翻译，按照今天的翻

图 10.13　亚当·斯密的头像上了 20 英镑面值的钞票

译习惯，应该译成史密斯而不是什么斯密。但是，虽然现在重译的很多
图书和文献把其他的斯密都改成了史密斯，但是这个斯密却没有改，因
为他在经济学界名气太大，大家都知道他叫斯密，翻译成史密斯反而没
有人知道了，因此人们一直将错就错。亚当·斯密可以算世界经济学史
上最有名的经济学家了，他的巨著《国富论》可谓是经济学界的《自然
哲学的数学原理》。

《国富论》所阐述的经济学的本质，是建立在亚当·斯密对人性极其深刻
的洞察力基础上的。自《国富论》问世百年来，世界经济发生了巨大的
变化，今天的工业和那个时代的工业已经鲜有交集，但是人性的优点和
弱点依旧，我们在本系列第三册"伟大的博弈"一章中还会看到这一点。
因此，虽然后世很多人试图超越亚当·斯密，包括大卫·李嘉图（David
Ricardo，1772—1823）、马克思和凯恩斯等等，但是他们的工作都是建
立在《国富论》的基础之上的，就如同今天的电动力学、统计力学和量
子力学都是建立在牛顿经典力学基础上一样。

亚当·斯密认为，人的社会活动尤其是经济活动是以谋求个人的利益为
目的，虽然存在慈善，但不是社会生活的主流。亚当·斯密举了个通俗
的例子来说明他的经济学观点：厨师、酿酒商和面包师为他人提供食物，
不是出于仁慈，而是为寻求回报，有了回报他们才能满足自己的生活需
要。亚当·斯密认为，虽然每个人在经济活动中考虑的是自己的利益，而
不是对社会的影响和贡献，但是，就在每一个人都在试图最大化自身利

益时，他们会被一只"看不见的手"牵着去实现一种超越他们本意的目的，最终让全社会获益。亚当·斯密所说的那只"看不见的手"就是经济学中所说的市场供求规律。当一种商品求大于供时，它的价格和利润就会上升，社会资源就会向这里倾斜，反之亦然，直到供求平衡。亚当·斯密认为在市场经济中，供求规律会创造出最高效的资源分配模式，并且朝着有利于市场经济的方向发展，创造出越来越高的生产力。在这个大前提下，政府应该少干预经济活动，因为人为的干预并不比那只看不见的手更高明。

在《国富论》中，亚当·斯密还阐述了分工协作对提高劳动生产率的重要性。虽然工厂主们已经自发地采用了这种方法来提高生产力，但是亚当·斯密是第一个从理论上对这种生产模式予以肯定的经济学家。他用了一个有关针的小例子很生动地说明了这一点。如果没有分工，我们一个人一天生产十根针都困难，但是，一个分工协作的小作坊，10 个工人一天却能生产四万八千根针，劳动效率提高了几百倍。这也是当时占世界人口不到 5% 的英国能生产全球一半工业品的原因之一。随着《国富论》在世界范围内的流行，这种分工协作的生产方式成为了世界现代生产方式的主流。

在《国富论》中，另一个可能也是最重要的观点，就是劳动价值论。在亚当·斯密之前，很多人认为财富是资本或土地带来的，但是亚当·斯密明确指出，财富是劳动创造的。因此，一个国家要富强，关键在于要有能力创造财富，而不是拥有多少黄金白银。英国人正是走了劳动创造财富的道路，才最终成为世界上第一个全球霸主。继英国人之后，美国人、日本人、德国人和中国人都是走这条路，才相继成为经济大国。相反，靠采黄金，靠卖石油，虽然短期可以获利，但是从来都算不上什么经济大国。劳动价值论不仅是对劳动者的肯定，而且解释了商品价值的规律，即其中包含的必要劳动时间。

根据这些理论，亚当·斯密提出了一个全球贸易的战略——自由贸易，他认为，英国虽然可以持续地通过贸易保护主义、靠武力征服，来保持商业的垄断地位，赚取金钱，但是，选择了自由贸易，英国可以赚更多的钱。因此，亚当·斯密认为英国应该开放市场，以换取世界上其他各国对英国开放市场。而且，亚当·斯密还认为如果英国人让别的国家有了钱，那些国家就能更多地购买英国的产品。这条原则成为后来全球自由贸易和经济一体化的理论基础。西方国家，尤其是美国和日本在中国改革开放初期，愿意帮助中国富裕起来，根本原因就是希望中国富裕起来后能够多买它们的商品，这实际上还是遵循亚当·斯密在两百多年前提出的经济学原理。亚当·斯密提出了一种让世界各国双赢的策略，而不是通过贸易保护或者制裁得到双输的结果。

在这样的前提下，亚当·斯密对政府的职责规定得非常清楚，那就是对外保卫国家，对内维持治安和司法，以及建设和经营公共工程。而对于经济生活，政府少操心为好。让商业发展的最好办法就是通过自由竞争，优胜劣汰。自由竞争这个今天已经被人所熟知的概念，是贯穿亚当·斯密的整个经济学理论的一条主线。今天，西方国家自由派经济思潮依然占上风，这可以追溯到亚当·斯密的时代。《国富论》中还有一些和经济学一般原理没有什么关系的内容，其中最重要的内容就是要重视教育。

自由贸易的推行和小威廉·皮特等人的努力也分不开。皮特精通国家财政，上台后通过对商品税率及国债利率的调整，几年内就填补上了英法七年战争以及美国独立战争中遗留的大笔财政赤字。18 世纪末，欧洲对外贸易不再是从亚洲进口商品，而是把本国的商品卖到世界各地。在这样的大环境下，为了打开世界市场，小皮特解散了英国的东印度公司，将印度直接纳入英国殖民管辖，让所有英国公司（而不是东印度公司一家）都可以将货物卖到印度。他还开始了对澳大利亚的殖民。小皮特政府的一系列政策在执政时期刺激了英国私有企业的快速发展，使得英国最终成为世界的霸主，而小皮特也获得了英国历史上最杰出下议员的称号。从英国的光荣革命到维多利亚女王登基，大约又过了一个半世纪，在这一个半世纪里，英国完成了从重商主义到自由贸易国策的转变。

如果说荷兰人奠定了现代的商业基础，那么英国人则确定了现代经济和商业的游戏规则。对比今天的经济现象，你会发现当今世界经济生活并没有跳出当年英国人确立的规则。今天，看不见的手依然在起作用；劳动分工更加细致，合作更加紧密；劳动者的作用越来越明显，用今天的名词这叫做人才战略；200年前的竞争让社会和经济变得更有活力，今天依然如此；政府的职能越来越像亚当·斯密描述的那样，保留了三个基本功能。贸易开始全球化，世界各国因此获得双赢。为什么英国人会统治世界，是因为他们确立了所有这一切。此外，英国还树立了一个保证国家可持续发展的政治制度的样本。英国自光荣革命以来，即使是在拿破仑战争期间，或者两次世界大战期间，都能保持政治的稳定以及权力的正常交接，这不能不说得益于其政治制度的优越性。

一个奉行自由贸易的国家，要想走在世界的前列，前提条件是它能够比其他国家生产出更多、更好，同时还要更便宜的商品。英国人是怎么做到这一点的呢？这就不能不谈谈工业革命了。

第四节　工业革命

人类活动首先离不开衣食住行，英国的近代化也是从这方面开始的，首先是解决国民的温饱问题。

我们在前面讲过，欧洲的农业长期落后于中国。不过，到了18世纪上半叶，英国农业开始快速发展，这是因为商品经济的发展导致农产品成为了商品，从而刺激了农民生产的动力。土地的所有者开始愿意向土地投资，以求赚取更多的回报。同时，一批中小自由农民上升成为农场主，他们的积极性非常高，悉心经营田庄。他们热衷于改良土壤、培育良种、开凿灌溉排涝系统。同时，他们还引进了东方农耕社会的传统耕作方式，比如垄耕种植法、施放肥料等，代替过去的撒播做法，有利于精耕细作。结果，在短短几十年间英国的农业收入上涨了四倍，养活了更多的人口，这为工业革命提供了条件。

除了吃，第二重要的就是穿，也就是纺织业。欧洲各国工业化都是从纺织业开始的，15 世纪的意大利，16 世纪的荷兰和 17、18 世纪的英国无一例外。在 18 世纪 60 年代，纺织工人哈格里夫斯（James Hargreaves，1720—1778）发明了一种高效率的手摇纺织机，并以他的女儿珍妮的名字命名，这就是著名的"珍妮纺织机"。1785 年，一位对机械感兴趣的牧师卡特赖特（Edmund Cartwright，1743—1823）发明了水力织布机，使织布工效提高了 40 倍。到 1800 年，英国棉纺业基本上实现了机械化。在其他工业领域，随着工具的改进和采用水力做动力，英国的工业开始腾飞。但是，很快他们就遇到一个大问题，因为靠水力驱动的工厂只能建在河畔，而且水力也渐渐地不够用了。因此，解决新的动力就成了工业革命的关键。最终解决这个问题的，是一位英国技工詹姆斯·瓦特（James Watt，1736—1819）。

瓦特生于苏格兰第二大城市格拉斯哥，那一年正好是中国乾隆皇帝的元年（1736 年）。按照今天的说法，瓦特只能算高中毕业，因为他没有正式注册念过大学，虽然他学了很多大学的课程。瓦特的机械知识来源于很多地方，包括在工厂短期做工，在钟表店做学徒，以及后来在格拉斯哥大学负责修理教学仪器。他曾经修理

图 10.14　格拉斯哥大学的钟楼

过一个纽科门蒸汽机，这是世界上最早的蒸汽机，但是这个蒸汽机不仅笨重，而且效率非常低，除了用在矿井里，无法推广。瓦特对蒸汽机的兴趣就是从这时开始的，那时他刚 20 岁出头。瓦特经常到格拉斯哥大学听课，并与教授们讨论理论和技术问题，他改进蒸汽机的大部分理论工作都是在这所大学里完成的。这所大学还出了另外一位名人，就是前面我们提到的亚当·斯密。2011 年，我专门去参观了这所出了两位影响世界的大人物的大学，学校占地面积长不到一公里，只有三四百米宽，并不起眼，但是学术气氛却很浓。

瓦特很快获得了新的蒸汽机发明专利，不过设计出蒸汽机和制造出实用的机器还是两回事，他足足用了十多年时间才将自己的专利变成了真正实用的产品，这中间也是一波三折。为了研制蒸汽机，一开始他得到一位铁厂主约翰·罗巴克（John Roebuck，生平不详）的资助，但是资金依然不够，瓦特只好再兼职土木工程师的工作养家糊口。1773 年，罗巴克破产了，瓦特只好变卖家产还债，这一年瓦特的妻子也撒手人寰，留下六个未成年的孩子，瓦特的生活跌入了最低谷。这时，有人推荐他去俄国。

不过崇尚科技的英国还是把瓦特这位即将带来技术革命的发明家留了下来，因为当时在世界上，只有英国建立了一整套将发明转换为生产力的机制，而且有一个崇尚科学技术的社会大环境。英国是最早实行专利法的国家，早在 16 世纪就开始有专利申请，虽然一开始每年申请的专利数量并不多，但是到了 18 世纪便开始普遍起来。英国对专利的保护非常认真，这大大鼓励了当时欧洲的才俊集中到英国。英国对发明的保护和奖励，在全社会引发了一种对新发明和发明家狂热的崇拜。而这些崇拜者中，最虔诚的是那些工厂主。当时，英国知识阶层和工业界精英们探讨和交流新技术的气氛十分活跃。就在瓦特最为困难的时候，他所在的一个民间科技团体——"月光社"中的一个成员向他伸出了援助之手。这个人就是后来对世界工业革命产生了重大影响的马修·博尔顿——一位来自伯明翰的工厂主。

说到这里，我们必须介绍一下瓦特和博尔顿所在的月光社，因为这个规模不大的民间科技社团对工业革命乃至美国的崛起都产生了巨大的影响。月光社的创始人是英国科学家达尔文（他的职业是医生，但他其实是最早提出进化论假说的人，只是他没有证实。而写《物

图 10.15 伯明翰市的瓦特、博尔顿和默多克（瓦特的助手）镀金像，他们今天依然是伯明翰的骄傲

种起源》的那个查尔斯·达尔文是他的孙子）和工厂主博尔顿，他们认识并成为朋友原本是因为达尔文是博尔顿岳父母家的家庭医生。他们后来和一位机械师和钟表匠约翰·维特赫斯特（John Whitehurst）认识并开始在一起讨论科学问题。1758 年，美国著名科学家和发明家、电的发现者本杰明·富兰克林来到伯明翰，经人介绍认识了这三个人，他们一起陪同富兰克林在英国旅行，并且一起研究电学、气象学和天文学。到此为止，这几个人还只是出于兴趣爱好研究和讨论问题而已，并没有正式结社。后来，在美国威廉 - 玛丽学院任教的威廉·斯莫尔教授（William Small，也是托马斯·杰弗逊的朋友）从美国回到英国，并经本杰明·富兰克林的介绍认识了博尔顿。斯莫尔在美国弗吉尼亚时和杰弗逊等人创办了一个学术小团体，因此他将伯明翰的这个小的学术圈子变成了一个学术俱乐部。因为当时没有路灯，他们经常在月圆的晚上聚会，故而取名月光社（Lunar Society）。接下来他们又发展了几位新会员，包括瓦特、普里斯特里（Joseph Priestley，1733—1804）[14] 和韦奇伍德等人。瓦特加入月光社是 1767 年的事情，也就是说，他和博尔顿是通过月光社认识的。月光社还有一位重要的成员，他就是后来的瓷器大王韦奇伍德，

14
化学家，发现氧气助燃的原理，美国化学最高奖普里斯特里奖就是为了纪念他。

我们在第一册"人造的奇迹"一章里讲过，韦奇伍德将瓷器制造业变成第一个采用蒸汽机动力的行业，这也跟月光社有关。月光社规模最大的时候有 30 多名成员，包括他们的后代，像小瓦特和小博尔顿，以及通信成员富兰克林、杰弗逊和著名化学家拉瓦锡（Antoine Lavoisier，1743—1794）等人。月光社对英国工业革命产生了巨大的影响，18 世纪英国的名人传记中或多或少都会提到月光社。

现在回过头来讲瓦特。虽然当时他已经不名一文，但是他的专利的重要性显而易见。因此，在瓦特最困难的时候，马修·博尔顿做了一个重大决定，这个决定挽留住了原本打算去俄国的瓦特。博尔顿当时有一家上千人的五金工厂，是一位很成功的企业家，但是当他看到动力成了工业快速发展的瓶颈时，决定放弃五金业，转而与瓦特合作，研制和制造蒸汽机及加工用的机械。这是一个非常富有远见但是也颇为冒险的决定。试想一下，温州一个颇为成功的五金公司老板，今天是否愿意放弃已有的生意，转而从事最先进的科技产品的研发和生产呢？博尔顿在写给瓦特的信中表明了自己的决心："我将为蒸汽机的诞生创造一切条件，我们将向全世界提供各种规格的发动机，您需要一位助产士来减轻负担，并且把您的产儿介绍给全世界。"最后，博尔顿花了 1200 英镑买到了罗巴克手中的那一部分专利份额，从此，他和瓦特就开始了他们改变世界的天作之合。

瓦特和博尔顿二人性格非常互补，瓦特才华横溢，心思缜密，逻辑性非常好，但是有时缺乏耐心，容易着急。而博尔顿则相反，他天性乐观，善于为人处世，有激情也有毅力，每次在瓦特快要放弃时，他总是鼓励瓦特说，可能再来一次我们就成功了。8 年之后，也就是 1781 年，瓦特制造了从两边推动活塞的双动蒸汽机，又称万能蒸汽机，这种原理的蒸汽机一直用到了今天。1785 年，瓦特被选为英国皇家学会会员。后来博尔顿和瓦特合伙的公司将蒸汽机卖到了全世界，加上专利转让的收入，瓦特晚年非常富庶。

新式万能蒸汽机能在那个时代，在英国由瓦特发明，是很多机缘巧合的必然结果。我们前面谈到了英国的专利制度和对发明的重视，博尔顿的配合固然也是一方面原因，然而最重要的是，瓦特开创了与前人不同的发明创造的方式。在工业革命之前，人类几千年的文明史上，科技的进步大抵遵循这样一个过程：从劳动中获得经验，根据经验改进工具、发明创造，再根据发明创造提炼出技术，最后从技术里总结出科学的原理，这个过程非常漫长，通常要走很多弯路才能找到真正解决问题的方法。在瓦特之前，有一种笨重而效率低的纽科门蒸汽机已经使用了50年，其间很多能工巧匠试图改进它，但都没有成功。而瓦特的做法正好相反，为了对旧时的蒸汽机进行脱胎换骨的改造，他系统地学习了数学、力学、化学和热力学，做了很多实验，并且仔细计算过热能转化成机械能效率的问题，然后才着手改进蒸汽机。对瓦特影响最大的一本书是牛顿的《自然哲学的数学原理》。以牛顿为代表的近代科学诞生以后，人类社会开始飞速发展。后人这样评价这两位英国杰出人物：牛顿找到了开启工业革命大门的钥匙，而瓦特拿着这把钥匙，开启了工业革命的大门。因此，后世评价瓦特为工业革命之父。

万能蒸汽机发明后，韦奇伍德首先将它应用于瓷器的生产中，人类历史上第一次出现了一种商品供大于求的情况。接下来，蒸气机被广泛应用于采矿、纺织和冶金。1807年，美国发明家富尔顿研制出采用蒸汽机动力的蒸汽船，行驶在哈德逊河上，从此，运输业开始迈进蒸汽动力时代。1810年，英国工匠史蒂芬森开始研制蒸汽机车，也就是今天我们说的火车。1825年，由史蒂芬森设计的火车在他铺设的铁路上以24公里/小时的时速运载450名旅客（到终点时旅客人数达到了近600人）从达灵顿驶到斯托克，从此开创了铁路运输历史。在瓦特蒸汽机发明后短短的半个世纪里，英国不仅成为世界第一工业大国，也成为了全球性的帝国。英国利用自身首屈一指的工业优势，积极推行自由贸易政策。它率先取消贸易限制，通过开放自己的市场来换取国外市场，从而建立起了全球自由主义的经济体系，"英国制造"走向了全世界。

图 10.16 在伦敦水晶宫举行的第一届世界博览会

1851 年，英国为了展示其工业革命的成功，在伦敦市中心举办了第一届世界博览会（今天叫 EXPO，当时叫 Great Exhibition）。和历届博览会都会修建一些标志性建筑一样，这次博览会的标志性建筑是著名的水晶宫，它长达 560 多米，高 20 多米，全部用玻璃钢架搭成，占地 37000 多平方米，里面陈列着七千多家英国厂商的产品和大约同样数目的外国商家展品。英国的展品几乎全部是工业品，包括机车等大量以蒸汽为动力的机械，而外国商家则几乎全都陈列的是农产品和手工产品。当时英国的女王维多利亚参加了开幕典礼，看到琳琅满目的展品后，只是不断地重复一个字"荣光"（Glory）。就连英国的幽默杂志 Punch 也评论说，"这是人类历史上最隆重和喜悦、最美丽和辉煌的展览"。（The grandest and most cheerful, the brightest and most splendid show that eyes had even looked on since the creation of the world. ）

这届博览会向全世界宣告了英国黄金时代的到来，从伊丽莎白一世到维多利亚，英国这个只有地球陆地面积的千分之二，人口在当时只有世界百分之一的"小国"，经过两百多年的努力，成为有史以来全球第一个超级大国。英语也取代了法语，成为世界各国交流的中间语言。在这两百多年的时间里，英国人首先解决了政体的问题，接下来解决了全球商业的秩序问题，而工业革命则是在这两个任务完成之后的事情。如果从工业革命算起，英国人只用了半个世纪就成为了世界超级大国。

一个世纪后，英国将世界的主导权让给了它的同族兄弟美国，后者不仅继承了前者的各种传统，还继承了荷兰人喜欢在资本市场冒险的特点。相比荷兰和英国，美国在社会公平性方面更前进了一步，这保证了它的经济有更长远的发展。

结束语

荷兰、英国和美国崛起并主导世界长达四百多年，从近代到现代的世界历史，很大程度上就是这三个国家的历史。这其中因素很多，并非任一单一原因可以解释。人们一般会把某大国的崛起归结为国家（军事的）强大、经济发达、政治稳定，以及国民和政府之间的相互信任，等等。但是这些都不是荷兰、英国和美国主导世界最根本的原因，这些因素可以建成一个强大的国家，却不能保证主导世界。荷兰和英国首先解决了政治体制问题，相比当时另外两个殖民大国葡萄牙和西班牙，荷兰和英国首先赢在了体制上，这种政治体制不仅沿用至今，而且还在世界上得到普及。我们可以给这种体制找出很多毛病，但是既然它已经被全世界大部分国家所接受，那么英国和荷兰主导了世界上大部分的事务，也在情理之中。

当然，今天很多人会强调创新在国家发展中的重要性，不过思想的创新比技术的创新更重要。17世纪，荷兰率先崛起，靠的是他们创造出的一系列现代商业法则和金融制度，这包括信托责任、联合股份公司、股票交易所、现代银行和信用制度。英国不仅继承了这一切，而且通过推行自由贸易，建立起全球的市场，虽然这项工作后来是由美国主导，到了21世纪才完成。对于经济活动，英国人将原先需要通过权力来管理和经营的工商业变成了市场经济，让从业者自由竞争，通过看不见的手来调节。在英国极盛时期坐上王位的维多利亚女王，在位时间长达 64 年之久，在这半个多世纪里，她除了养育了一大堆子女，让其后代遍及欧洲各个王室，几乎从不过问国事。而恰恰是这位什么都不做的女王，开创了让英国人自豪的维多利亚时代，因为她让那只看不见的手在发挥力量。

无论是荷兰、英国还是后来的美国，都做到了在国家崛起的同时，带来全民的富裕，这是这几个国家长期繁荣的保障。相比之下，西班牙和葡萄牙的大航海和殖民，并没有给民众带来什么实惠，因此这种繁荣难以持久。美国作为荷兰人和英国人殖民的国家，在维护社会的公平性上，比这两个欧洲的祖宗更进了一步。为了保证公平竞争，美国人在英国祖先制订的游戏规则的基础上，加入了反垄断的政府监管，这才使得美国不断地有新兴企业快速成长为跨国公司。1901 年，老罗斯福总统（西奥多·罗斯福，Theodore Roosevelt，1858—1919）上任伊始，他就要求国会立法，对托拉斯的经营活动给予合理的限制，并发起 44 起针对大型垄断企业的诉讼，最终导致了洛克菲勒石油帝国的解体。洛克菲勒至死都没能明白，他不断地唠叨，自己为美国获得了全世界的石油资源，而且一生行善，为什么还要受到这样的处罚。这是因为他破坏了自由竞争的公平性。

自美洲新大陆被发现以来，真正意义上世界范围内的强国只有荷兰、英国和美国这三个海权国家。法国、德国和前苏联这样的陆权国家，从未成为全球范围内的第一强国。荷、英、美三国政治和经济制度一脉相承，在市场经济的发展过程中进行了交接棒式的继承和创新，并不断完善相应的法律制度。今天，就某项改变世界的发明来说，我们可以找到任何国家的重要发明。但是，今天的全球经济和贸易体系以及商业规则，则是这三个国家创立的。虽然大英帝国武力不再，但是全球经济和贸易体系还在，各国还在努力融入其中，这可能是英荷统治世界的根本原因。

附录　大航海时代以来大事记

1498，　　　葡萄牙人达·伽马绕过好望角到达印度，开辟了利润丰厚的香料航线

1511，　　　葡萄牙人占领新加坡，控制了马六甲海峡

1519，　　　西班牙国王查理一世继承了神圣罗马帝国的帝位，并顺理成章地成为了荷兰
　　　　　　　的统治者

1533，　　　西班牙人皮萨罗灭亡印加帝国，抢走了几吨黄金

1536，　　　英王亨利八世脱离罗马教廷，将英国教会变成新教的一支 —— 英国国教

16 世纪 30—40 年代，西班牙人在美洲发现多处大银矿和金矿，在之后的一个世纪里，他们
　　　　　　　从美洲带走近两百吨黄金和近两万吨白银

1558，　　　英国女王伊丽莎白一世即位

1568—1648，荷兰独立战争（八十年战争），1648 年荷兰获得独立

1580—1640，葡萄牙王国并入西班牙

1588，　　　英国打败西班牙的无敌舰队

1602，　　　荷兰东印度公司成立

1609，　　　荷兰阿姆斯特丹银行成立，同年荷兰东印度公司开始在日本开展贸易

17 世纪初，　股票交易所在荷兰出现

1624—1662，荷兰人占据了中国的台湾

1652，　　　荷兰人占领了南非并建立了重要的港口开普敦

1652—1784，英国和荷兰爆发了四次战争，争夺世界贸易权

1687，　　　牛顿出版科学巨著《自然哲学的数学原理》

1689，　　　英国完成光荣革命，从此成为民主的资本主义国家

1763，　　　英国在七年战争中战胜法国，获得了北美大量的殖民地

1776，　　　英国在北美的殖民地宣布独立

　　　　　　　亚当·斯密出版了经济学巨著《国富论》

　　　　　　　同年瓦特改进了蒸汽机

1813，　　　英国人史蒂芬森发明了火车

1825，　　　世界上第一条商业化的铁路达灵顿铁路建成

1851，　　　第一届世界博览会在英国伦敦的水晶宫开幕

19 世纪 80 年代，美国开始了电气时代

1901，　　　西奥多·罗斯福成为美国总统，美国开始了反垄断的风潮，并且开始改善劳
　　　　　　　资关系

参考文献

1 Ian Morris. 为什么西方统治世界（*Why the West Rules - for Now: The Patterns of History, and What They Reveal About the Future*）.Picador，2011.

2 亚当·斯密. 国富论. 唐日松，译. 华夏出版社，2005.

3 David Hume. 英国历史（*The History of England*）. 亚马逊免费电子书 .http://t.cn/8sDA6Ms

4 Thomas Colley Grattan. 荷兰历史（*Holland The History of the Netherlands*）. 亚马逊免费电子书 .http://t.cn/8sDAa8g

5 Kelly Knauer. 时代周刊副刊·大发现（*TIME Great Discoveries: Explorations that Changed History*）.

第十一章　谈出来的国家
美国的建国过程

在美国首都华盛顿特区的中心地带（习惯上称为 Mall），耸立着一座高555 英尺（约合 170 米）、类似古埃及方尖碑的建筑，这就是美国开国元勋、第一任总统乔治·华盛顿（George Washington，1732—1799）的纪念碑。纪念碑内部中空，内有电梯直通顶端，俯视整个华盛顿特区。透过电梯透明的内墙，可以看到美国各州和世界各国颂扬华盛顿的文字，其中中国的文字颇有意思，碑上刻着"大清国浙江宁波府镌"，碑文如下（摘自清代道光年间福建巡抚徐继畬所著的《瀛寰志略》）:

> "华盛顿，异人也。起事勇于胜广，割据雄于曹刘，既已提三尺剑，开疆万里，乃不僭位号，不传子孙，而创为推举之法，几于天下为公，骎骎乎三代之遗意。其治国崇让善俗，不尚武功，亦迥与诸国异。余尝见其画像，气貌雄毅绝伦，呜呼，可不谓人杰矣哉! 米利坚，合众国以为国，幅员万里，不设王侯之号，不循世及之规，公器付之公论，创古今未有之局，一何奇也! 泰西古今人物，能不以华盛顿为称首哉!"

翻译成白话文，大意是这样的:

"华盛顿是个非凡的人。他造反精神超过陈胜吴广，在地方割据称雄赛过曹操和刘备，手持三尺长剑（作者的想象），开疆万里，却不为自己设立皇位名号，不传位给子孙，而创造了推荐选举的办法，将天下看成是民众的，简直有尧舜禹上三代贤王的风尚。他治国崇尚礼让善待百姓，不崇尚武力，也和各国不同。我见它的画像，气度非凡，形容刚毅绝伦，

图 11.1 华盛顿纪念碑

哦耶，不能不说是人杰啊！美利坚，通过合众而立国，幅员万里，不设王侯的封号，不采用世代继承的规矩。国家交给民众，创造了以前所没有的格局，是何等了不起啊！西方古今的人物，怎能不以华盛顿为第一人？"

作为美国的开国元勋和第一任总统，华盛顿是那个时代美国社会精英的杰出代表。

但是，美国的开国靠的是一大批杰出人物，而不只是一个华盛顿。这批人被美国人称为"国父们"。从广义上讲，"国父们"包括签署独立宣言的所有代表；而在狭义上，通常是指比较有名的本杰明·富兰克林（Benjamin Franklin，1706—1790，美国宪法的主要起草者）、托马斯·杰弗逊（Thomas Jefferson，1743—1826，独立宣言的起草者、美国第三任总统）、约翰·亚当斯（John Adams，1735—1826，美国第二任总统）、詹姆斯·麦迪逊（James Madison，1751—1836，美国宪法之父，美国第四任总统）和亚历山大·汉密尔顿（Alexander Hamilton，1757—1804，美国第一任财政部长，美国金融体系的创立者）等人。把上面徐继畬对华盛顿的颂扬放在其他人身上，同样适用。正是靠他们的民主作风和无私精神，美国才能成为西方民主国家的典范，并保证了连续两个多世纪的强大。

华盛顿等人不仅创造了一种新型的国家——它的权利由民众共享，内部各个原先的殖民地（后来的州）高度自治，而且开创了以和平方式而不是武力来协调各个地区、各个利益集团之间的权益，然后在此基础上建立共和国的先河。美国的国父们能够做到这一点，与他们个人的理想、品德和教养有关，与法国启蒙运动有关，也与当时北美殖民地的大环境有关。人的因素、时代的因素和地域的因素结合在一起，创造了美国的立国奇迹。现在，就让我们来看看这些国父是些什么样的人。我们不妨从年龄最长的本杰明·富兰克林说起。

第一节　本杰明·富兰克林

若要了解美国的历史、政治、文化和价值观，必须好好了解本杰明·富兰克林。

网络上有这样一个传说，说本杰明·富兰克林有两块墓碑，一块是按照他自己的意思立的，上面写着"印刷工本杰明·富兰克林"；另一块是民众给他立的，上面写着"从苍天处取得闪电，从暴君处取得民权"等颂词。这个说法不是很准确，不过大致描述清楚了富兰克林是个什么样的人。确切地讲应该是这样的——富兰克林曾经说过，希望自己的墓志铭写为"印刷匠本·富兰克林的遗体长眠于此。他像一本旧书的封面，内容被撕去，字母与烫金已经脱落，只能躺在这里供虫子吞

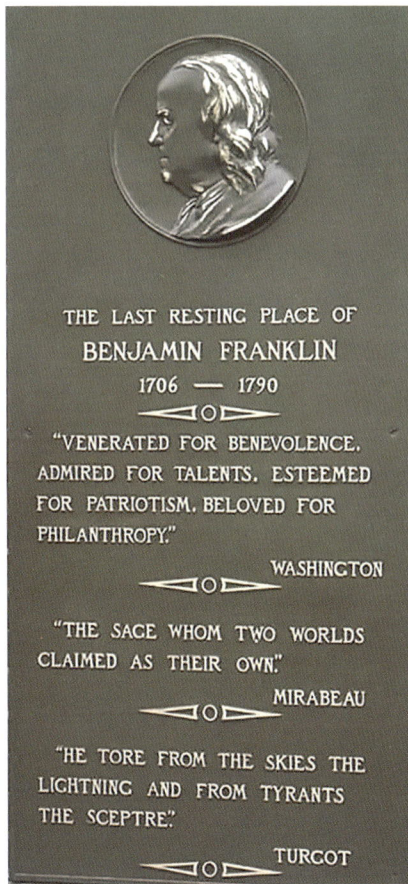

THE LAST RESTING PLACE OF
BENJAMIN FRANKLIN
1706 — 1790

"VENERATED FOR BENEVOLENCE.
ADMIRED FOR TALENTS. ESTEEMED
FOR PATRIOTISM. BELOVED FOR
PHILANTHROPY."
WASHINGTON

"THE SAGE WHOM TWO WORLDS
CLAIMED AS THEIR OWN."
MIRABEAU

"HE TORE FROM THE SKIES THE
LIGHTNING AND FROM TYRANTS
THE SCEPTRE."
TURGOT

图 11.2　富兰克林的墓碑

噬。"不过，最后他可能改变了主意，他的墓地像一本打开的书，墓碑上简单地写着他和他妻子的姓名。在他的墓前，有一块很小的纪念碑，上面刻有华盛顿和杜尔哥（Anne-Robert-Jacques Turgot, Baron de Laune, 1727—1781）对他的赞颂，其中杜尔哥对他的评价就是上面那句"从苍天处取得闪电，从暴君处取得民权"。似乎很少有人质疑上面那个不准确的传说，我想这应该是因为它的描述恰好与富兰克林谦逊而伟大的为人一致。

1.1 童年

本杰明·富兰克林的祖上是清教徒，属于一般的自由民，并不富裕。17世纪，英国迫害非"国教"的信徒（虽然他们同信基督教），因此很多清教徒便逃到了北美，富兰克林的父亲约瑟和第一任妻子带上他们的三个孩子移居波士顿，然后又生了四个孩子。约瑟在第一任妻子过世后，再娶的妻子艾比亚在波士顿生下富兰克林，两人又总共生了 10 个孩子，这样家里一共有 17 个孩子。不过，可能是因为孩子们年纪相差太大，因此，在富兰克林的印象中，最多有 13 个孩子同时在家里。富兰克林是家里最小的儿子，下面只有两个妹妹。全家的生活可以用一个词概括——清贫。富兰克林家中的一些决定都和他们的经济条件有关。

富兰克林的哥哥们到了十几岁就都出去学各种各样的手艺了。而作为小儿子，他原本是要被作为"什一奉献"送给教会的。（传统的基督教讲究教徒要将任何财产的十分之一送给教会，比如说钱财收入的十分之一要交给教会，牛羊等牲畜也是如此，如果孩子多，也要将孩子送给教会，将来让孩子做牧师。）因此，他没有像哥哥们那样去学手艺。富兰克林从小就非常聪明，他父亲的朋友们都说要是让他读书，这个孩子将来一定有出息。于是在八岁时，富兰克林被送到法语学校读书。他后来代表美国出使法国，并且取得了了不起的外交成就，或许就是因为这个时候打下的法语基础。富兰克林在学校里渐渐成了班上的优等生。但是由于家里人口多，负担不起他读大学的费用，富兰克林的父亲因此改变初衷，把富兰克林送到一所算术学校，这样他将来能作为帐房先生养活自己。可是算术显然不是富兰克林的特长，他考试不及格，在 10 岁这一年又被父亲接回家来，帮助打点家里的蜡烛和肥皂生意。这样算下来，富兰克林一共只接受了不到三年的正规教育。他的父亲原本打算让他一辈子做蜡烛肥皂匠，但富兰克林根本不喜欢这个行业，而是梦想成为航海家。他父亲对他这种奇怪的想法非常不赞同，还是希望他将来有一份在陆地上的工作，可以养家糊口，因此经常带他去散步，看这样那样的手艺活，比如木匠、泥瓦匠，等等。富兰克林对这一切都非常好奇，他会留心观察工人是如何工作的，这种细心观察的习惯让他受益一生 —— 富兰克林不仅从观察中学到了很多东西，还对做实验产生了兴趣。

富兰克林幼年养成的另一个习惯也让他受用终身，那就是从小爱好读书。他虽然没有多少钱，却把全部零用钱都花在买书上。其中一本名为《论行善》的书，影响了他一生。因为爱读书，所以他最初选择了做印刷工，而他的师傅兼老板就是他同父异母的兄长詹姆斯。读者读到这里时，可不要以为他像今天中国的好些年轻人那样，在家族企业中当着二老板的差事。他其实完全是他兄长的学徒兼包身童工。他们兄弟之间签了一份合同，合同规定富兰克林要干到 21 岁，而当时他只有 12 岁。富兰克林在自传中没有感谢过他的这位兄长，因为这位兄长不但没有照顾弟弟，还经常打他，这让富兰克林一辈子对暴力都非常反感，并最终起来反抗暴力。

不过，在印刷厂当学徒的好处就是能读到大量书籍，同时他利用晚上的时间开始学习写作。富兰克林非常用功，他在工作之余自学写作。他的兄长当时除了接一些印刷的活，还出版一份当地的报纸，当然在报纸上写文章的都是当地的名人。富兰克林也想在报纸上发表文章，但知道他兄长肯定不会给他刊登。于是，他就在夜里将写好的稿子悄悄从门缝中塞到兄长家，当然署的是假名了。他兄长觉得这些文章写得非常好，以为是哪个不愿意透露姓名的乡绅所写，就给刊登了出来。这样，富兰克林的文章便不断地发表在当地的报纸上，没有人能看出这些文章出自一个十几岁的孩童，直到最后他自己说破。

富兰克林的成功并未让他的兄长感到高兴，在他兄长看来，他们兄弟间是师徒以及老板和雇员的关系。而富兰克林则一直想尽早终止这种师徒合同，最后在他 17 岁那年，他兄长遇到生意上的麻烦，这样他终于自由了。但是，他兄长禁止他在波士顿找工作，于是富兰克林不得不辗转来到费城。在费城，富兰克林开始了他的成功旅程，并且在这里度过了他的一生。

1.2 社会责任

当时费城的印刷业比波士顿落后很多，富兰克林原本就是个熟练工，于是又找了份印刷工的工作。除了工作，他最愿意做的事情就是读书和结识读书人。随着他在行业里知名度的提高，一些上层人士，包括宾夕法尼亚州（费城所在的州）的州长，都鼓励他自己开业，但是他得不到家人特别是他父亲的支持，这事儿只好一拖再拖。后来他又辗转到了伦敦，在一家印刷厂工作。最终在一名商人帮助下，回到费城开办了自己的印刷公司。他的公司承接各种印刷业务，这是他谋生的手段，同时他也借此自办报纸，发表自己的文章，靠着这些报纸和文章，他开始在社会上有了名气，并且受到民众相当的尊重。

富兰克林喜欢读书，并有强烈的求知欲，读书和求知贯穿了他的一生。书在当时可不像现在这么便宜，而且不是随处都买得到，因此，即使是富有的家庭藏书也有限。在英国期间，富兰克林曾向一位藏书大家一次性支付过一笔钱，以获得随时在他们家借书的权利。在费城，他周围聚集了一批读书的朋友，他建议大家把各自的藏书拿出来免费分享，后来在此基础上建立了费城第一个公共图书馆。北美的其他一些城市后来也效仿他的做法。这一年富兰克林还不到 30 岁。

富兰克林热衷于为社区工作并且着力于改善社区。除了创建美国第一家公共图书馆，富兰克林还为社会做了许多事，其中不少都是美国第一。我们不妨看看他所做的工作。

1. 建立消防队。

从殖民时期至今，美国城市里的大部分房屋都是木质结构的。在富兰克林生活的年代，全美国都没有任何防火措施（也不懂得安装避雷针，因为这是富兰克林后来的发明），因此，城里火灾不断，这对当时刚刚在新大陆安家的移民们来讲简直是灭顶之灾（即使放在今天也是重大灾难），于是富兰克林在 1736 年组建了北美第一支消防队，队员全是志愿者。

2. 创办大学。

当时殖民地的教育是个大问题，整个北美殖民地只有三所大学（哈佛大学、威廉 - 玛丽学院和耶鲁大学），从纽约到马里兰的广大地区没有一所大学。富兰克林决定创办一所大学，为当地人提供教育，也为他自己搞科学研究提供方便。1743 年，他开始筹建"青年教育学院"，八年后学院成立，这就是今天世界著名大学之一、常青藤名校宾夕法尼亚大学的前身。与此同时，他开始研究电及其他科学问题。

3. 建立医院。

1851 年，富兰克林和托马斯·邦德在费城建起了美国第一家医院——宾夕法尼亚医院。起初，他们的宗旨是让穷人有地方看病。这所医院至今依然遵循富兰克林他们定下的这个宗旨，它

图 11.3　富兰克林建立的宾夕法尼亚医院

更像是一个城市社区医院，而不像后来著名的约翰·霍普金斯医院和麻省总医院那样，以研究最先进的治疗方法为主。

在美国建国的国父们中，富兰克林无疑是对他周围的居民直接贡献最大的。

1.3 科学家

由于生意上的成功，富兰克林到了 40 多岁就挣足了够花一辈子的钱。用今天的话讲，就是财务自由了。以他的聪明才智，他原本可以更加富有，但是他志不在此，而是有志于为公众服务和进行科学研究。因此，他从 1748 年起，就把生意交给别人打点，专注于科学研究和为公众服务。富兰克林非常爱学习，虽然只上过三年学，但是靠自学通晓了法文、意大利文、西班牙文及拉丁文。通过学习，他广泛接受了世界科学文化的先进成果，为自己的科学研究奠定了坚实的知识基础。

富兰克林在科学上最重要的贡献是证明了雷电和电是一回事，发现了电荷守恒定律，并且发明了避雷针。

富兰克林进行雷电实验的故事，至今仍被人们津津乐道。人类注意到摩擦可以产生静电是很早以前的事情。最早的记载来自于希腊的学者泰勒斯（Thales，前 640—前 546），他发现皮毛和琥珀摩擦以后，琥珀会吸住像羽毛一类的轻微物体，假若摩擦时间够久，甚至会出现火花。不过，几千年来，人类对电的了解甚少。在富兰克林时代，欧洲的科学家们开始关注电并且发现电有两种（玻璃电和琥珀电），还发现了两种电可以互相抵消，以及电可以传导等现象。电火花和雷电有无相似之处，没有人知道（或许以前做这个试验的人运气不好）。富兰克林想证实的一件事就是：到底雷电和电是不是一回事。

图 11.4 画家笔下的富兰克林的雷电实验（收藏于费城艺术馆）

当时，飞得最高的物体莫过于风筝。富兰克林决定用风筝"取电"。他制作了一个特殊的风筝，风筝上绑了一根金属棒，在手握的线轴上拴着把钥匙，然后用一根细铁丝连接金属棒和钥匙。在 1752 年的一个雷雨天，富兰克林和他的儿子威廉一道把这个特殊的风筝放上高空，静候闪电的到来。当一道闪电从风筝上掠过，富兰克林用手靠近钥匙，立即感觉到一阵恐怖的麻木感。他抑制不住内心的激动，大声呼喊："威廉，我被电击了！"（富兰克林的这种做法非常危险，1753 年，俄国著名电学家利赫曼为了验证富兰克林的风筝实验，不幸被雷电击死。）随后，他又将雷电引入莱顿瓶中 —— 在本书第十四章"闪烁的能量"中对此会有详细的介绍。简单地讲，莱顿瓶是当时做电学试验使用的存储静电荷的玻璃瓶，瓶子内外壁均贴有很薄的锡箔，把摩擦起电装置所产生的电用导线引到瓶内的锡箔上，并将瓶外壁的锡箔接地，这样就可以使电在瓶内聚集起来。回到家后，富兰克林用收集到的雷电做了各种电学实验，证明了天上的雷电与人工摩擦产生的电性质完全相同。富兰克林把他的实验结果写成一篇论文发表，从此在世界科学界名声大噪。英国皇家学会给他送来了金质奖章，聘请他担任会员（今天人们更习惯称皇家学会会员为"英国皇家学院院士"）。除此以外，哈佛大学和耶鲁大学都授予他名誉学位，牛津大学授予他名誉博士。富兰克林后来还写了很多关于电学的论文，他的主要发现包括：

1. 电是单向流动（而不是先前认为的双向流动），并且提出了电流的概念；

2. 合理地解释了摩擦生电的现象；

3. 提出电量守恒定律；

4. 定义了我们今天所说的正电和负电。

这些发现足以让富兰克林在近代物理学中占有一席之地，但是富兰克林并不是书斋里的书虫，他搞科学研究，很重要的目的是改良社会，改善人们的生活。弄明白雷电的性质后，他发明了避雷针。当雷电袭击房子时，避雷针会将电流引入到大地中，房屋建筑因此能避开雷击，完好无损。1754 年，避雷针开始在费城投入使用，但是当时很多人并不接受，害怕它会引起灾害，总有人会在晚上偷偷拆掉避雷针。然而，在一场雷阵雨中，没装避雷针的大教堂被雷电击中着火了，而装有避雷针的高层房屋却平安无事。事实教育了人们，使人们相信了科学。不久，避雷针相继传到英国、德国、法国，最后普及到世界各地。

富兰克林在当时的科学界很活跃，他和英国的许多科学家，尤其是月光社的成员频繁来往和通信。他无疑是那个年代美国最有影响力的科学家和发明家。

1.4 政治家和外交家

富兰克林一直热衷于公共事务，并且尽他所能为大众服务。1736 年，31 岁的他开始担任宾夕法尼亚州议会秘书。第二年，他担任了费城邮政局副局长，后来又担任北美邮政总局副局长。但是，富兰克林真正把主要精力花在政治和外交上，是在北美独立运动开始以后。关于美国独立的过程我们下面再讲。

1754 年，作为宾夕法尼亚州的首席代表，富兰克林参加了在纽约州奥尔巴尼市举行的殖民地大会，在会上他提出了各殖民地联合的计划，但是当时条件并不成熟，他的提议并未得到关注，不过他的这些想法后来不少被写进了美国宪法。从 1757 年到 1775 年，富兰克林作为北美殖民地代表多次到英国谈判。1757 年，宾夕法尼亚州议会派他去英国解决一起有关土地征税的争端。当时佩恩家族（Penn Family），即宾夕法尼亚州的领主拒绝为他们占有的大片土地缴税，州议会派富兰克林去宗主国英国，让英国出面解决。富兰克林原以为很快就能办完事回国，但是不曾想在英国一待就是五年，而且由于在英国缺乏有影响力的朋友，他这事儿没有办成。这件事，还让他和佩恩家族结下了梁子。佩恩家族极力想要毁掉他的政治前途，以至于他在 1761 年的州议会选举中落选，而此前，他已经连续 14 年担任州议会的议员。

宾夕法尼亚州的有识之士决定再次向英王请愿，把宾夕法尼亚变成英国的直辖殖民地而不是佩恩家族的领地，从而永久地剥夺佩恩家族对宾夕法尼亚州的控制权。尽管富兰克林已经不是议员，可州议会还是委托他前往英国交涉。就在富兰克林到了英国以后，宾夕法尼亚有一件更大的事情需要他和英国交涉，这就是后来导致北美独立的英国《印花税法案》。英国在本土早就开始征收这项税，富兰克林以前也建议在殖民地征收这项税，但是英国政府对英国本土人民和殖民地人民区别对待：英国本土的人民交了税就能享受相应的权益，而殖民地的人民却只有纳税义务，没有相应的权益。因此，到了1765年，《印花税法案》在北美殖民地引起了骚乱，民众纷纷发表激烈的演讲，反对并斥责英国政府的这一专制行为。由于富兰克林曾建议征收印花税，不少人认为富兰克林是《印花税法案》的罪魁祸首之一。在富兰克林位于费城市场街的寓所，他妻子的人身安全受到威胁。

到此时，富兰克林和大部分殖民地的居民一样，还认同自己是英国人，一开始他企图与英国政府达成某种妥协，但英国执政者置之不理。后来，随着北美反对印花税的呼声越来越高，富兰克林转向主张必须废除这一法案。1766年2月13日，富兰克林来到英国的下议院陈述废除《印花税法案》的理由。在长达4小时的时间里，富兰克林答复了下议员们提出的上百个问题，他口若悬河，有理有据，完全主导了这次辩论。后来英国学者伯克描述了这次辩论会，说富兰克林就像是一位大师在回答一群学生的提问。几个星期后《印花税法案》被废除，这一次，北美殖民地的人把富兰克林视为英雄。

但是，英国并没有放弃向殖民地征税的想法。不久，英国政府又搞出来新的税种。为了强制征税，英国甚至派遣部队进驻北美，所产生的费用由殖民地居民承担。紧接着，波士顿民众和英国士兵之间发生了口角和殴斗，最终导致5人丧生，这在历史上被称为"波士顿大屠杀"。我第一次到波士顿时，当地人介绍说有一个"大屠杀博物馆"可以去看看。我听到这个博物馆的名字，以为是像南京大屠杀或者波兰卡廷大屠杀那样死了许多人，结果一看，一共是 5 个丧生者。波士顿人依然牢记此事，除了珍爱生命之外，主要因为这是美国独立战争的导火索之一。不过到了这会儿，富兰克林仍想缓和殖民地与英国之间的紧张关系，而不是闹独立，他还认同自己是英国人。殖民地同胞批评他过于倾向英国，而英国人却谴责他过于维护殖民地的利益。但是，后来发生的一件事让他和英国彻底决裂了。

富兰克林在伦敦了解到，原来这些英国部队都是马萨诸塞州州长哈钦森（Thomas Hutchinson，1711—1780）要求部署的，此人是彻头彻尾的英国铁杆。富兰克林给马萨诸塞州的一些议员看了哈钦森和英国通信的信件。他的本意可能是让这些议员自己清楚就好，不要公开出来。可是，这种事情从来都无法保密，信件的内容被殖民地的民众得知后，自然在波士顿等地引发了一场轩然大波。愤怒的波士顿民众请愿要求罢免哈钦森，富兰克林成为他们的请愿代表。这件事传回到伦敦后，也引起了一场混乱，下议院召开了关于富兰克林泄密的听证会。在一个半小时的听证会里，富兰克林站在下议院接受英国人的训斥和肆意恶毒的人身攻击。听证会结束后，富兰克林镇静地走了出来，一语未发。这件事是他人生的一次重要转折，用他自己的话讲就是：走进下议院时还是个忠诚的英国人，但是离开时却成了纯粹的美国人。

图 11.5　富兰克林在法国非常受各阶层人的欢迎

1775 年 4 月 19 日，英国和北美殖民地的矛盾终于上升为列克星敦的武装冲突。5 月 10 日，第二届大陆会议在费城召开。富兰克林代表宾夕法尼亚州参加了会议，并且和约翰·亚当斯一起协助托马斯·杰弗逊起草了《独立宣言》。之后，也就是在 1776 年，已经 70 高龄的富兰克林又远涉重洋出使法国，为北美争取法国的支援。在法国，他受到社会各阶层的欢迎，有些法国贵族和富商家里甚至流行以富兰克林的画像装饰画廊。他的这次出使十分成功，缔结了法国和美国的军事同盟，在美国独立战争中，法国派到北美和英国人作战的军队比华盛顿指挥的联军还要多很多，而且装备精良，成为美国独立战争的主力军。1787 年，富兰克林参加了制宪会议，并且成为宪法起草小组的实际负责人。

1790 年，84 岁高龄的富兰克林溘然离世。那时，他的儿子威廉因为在独立战争中站在英国人一边，已经和他决裂并且留在了英国，他的孙子陪伴在他的身边。费城人民为富兰克林举行了隆重的葬礼，两万人参加了出殡队伍，并且为富兰克林的逝世服丧一个月以示哀悼。

富兰克林的一生诠释了什么是美国梦。他出身贫穷，凭借自己的努力获得成功，关注社会并服务于社会。晚年，富兰克林将自己的经历写成一本《本杰明·富兰克林自传》。这本书激励了几代美国人，历经两百余年而不衰，它包含了富兰克林对人生的真知灼见，以及诸种善与美的道德真谛，被公认为是改变了无数人命运的美国精神读本。大部分美国人认为，富兰克林和亚历山大·汉密尔顿是两位应该当总统而没有当的政治家。富兰克林主要是因为年龄，而汉密尔顿则因为不是出生在美国。不过美国人民没有忘记他们，而是把他们的头像印在了美元上。要知道，美元上的其他头像都是美国总统的。

第二节 托马斯·杰弗逊

2.1 年轻有为

美国《独立宣言》中的这句名言至今仍被世界各国人民传颂并推崇：

> 我们认为下面这些真理是不证自明的：人人生而平等，造物者赋予他们不可剥夺的权利，包括生存权、自由权和追求幸福的权利。

We hold these truths to be self-evident, that all men are created equal, that they are endowed by their Creator with certain unalienable Rights, that among these are Life, Liberty, and the pursuit of Happiness.

每当人们读到这段话时，不禁热血沸腾，而感慨美国的缔造者们在两百多年前就能有这样的对人的尊重和真知灼见。美国的《独立宣言》被誉为人类历史上第一份人权宣言，而它最重要的起草者就是托马斯·杰弗逊（Thomas Jefferson，1743—1826）。

杰弗逊的生活经历与富兰林完全不同，和后面介绍的华盛顿也鲜有交集，他们唯一的共同点就是一起创立了美国。

图 11.6　杰弗逊纪念堂内的铜像，背后是杰弗逊起草的独立宣言

杰弗逊生于 1743 年，比富兰克林整整晚了一代还多。他来自一个非常富足的家庭，家里也是兄弟姐妹一大堆。父亲彼得是弗吉尼亚的农场主，拥有 5000 多英亩的土地（约 20 平方公里），并且在地方上担任一些职位不高的公职。老杰弗逊大概精通数学，经常为当地农民测量土地，这与杰弗逊后来对科学有浓厚的兴趣也有一定关联。杰弗逊的母亲也来自教养很好的家庭。生长在这样的家庭里，杰弗逊从小就受到良好的教育，学习了古拉丁文、古希腊文和法文。14 岁时，杰弗逊不幸丧父，加上因为两个哥哥早逝，他便作为长子继承了农庄和数十名黑奴。与华盛顿不同，杰弗逊十几岁时没有把时间花在经营农庄上，而是进一步求学。他寄宿于一位博学的教士家，接受古典教育（Classical education），并研习历史与自然科学。16 岁时，他进入了美国当时仅有的两所大学之一的威廉 - 玛丽学院（College of William and Mary）学习。在那里，他研习数学、形而上学（哲学）与自然哲学（即自然科学）。据闻杰弗逊非常喜爱读书，每日读书和练习小提琴长达 15 小时。他精通法语、拉丁语和希腊语，涉猎书籍非常广泛，包括古希腊柏拉图、古罗马西塞罗、法国孟德斯鸠以及英国莎士比亚和弥尔顿等人的书，其中他最喜欢三个英国人的学说，这三个英国人是约翰·洛克（John Locke，1632－1704）、弗兰西斯·培根以及艾萨克·牛顿爵士。杰弗逊后来称其为"古往今来最伟大的三个人"。

在政治理念上，约翰·洛克对杰弗逊后来民主思想的形成和对现代政府的构想有非常大的影响。洛克是英国的经验主义哲学家，在社会契约理论上做出过重要贡献。洛克认为政府和人民之间是一种契约关系，人民承诺纳税来维持政府，而政府承诺保护人民的利益。他主张政府只有在取得被统治者的同意，并且保障人民拥有生命、自由和财产等自然权利时，其统治才有正当性和合法性，这一思想后来被杰弗逊写进了《独立宣言》，并在之后的两百多年里成为美国对外政策的准则。美国颠覆他国独裁政府的法理依据都来自于此，即一个政府一旦缺乏被统治者的认同，政府和人民之间的社会契约就不复成立，那么人民便有权推翻政府。

1762 年杰弗逊以优异的成绩从大学毕业后，之后专攻法律，并于 1767 年取得弗吉尼亚州的律师资格。在七年的律师生涯里，杰弗逊处理了上千个案件，平均两天就有一件。杰弗逊强调辩论要有说服力，强调简洁、朴实和坦率，反对以词藻取胜，反对夸夸其谈。这些训练帮助他日后成为大陆会议和美国政坛雄辩的政治领袖。而这种简洁而朴实的文风也反映在后来他起草的《独立宣言》中。

1772 年，杰弗逊与一位寡妇玛莎·斯格尔顿（Martha Wayles Skelton，1748－1782）结婚。与富兰克林和华盛顿不同，杰弗逊很少花时间打理他的生意，他长期任职于公共部门，先在弗吉尼亚的地方自治议会（House of Burgesses）中执法，26 岁时就进入了弗吉尼亚的议会。在处理殖民地事务时，他渐渐意识到殖民地的人民有向宗主国英国纳税的义务，却在英国下议院（英国的上议院完全是摆设）中没有投票权，因此，北美十三个殖民地其实不欠英国任何东西。

2.2　政治家的杰弗逊

1774 年，北美殖民地和英国的矛盾已经非常突出了。在以波士顿为中心的新英格兰，人们希望贸易自由并反对英国无端加税，他们的代表是塞缪尔·亚当斯（不是约翰·亚当斯），而在南方的弗吉尼亚，大家要求的是对土地的所有权。英国当局对此处理不当，最后从本土派来很多军队。波士顿的塞缪尔·亚当斯认识到单靠波士顿和马萨诸塞州的力量是无法对抗英国人的，因此，他建议召开北美各殖民地代表大会，并由马萨诸塞州议会出面通知各殖民地议会。当时各州的议会由倾向于殖民地的居民组成，而各州的总督则大多效忠英国王室，因此，马萨诸塞的英国总督盖奇解散了议会。在南方的弗吉尼亚，情况也类似，英国任命的总督解散了弗吉尼亚议会。被解散的弗吉尼亚议会在杰弗逊所在的威廉斯堡开会，并通过决议，召开有十三个殖民地参加的会议。在马萨诸塞州和弗吉尼亚州的号召下，除佐治亚以外的十二个北美殖民地在费城召开了第一届大陆会议。

为了表述弗吉尼亚州的观点，杰弗逊写了《英属美洲民权概观》（*A Summary View of the Rights of British America*）一文。他指出，由于北美十三殖民地在建立时并没有接受英国的统治，和过去国王将领地封给封建主是不同的，因此，北美殖民地的所有权属于这块土地上的人民。相比富兰克林（和华盛顿）早期在忠实于英国王室和北美独立问题上摇摆不定，杰弗逊从一开始就是坚定的"独立分子"。富兰克林一直是英国人争取的对象，而杰弗逊则是英国政府宣布的叛徒，一旦被抓，就将处以绞刑。

弗吉尼亚州代表团包括了华盛顿和著名的律师派帕特里克·亨利（Patrick Henry，1736－1799，以提出"不自由，毋宁死"的口号而闻名）等人，而杰弗逊自己并没有参加。马萨诸塞州的代表有塞缪尔·亚当斯和他的堂弟、后来的第二任总统约翰·亚当斯等。杰弗逊的报告作为弗吉尼亚的观点，在会议上讨论，代表们激烈辩论，可能是因为杰弗逊本人未到场，他的激烈的观点最终没有被通过。马萨诸塞州的代表约翰·亚当斯在会上最为活跃，成了会议的灵魂人物。最后，大会发表了由约翰·亚当斯起草的《权利宣言》，这份宣言是一份和平请愿书，其中对英国的要求和宣言的口气都比杰弗逊的观点要弱很多。宣言表示殖民地仍效忠英王，更未提出独立的问题。

事实证明杰弗逊是正确的，向英国人恳求是没有结果的，北美独立的第一枪终于在列克星敦打响。十三个殖民地紧急召开了第二次大陆会议，这一次杰弗逊参加了会议，并且主导起草了《独立宣言》，他的民权思想在其中得到了很好的展现。

第二次大陆会议后，杰弗逊名声大振，他回到弗吉尼亚州，领导了那里的民主改革，使弗吉尼亚成为民主的一州。他在三年间起草了 126 条法案，主要贡献包括：废除长子继承制度，改为所有直系亲属共享继承权；在法律上确立了宗教自由，并使司法体系现代化；通过了普及知识的传播法案（普及三年义务教育，因为当时人们认为三年基本教育就够了）。他还促成其母校威廉－玛丽学院的学术改革，包括促成在美国大学中第一个成立选修制度。杰弗逊后来创立了弗吉尼亚大学，这所大学成为美国第一所完全脱离了宗教的高等学院。

在独立战争期间，杰弗逊担任弗吉尼亚州州长。独立战争结束后，他接替富兰克林担任驻法大使。虽然富兰克林依然是全美国最有外交经验的政治家，但是当时他已经年近 80 岁了，无法长期坐海船旅行，因此，和欧洲建立外交的重任就交给了 42 岁的杰弗逊。杰弗逊从 1785 年至 1789 年在法国一待就是四年，错过了美国的宪法会议（Constitutional Convention）。他虽然支持这部新宪法，但认为它还是有颇多缺陷，主要是缺乏保障人权的法案，于是他积极推动在宪法中加进了后来被称为《人权法案》的 10 条修正案。

从法国回来后，美利坚合众国也正式成立了，具有外交经验的杰弗逊顺理成章地在乔治·华盛顿组阁的首届政府中出任国务卿（1789－1793）。虽然他在政府首脑的排位中位居华盛顿和副总统约翰·亚当斯之后排在第三位，但是他和排在第四位的财政部长亚历山大·汉密尔顿才是这届政府中最有影响力的两个人，尽管两个人的政治主张相差甚远。概括来说，杰弗逊更倾向于分权给各州政府，认为民众的权利和幸福远比建立一个强大的中央政府更重要，认为只有这样，一个国家才能长期繁荣。而汉密尔顿则倾向于中央集权，他认为英国之所以强大是因为有一个强势的中央政府，美国应该学习英国。至今无法证明谁的观点更好，但是两个人对美国两百多年直到今天的影响都非常深远。美国联邦和州两级立法、司法和行政制度，在很大程度上是杰弗逊的功劳，而美国统一的金融和货币体制则是由汉密尔顿奠定的基础。今天美国政府所拥有的金融权利，比如发行货币、设立中央银行等，都是根据汉密尔顿对宪法的解释而引伸出来的。

在杰弗逊看来，汉密尔顿迷恋权力，有悖于他将"权利交给人民"和"政府是完全为民众服务的工具"这些理想。他和另一位国父（也是他后来一生的挚友）詹姆斯·麦迪逊创立了共和民主党，就是今天民主党的前身。与此同时，汉密尔顿创立了联邦党，他力推政见与自己相同的约翰·亚当斯作为党的领袖，他则身居幕后。从才干来讲，汉密尔顿应该是仅次于杰弗逊的政治领袖，而且年富力强（他比杰弗逊还小 12 岁），精力无限。但是，由于他不是在美国出生的，因此注定了这辈子当不了总统，甚至很多历史学家认为，美国宪法里之所以规定只有美国出生的公民才能担任总统，就是针对汉密尔顿的，因为他的政敌太害怕他了。

华盛顿身边有这样两个强势的下属，日子过得可想而知。华盛顿在第二次就任总统的典礼上，只讲了几句话，大意是党争将毁掉我们的民主政府。他的理想是建立一个超然于政党之外的纯洁的政治体系，这个理想显然不现实。

杰弗逊和汉密尔顿的外交主张也迥异。法国大革命之后，英国和法国的矛盾加剧，导致英国纠集欧洲各君主国武装干涉法国。杰弗逊或许是对法国人在独立战争中帮助美国有好感，或许是因为他从骨子里赞同法国大革命的思想，所以他主张联合法国对抗英国；而汉密尔顿或许是因为爱尔兰移民并信奉英国国教，或许是喜欢英国的政治制度，因此主张联合英国对抗法国。最后，华盛顿在汉密尔顿的鼓动下和英国人缔结了同盟。杰弗逊干脆辞职而去。两年后，汉密尔顿因为婚外情被政敌给揭露出来，也只好挂印而去。几年后，汉密尔顿死于一场决斗。约翰·亚当斯也淡出了政坛。这样一来，美国政府在早期将近四分之一世纪里（杰弗逊、麦迪逊和门罗各担任了八年总统），一直由民主党人控制着，各州的独立性得到了确认和巩固。

图 11.7　美国第一任财长汉密尔顿（收藏于华盛顿大学法学院），他是杰弗逊主要的政敌

1800 年，杰弗逊当选为美国第三任总统。在执政期间，他致力于美国庄园经济的发展，这或许与他自己是庄园主有关。他崇尚个人自由，限制政府的权力。在他以及后几任总统的影响下，美国的联邦政府最初只是国家的守夜人，很少干预经济发展。1803 年，杰弗逊政府以 1500 万美元（相当于 8000 万法郎）的价格从拿破仑手里购得法国在北美的殖民地路易斯安那。当时拿破仑因为打仗急需用钱，便将一块殖民地出售给美国。当时买卖双方都不知道这块土地有多大（2,144,476 平方公里），因此美国捡了个大便宜，每英亩的价钱只有三美分。这次土地收购使得美国的

国土面积翻了一番。杰弗逊的另一大政绩是于 1807 年签署了禁止进口奴隶的法令。尽管此后奴隶贩子仍不断走私奴隶，但这一法案向废除奴隶制前进了一大步。1808 年，杰弗逊在担任了两届总统后，像华盛顿一样主动离开了这个位置。美国总统轮流执政，而且不超过两届的传统由华盛顿确立，通过杰弗逊巩固了下来，成为了不成文的规定。直到 1940 年因为战争的需要，富兰克林·罗斯福连续担任了四届总统，打破了这个约定，美国才在宪法修正案中明确总统最多连任两届。

2.3 最聪明的总统

杰弗逊不仅是杰出的政治家，还是科学家、发明家和建筑师。他一生热爱自然科学，热衷科学研究和发明。和富兰克林一样，他和英国月光社也经常通信联系。当时北美的经济依然以种植业为主，杰弗逊对种植业和农具发明很有兴趣，他曾经发明了一些农具帮助种植。但是杰弗逊更大的兴趣在于发明各种自动机械。他在弗吉尼亚州西部蒙蒂塞洛（Monticello）的家就是一个大的实验室。他给自己的家发明了一种自动门，还有一种升降梯，可以将饭菜送到楼上。他改进了摆钟，在上面装上了一个垂直移动的指针，用来指示星期几，这可能是世上第一个日历钟。他一辈子写下了大量书信文稿，那个时候还没有发明复写纸，一般人为了留

图 11.8　杰弗逊为自己在蒙蒂塞洛的家设计的主楼

底稿都要重新抄写一遍，杰弗逊发明了一种特殊的复写装置，能够一次得到两份一模一样的书写稿。感谢他发明了复写装置，这样他写的信自己都有一份底稿，这些底稿是美国历史的重要档案。

作为建筑师，杰弗逊设计和建造了自家庄园的主楼，这座两层的大楼外观酷似缩小版罗马万神殿。他似乎颇为钟情于这种圆顶建筑，在他为后来的弗吉尼亚大学设计的主楼中也体现了这种设计风格。

杰弗逊信奉"知识就是力量"（Knowledge is power.），他从总统任上退休后，潜心办学，创办了弗吉尼亚大学，以便让更多人受到高等教育。在此之前，弗吉尼亚州只有威廉 - 玛丽学院一所大学，学生大多是富家子弟。杰弗逊认为，弗吉尼亚应该有一所让任何居民经由单一共同的评判标准就有机会进入的大学。杰弗逊一生都热爱自然科学，虽然他和约翰·亚当斯政见不同，但是他们都坚信科学可以让人类的生活更美好。亚当斯曾经说，"我必须研究政治和战争，就是为了让我的孩子们能研究数学和哲学。我的孩子们应当研究数学、哲学、地理、自然、历史、造船学、航海、商业和农业，目的是让他们的孩子们能够研究绘画、诗歌、音乐、建筑、雕塑、编织和陶艺。"[1] 这无疑是远见卓识，而杰弗逊则将它付诸于实践。

1817 年，弗吉尼亚大学开始奠基，校址选在了杰弗逊的老朋友、当时的美国总统门罗（James Monroe，1758—1831）以前的一个农庄上。因为要去白宫就任，所以负债累累的门罗卖掉了这块土地。1819 年，在杰弗逊的努力下，弗吉尼亚州大学拿到了办学许可证，州议会决定每年拿出一万五千美元办一所州立大学。但是这些钱远远不够用，更何况还缺少最初建设教学楼和图书馆的钱。创办大学最初的三个董事除了杰弗逊，还有杰弗逊之后的总统麦迪逊以及当时的总统门罗。用时下的话说，这应该是"史上最强的"大学董事会了。按照今天很多国人的想法来看，三代美国总统要办的事情，而且利国利民，有关部门还不得一路开绿灯，或者门罗总统利用职权给点方便。但是，在刚刚成立的美国，这种事情

1

I must study politics and war that my sons may have liberty to study mathematics and philosophy. My sons ought to study mathematics and philosophy, geography, natural history, naval architecture, navigation, commerce, and agriculture, in order to give their children a right to study painting, poetry, music, architecture, statuary, tapestry, and porcelain.

想都不用想。杰弗逊办学的过程可谓是磕磕碰碰，何况他的一些政敌本着"凡是杰弗逊赞成的事情就一定要反对"的原则故意从中阻挠。杰弗逊本人从来没有利用职权谋取哪怕一点私利，他在担任公职期间因为无暇管理田庄，已经负债累累。因此，他办学时只好求助还在担任公职的朋友捐钱和四处借贷。弗吉尼亚大学直到 1825 年才正式开课。

为了办这所大学，杰弗逊可以说是呕心沥血。弗吉尼亚大学的校园是托马斯·杰弗逊一生最为自豪的成就之一，这是他在建筑学和哲学上造诣的集中体现。这在美国建筑界堪称著名的建筑物，已在 1988 年列入世界文化遗产的名单，也是当时北美唯一一所名列其中的高等院校。杰弗逊创办弗吉尼亚大学的思想或理念，一方面包括在学校里强调人人平等的民主思想，另一方面包括通过激发学生了解自然界、探索未知领域，丰富人类的思想和科学成果。今天，弗吉尼亚大学成为美国最好的州立大学之一，在 2013 年《美国新闻与世界导报》（*U.S. News & World Report*）上公立大学的排名中，它仅次于两所加州大学（伯克利分校和洛杉矶分校）。

值得一提的是，杰弗逊之后的两任总统麦迪逊和门罗对办学有着同样的热情，麦迪逊后来还担任了弗吉尼亚大学校长。杰弗逊办学的钱大约有三分之一是以私人名义向朋友借的，其中很大一部分是向门罗借的。门罗应该知道杰弗逊根本还不上钱，事实上最后杰弗逊到死也没有能还上，但是他（和其他一些债权人）还是全力支持杰弗逊的办学事业。今天，弗吉尼亚大学的学生协会就是以门罗的名字命名的。

杰弗逊在弗吉尼亚大学开课的第二年（1826 年）去世。那一天正是美国的独立日（7 月 4 日）。当天晚上，在千里之外的另一位美国国父约翰·亚当斯也坚持着熬到了这一天走完了人生旅程。临终前，亚当斯讲"这回杰弗逊赢了"。他不知道，杰弗逊已经早他几个小时悄悄离开了人世。这两位伟人，连同华盛顿、富兰克林、麦迪逊和汉密尔顿等人一起，缔造了人类历史上空前民主而强大的国家。他们二人虽然政见不同，也不乏相互攻击的言论，但是他们始终遵循彼此尊重、和平协商和互相妥协的原则，解决分歧，为后来美国的民主政治奠定了良好的基础。杰弗逊为自己的墓碑题写的墓志铭为"《独立宣言》起草人和弗吉尼亚大学创办者"，没有提及他作为美国总统的身份。不过他被认为是美国历史上最好的总统之一。他的民主思想已经深入到美国民众中，这是他留给美国和世界最宝贵的遗产。

在众多美国国父和历届美国总统中，杰弗逊被公认为智慧最高而且多才多艺。除了我们前面提到的在政治、科学、工程和教育等方面的成就，杰弗逊还精通词源学、考古学、数学和密码学，并且是很好的作家和小提琴手。1962 年，肯尼迪总统曾在白宫设晚宴，宴请当时美国的 49 位诺贝尔奖得主，他对满堂的社会和科技菁英致辞："我觉得今晚的白宫聚集了最多的天才和人类知识 —— 或许当年杰弗逊独自在这里进餐的时候不计。"

第三节　乔治·华盛顿

关于乔治·华盛顿，历史学家、小说家和儿童作家有关他生平的著述已经有很多了，我们这里仅作简单的介绍。

华盛顿的祖先早在 1658 年就从英国来到了美国。他的父亲是一个铁矿主兼铁匠铺老板，先后娶过两位妻子，乔治是第二位妻子生的六个孩子中的长子，生于 1732 年，年纪正好在富兰克林和杰弗逊之间。世间盛传着乔治·华盛顿幼年的一个故事，就是他用一把斧子砍坏了庄园里的樱桃树，后来主动向父亲承认了错误。后来经过考证，这故事是杜撰的，讲故事的人不过是希望孩子们从小学会诚实，就拿一个名人来说事儿。而美国的孩子，一共也不知道几个名人，华盛顿无疑是其中之一。小时候的华盛顿其实和当时大多数家境较好的孩子没什么不同，他被送到教会学校去学习拉丁文，不过他对数学更有兴趣。他的数学基础对他后来绘制和使用地图指挥作战很有帮助。中国电视剧《人间正道是沧桑》中那个地图铺子的学徒杨立青因为画地图的本事比别人大，日后当上将军后占了不少便宜，华盛顿也是如此。

华盛顿童年丧父，他同父异母的大哥奥古斯都就自然而然地成为了家长。在他 14 岁那年，也就是当时被认为是成年的年纪，他的这位兄长就把一个庄园交给他管理，他从此便成了农场主。直到 17 岁前，华盛顿都一直在做购买农具和奴隶、销售农作物、雇佣和解雇工头、记录和考察账目等农庄日常的工作。17 岁时，他在弗吉尼亚的费尔法克斯县（Fairfax）开始担任公职，职位是助理土地勘测员，这份工作使得他对野外生活和地形地貌积累了很好的经验，为他日后利用地形作战打下了基础。

图 11.9　华盛顿在弗吉尼亚的芒特弗农庄园

华盛顿 21 岁那年成为英国在北美军队的一名军官。当时正值英法争夺北美殖民地战争期间，美国东部英属殖民地的居民还是站在英国一边，因此，他便随部队到当时还很荒蛮的中部跟法国人作战。华盛顿接到的任务是通知法国军队离开英国的殖民地。那时，既没有地图，更没有 GPS，华盛顿靠着做过土地勘测员的经验，居然穿过荒野和森林来到俄亥俄找到了法国部队，并且把英军的照会交给了法国人。不过法国人并没有把英国人的警告当回事，他们还是和英国人开战了，并且大败缺乏纪律的英国殖民地军队，华盛顿也成了俘虏，直到英国人承诺不再进入俄亥俄后才被释放。

由于这次失败，英国本土不再信任英属殖民地的军人，派来了正规军。英军将领考虑到远征军在北美可能人生地不熟，再次将华盛顿编入部队，并让他担任弗吉尼亚军的统帅，军衔是上校。不过那些从英国来的下级军官并不听华盛顿的指挥，还侮辱他。虽然后来华盛顿告到英军（在波士顿的）司令部并且得到了上司的支持，不过这件事让他在感情上和英国人产生了隔阂。他后来对英国人心灰意冷，借机退役，从此不再为英军效力。不过，他的军事经验却都是从这几年的服役中获得的。

早在华盛顿 20 岁那年，他的大哥去世了，几年后嫂子把田庄卖给了他。华盛顿很喜欢经营田庄，后来也因此成为弗吉尼亚年轻的富翁。现在，结束了军旅生涯的华盛顿要考虑结婚了。虽然他身高 1 米 85 左右，仪表堂堂（按照今天的标准是高富帅），而且在当地的人缘也很好，但就是没有年轻的姑娘喜欢他，因为她们都觉得他太瘦太高了。这并不奇怪，因为那个时代的女性喜欢小个子结实的男人。经过几次恋爱的挫折，华盛顿已经没有了年轻时的浪漫，在婚姻上变得非常现实，于是娶了一位富有的寡妇，一位两个孩子的母亲。这位太太虽然并不年轻美貌，却很会持家理财，这让华盛顿日后可以放心地去打仗。华盛顿和太太在自己的大庄园里度过了无忧无虑的 15 年光阴。如果不是独立战争，华盛顿就会这样了此一生。

但是上天似乎一定要赋予他一项神圣的使命，1776 年，北美独立战争打响，华盛顿再一次离开家，开始了他最后一次戎马生涯。不过这一次，他不再是为英国人服务，而是和英国人作战。

接下来的历史便是人人皆知的了。几年后的一天，1781 年 10 月 19 日，来自芒特弗农庄园的大陆军总司令华盛顿，接受了英军统帅查尔斯·康沃利斯（Charles Cornwallis，1738—1805）侯爵的投降。华盛顿并没有羞辱这位垂头丧气的将军，而是让他保留了自己的佩剑和尊严，这是他为人的准则：对人，即使是对手，也要宽大为怀。

图 11.10　华盛顿等人接受康沃利斯的投降（收藏于美国国会大厦），画面上中央骑马的是林肯将军，他身后骑马的是华盛顿，左边穿红色军装的是英国人

在北美获得独立后，华盛顿的声望达到了前所未有的高度，有人建议他当国王，就像当年荷兰独立战争中的领袖威廉一世那样，但是他根本没有予以考虑，而是选择回到庄园继续做他的庄园主。

在 1788 年的立宪会议上，华盛顿被全票推选为新成立的美利坚合众国首任总统。华盛顿自己有田庄的收入，因此婉拒了总统的薪水，他是将总统这个职位当作为民众服务的义务。在就职典礼上，他要求仪式的场面和规模尽可能简朴，不要像当时的欧洲王室那样。他的夫人对权力也没什么欲望，她甚至不希望华盛顿做总统，而是在芒特弗农庄园继续过田园生活。作为第一夫人，她负责安排总统府的宴会，直到今天，这依然是美国第一夫人的工作。

在华盛顿不到 10 人的内阁里，有两位强势的部长，国务卿杰弗逊和财政部长汉密尔顿，两个人各代表一派观点，争执得不可开交。华盛顿虽然和杰弗逊同是弗吉尼亚人，但是他经常站在汉密尔顿一边，尤其是在对英、法的关系上，华盛顿听从了汉密尔顿的建议，和英国签订了合约，后来这导致了和法国的武装冲突。而曾经作为驻法大使在法国生活了五年的杰弗逊，在外交政策上明显倾向于法国，于是他干脆辞职不干了。汉密尔顿利用他在联邦政府里任命权之便，任命了许多好友，因此在华盛顿任职期间，以汉密尔顿和副总统亚当斯为首的联邦党人形成了相当的气候，并最终在华盛顿担任完两届总统后，将联邦党的亚当斯推举为总统。华盛顿对党派之争非常反感，他希望建立一个超越党派的政府，但是这种理想近乎幻想，事实上，他是美国历史上唯一没有党派的总统。

尽管不是很情愿，华盛顿还是被推举连任一次总统，但是他坚决拒绝连任第三届总统，这为后人树立了一个好榜样。在任期里，他对美国民主制度的确立居功至伟，还确立了美国政教分离的原则。

通过上面这简短的描述，读者可能已经可以概括出华盛顿是一位什么样的人了，在这位伟人身上确实没有什么看不懂的地方。乔治·华盛顿缺乏恺撒或者拿破仑那样的军事天才和铁腕，他也不像杰弗逊和麦迪逊那样高瞻远瞩、对国体有深刻的见解，他更不像汉密尔顿那样善于玩弄权术。在外交上，华盛顿几乎没有任何经验，在需要精明、耐心和谈判技巧时，都是由富兰克林、杰弗逊和亚当斯等人担当。华盛顿甚至不是一位好的演说家，他不仅不像亚当斯那样雄辩，而且在美国历届总统中口才算是非常差的。在政治上，华盛顿天生保守，他没有法国革命家那些激进的思想，他的理想就是建立一个秩序井然的平等社会，如此而已。在独立问题上，他显然不如杰弗逊和塞缪尔·亚当斯来得坚决，但是当北美殖民地到了生死存亡之际，他便义不容辞地担起了领导独立战争的重任。今天，几乎所有的美国人都感谢这位来自弗吉尼亚农庄的国父，他不仅把北美殖民地从英国人的统治下解放出来，并且实现了这块新大陆的高度自治。华盛顿一生不贪求权力，不计较得失，对荣誉也看得很淡，在这些方面，他是历代领导者的楷模。用美国早期政治家丹尼尔·韦伯斯特（Daniel Webster，1782—1852）的话说，华盛顿有极高的道德品质，坚毅而自律，并且时刻约束自己的行为。

华盛顿是一位普通的美国人，更是一位历史上的伟人。

第四节 从大陆会议到独立

介绍完这几位具有代表性的伟人，不妨回过头来讲一讲美国立国的过程。

北美这块土地曾经是印第安人的天堂。对印第安人线粒体基因组的研究结果表明，他们的祖先应该是在上一次大冰期，跨过白令海峡从亚洲迁徙到美洲的。而近代最早到达北美大陆的是西班牙人，从 16 世纪起他们就在北美大陆的南部佛罗里达地区建立了殖民点，后来扩展到整个北美的西半部。到了 16 世纪中叶，法国航海家雅克·卡地亚（Jacques Cartier，1491—1557）跨过北大西洋，到达今天加拿大东部的纽芬兰，然后从那里一路南下，到达现加拿大的魁北克地区，建立了魁北克城。今天加拿大东部还有许多人说法语，就是因为那里曾经是法国的殖民地。后来法国人一路南下，占据了北美中部直到路易斯安那广袤的平原地区。不过，西班牙和法国的殖民地与后来独立的北美十三州没有关系。

到了 17 世纪初，英国和北欧的荷兰、瑞典陆续有移民来到北美东部。后来英国人打败了荷兰人，基本上占据了从现在美国东北部的新英格兰到南方佐治亚的大西洋沿岸的狭长地区，并且在那里建立了很多相互独立的殖民地。从英国人在北美建立殖民地的过程看，大约分为三种。

第一种是英国国王赐给某个贵族的领地，比如说马里兰就是封给巴尔的摩男爵乔治·卡尔弗特（George Calvert，1579—1632）的领地，而为了感激当时的英国国王，他以当时英国王后玛丽的名字命名这块土地，称为"玛丽（Mary）的土地（land）"，即马里兰（Maryland）。

第二种是特许公司殖民地。在大航海时代，荷兰和英国为了鼓励国民开拓海外殖民地和市场，向一些公司颁发特许状，允许这些公司以国家的名义在海外做生意、移民和建立武装。历史上最著名的当属荷兰的东印度公司，它有自己的军队和舰队，在全世界范围内建立了多个殖民点和几十个港口，并且控制了很大一部分世界贸易。英国人在北美建立的这种特许公司没有荷兰东印度公司那么大、那么有名，却诞生出后来美国的两个州——马萨诸塞州和弗吉尼亚州。一般来讲，公司的总部在哪里，就由哪里控制，荷兰的东印度公司便是如此——虽然它在世界上的影响力很大，但还是要听阿姆斯特丹总部的话。不过，英国在批准新英格兰公司（后改名为马萨诸塞海湾公司）时可能是一时疏忽，也可能是当时的英王查理一世急着要把这群异教徒打发走，就爽快地在新英格兰（马萨诸塞湾）公司的特许状上签下了自己的大名，而根本没有写清楚公司总部的地址应该是伦敦，而是留了空白。这样，后来的殖民者就把总部定在了马萨诸塞州，从法理上讲，可以脱离英国的控制。

第三种是从一开始就是自治的殖民地，也称为殖民者契约殖民地。它们是自由移民自订契约建立起来的，比如罗德岛和康涅狄格就是这样的。1620 年，乘"五月花"号船来到现马萨诸塞州普利茅斯（Plymouth）的清教徒们，在抵达美洲大陆之前，由成年男子共同签署了一份契约，宣布将制定"公正而平等"的法律来治理他们结成的"公民政治团体"。根据这个契约，他们建立了普利茅斯殖民地。1636 年，另一批清教徒来到康涅狄格，建立了定居点并根据他们自定的章程进行管理。几年后，他们共同制定了一部法律文件《康涅狄格基本法》，并且依照股份公司的组织模式建立了殖民地政府，《康涅狄格基本法》也因此被认为是历史上的第一部成文宪法。

从北美十三个殖民地建立的过程来看，它们起初都不是王室将土地分封给臣民的，而是移民们自己开拓出来的。所以严格意义上讲，英国从未真正拥有过这片土地（包括马里兰）。不过，当时北美殖民地的大多数移民（大约占自由民的四分之三），都来自英伦三岛，虽然他们来到北美是为了逃避宗教迫害[2]，

北美十三州

图 11.11　北美最早的十三个殖民地（红色）

2

当时英国国王自己信奉英国国教，将基督教的其他教派比如清教和传统的天主教看成是异教，并且对这些教派加以迫害。这些教徒开始逃到荷兰，后来发现荷兰的宗教迫害同样严重，最后他们选择离开旧大陆欧洲，来到未开垦的处女地北美洲。

但是依旧把自己看成英国人。在起初的一个多世纪里，这些移民及其后裔还是表示效忠英王，而英国政府也以各种借口逐渐将这些殖民地转为王室的殖民地，直接管理，并且任命总督加以统治。

经济上，北美的各个殖民地彼此分立，经济结构因地域特点不同而差异很大。在北方，气候寒冷，不宜耕作发展农业，但是那里水上交通便利，有很多天然良港，因此工商业尤其是造船业比较发达。18 世纪中期，悬挂英国国旗航行的船只，约有三分之一是在这里建造的。而南部殖民地，土壤肥沃，气候适宜，盛行大种植园经济。这些南方的种植园，面积都很大，移民们大量使用黑人奴隶，种植蓝靛（一种染料）、水稻和烟草。因此，各个殖民地的利益差距很大，这在日后导致了南北各州在很多问题（比如蓄奴和废奴）上看法截然相反，也导致后来的建国谈判非常艰难。

但是另一方面，这些移民之间非常相似，除了在宗教上的一致性，他们还有着共同的经济文化背景。北美的移民数量增长非常快 —— 在移民开始的一个半世纪里，北美殖民地的人口增加了一万倍，即从 210 人增加到 220 万余人。这些移民不是从英国来的，就是从西欧的荷兰和德国北部等资本主义已经发展的地区来的，他们的文化背景基本相同。这些移民还有一个共同的特点，就是大多具有先进的经营理念和劳动技能，很多人懂得企业制度、货币的作用、利润制度，拥有财产、工资和收入的分配等工业化时期特有的经营管理经验。他们关于政府的职能和作用的看法，也非常现代。可以说，这些殖民者基本上是将当时欧洲、英国和荷兰最先进的经济和政治制度移植到一个新的环境中。

到了 18 世纪，各殖民地都先后建立了议会，他们在不违背英国法律的前提下，制定当地的法律。每个殖民地都有一个总督，代表英国国王的利益，但日常管理由总督和殖民地民选的议会共同治理，总督并不能一个人说了算。地方议会在当时掌握了一项重要权力，即财政权。这样，殖民地议会就可以规定每年征税的项目和数额，限定支出用途，有权撤销政府的任何预算，以此制约总督和其他行政官员。直到今天，美国的财政大权依然掌握在议会手里，这个传统可以追溯到殖民时代。

在宗教政策上，北美殖民地采取宗教宽容政策。今天信仰自由被看成是一种天赋的权利，但在历史上却不是这样。只要看看当下有些国家对不同的教派多么不宽容，就能想象几百年前欧洲的情况。当时欧洲各个教派纷争不断，尤其是 17 世纪初的 30 年宗教战争对欧洲的破坏，比第一次世界大战还严重，而在北美殖民地，外来移民受到殖民当局的欢迎，有的还获准建立自己的宗教机构。在当时对异教徒的宽容可以说达到了前所未有的程度。按照中国的话讲，有容乃大，这样北美殖民地的实力就迅速增强了。

1756—1763 年，英国与法国争夺北美殖民地的七年战争，直接导致了后来北美殖民地的独立。在这场战争中，英属殖民地原本是站在英国一边，而华盛顿不多的实战经验，也是在帮助英国人和法国人作战中积累的。最后英国人在殖民地人的帮助下取得了胜利，不仅把法国人赶出了加拿大，而且还控制了北美大陆密西西比河以东的地区。然而，具有讽刺意味的是，尽管英国人赢得了战争，取得了在北美的优势地位，最终却失去了北美殖民地。历史上常常如此，战争可以在短期解决问题，却会带来更大麻烦。对法国的战争结束后，英国政府面临战争导致的财政困难，并试图将财政负担转嫁到殖民地身上。1763 年，英国新上台的首相格伦维尔（George Grenville，1712—1770）把英国的常备军派到北美殖民地，却要求殖民地提供给养；同时第一次向殖民地征收直接税。刚开始，这些北美的殖民者每年仍向英国政府交税，如同当年荷兰人向西班牙人交税一样，但是，后来他们发现自己只有纳税的义务而没有参政的权利，始终受到英国人的剥削。

从 18 世纪中叶起，北美各殖民地和英国在经济上其实已经开始有了竞争。英国为了维护本土的利益，颁布了一系列非常不利于殖民地的高税收法令。一方面他们在处理英国本土和殖民地的关系上，一边倒地保护本土利益，不让殖民地的产品和本土竞争，比如 1764 年颁布的《食糖条例》，要求美洲殖民地必须大量购买英国的食糖、咖啡、酒等商品；另一方面，他们对殖民地的收入变着法儿地征税，比如 1765 年颁布《印花税法》，对所有印刷品直接征税。而殖民地在英国议会没有代表权，因此凡是有利于本土而不利于殖民地的法律总是能通过。这样一来，殖民地的民众就不干了，激进派就喊出了"无代表，不纳税"的口号。温和派就决定派代表游说英国议会，取消印花税，富兰克林就责无旁贷地担此重任，并且不辱使命，说服英国人取消了印花税。

1766 年，在议会被迫废除了印花税法后，英国又设法通过其他形式征税。1767 年，英国开始对殖民地急需的商品（玻璃、纸、茶、糖和铁等）开征高额关税。殖民地只好通过加勒比海走私这些商品。在这样的背景下，北美洲各殖民地就英国与殖民地之间的关系展开了激烈的讨论，主导观点认为宗主国无权向殖民地征税。激进者比如杰弗逊甚至认为英国议会在殖民地没有主权。

北美独立运动的大本营有两个：北方以波士顿为中心的新英格兰地区和南方的弗吉尼亚。1773 年，波士顿的"独立分子们"茶党反对英国利用法案垄断北美茶叶市场，要求运送茶叶的英国商船离港，英国商人在忠实于英王的马萨诸塞总督支持下，当然没有这么做，于是一个激进组织"自由之子"的几十人趁着夜色登上了商船，并且将茶叶全部倒进大海，这就是著名的波士顿倾茶事件。但是，此举受到来自各个方面的批评，包括殖民地民众，很多人包括富兰克林都认为被倾倒的茶叶应该赔偿，富兰克林还表示愿意用自己的钱来赔。但是客观上讲，这件事倒是加速了北美独立的进程。这时，英国做出了可能是它历史上最错误的决定——调重兵镇压茶党运动。在人口只有 16000 的波士顿居然驻扎了 4000 名英国士兵。这更让殖民地人民认为宗主国想剥夺殖民地的权利和自由，这 4000 人不仅没有帮上忙，反而使冲突不断升级。

1774 年，波士顿倾茶事件的带头人塞缪尔·亚当斯（Samuel Adams，1722—1803）意识到，单靠波士顿和马萨诸塞的力量已无法对付英国人

图 11.12　波士顿倾茶事件

的高压政策了，有必要召集所有殖民地的代表来讨论当前的局势和对策。在他的倡议下，马萨诸塞州议会通过决议，决定召开北美各殖民地代表大会，并由议会出面联络各殖民地议会。而忠实于英王的总督盖奇（Thomas Gage，1720—1787）知道后，宣布解散议会，不过这时总督对议员们已经没有控制力了。

稍早一些时候，为了土地所有权，弗吉尼亚州的民选议会和英国指定的总督也发生了冲突，后者也解散了议会，但是议员们跑到威廉斯堡继续开会，并且和马萨诸塞州一样，通过了召开有十三个殖民地参加的会议的决议。在马萨诸塞和弗吉尼亚州的号召下，十二个北美殖民地（佐治亚缺席）的 76 名代表于 1774 年 9 月在费城召开了第一届大陆会议。这次会议的主要策划者塞缪尔·亚当斯代表马萨诸塞州参加了会议，但是在会议上最活跃的却是他的堂弟，后来美国的第二任总统约翰·亚当斯。而南方的弗吉尼亚则派出了乔治·华盛顿和帕特里克·亨利等代表。遗憾的是杰弗逊没有参加这次会议。据参会代表后来回忆，整个会议有一半时间都在听约翰·亚当斯一个人讲。会议虽然讨论了杰弗逊比较激进的（要求独立的）行动纲领，但是当时大多数代表还不倾向于和英国决裂，因此没有通过。

大会由约翰·亚当斯起草了一份相对温和的《权利宣言》。该宣言表示殖民地仍对英王"效忠"，也没有提出独立问题。

第一次大陆会议是各个殖民地自建立后第一次联合起来向英国要求权利。但是，它对英国人的态度没有产生任何影响。因此，双方冲突还在继续，而且在不断升级，并最终在列克星敦爆发了武装冲突。

大家可能会有疑问，殖民地的武装最早从哪里来？根据最初英国、荷兰这种特许公司的惯例，这些公司有权建立自己的武装。虽然后来英国单方面收回对马萨诸塞公司的特许，但是在马萨诸塞州看来，他们有权建立武装，并且这么做了——波士顿通过了《民兵法》。当时殖民地很多家庭都有枪支，因此很快就召集了一支四千人的军队（民兵）。1775 年 4 月 18 日，英军的指挥官盖奇（就是那位解散议会的总督）试图偷袭民兵军火库，他自以为安排得神不知鬼不觉，谁知走漏了消息，结果在列克星敦中了民兵们的埋伏，偷鸡不成反蚀把米。列克星敦的枪声让殖民地和宗主国彻底决裂了，各地都组织起民兵武装反抗英国人。各州都意识到

图 11.13　第二次大陆会议（中间的高个子是杰弗逊，在他左边是富兰克林，杰弗逊对面的站立者为华盛顿，杰弗逊身后是《独立宣言》的另外三位起草人，该画由约翰·特朗布尔[3]创作，现收藏于美国国会大厦）

3
John Trumbull,
1756-1843。

需要紧急召开一次会议，讨论局势，统一行动。在这样的环境下，美国独立战争中最重要的第二次大陆会议就于 5 月 10 日在费城召开了。

这次会议，佐治亚也派代表参加了，因而凑齐了北美全部英属殖民地的代表，而且两个重要的代表出席了会议，他们就是杰弗逊和富兰克林。在这次大会上，独立的呼声高过了妥协的声音。会议于 6 月 15 日通过组织大陆军的决议。由于绝大多数代表都是文人，而相比之下只有华盛顿的军事经验最丰富，因此大会任命华盛顿为大陆军总司令。大陆决定起草一份宣言，昭示天下各个殖民地独立的原因。而这件事就交给了由杰弗逊为首的五人小组。小组中的另外四个人是富兰克林、亚当斯、纽约代表罗伯特·利文斯顿（Robert Livingston，1747—1813）和康涅狄格的代表罗杰·谢尔曼（Roger Sherman，1721—1793）。第一稿完全由杰弗逊起草，但是南方一些州的代表坚决反对里面谴责奴隶制的内容，加上其他代表对很多细节也有争议，因此这份宣言经过杰弗逊、富兰克林和亚当斯等人一改再改，直到 7 月 4 日才由全体 76 名代表签署。这 76 人均被看作是广义上的"国父"。后来费城为了纪念 1776 年这个历史性的年份，把费城的职业篮球队起名为"76 人"队，76 这个数字在美国经常能看到，比如到处都能见到的 76 号加油站（康菲石油公司的下属公司）。《独立宣言》的内容就是我们前面提到的，它不仅宣布美利坚合众国从此脱离英国独立，还是世界上第一份人权宣言，提出人人生而平等。

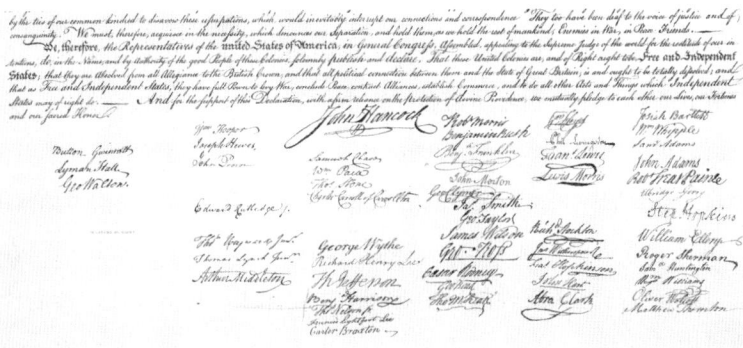

图 11.14　杰弗逊等人签署的《独立宣言》

大陆会议的另一项成果是通过了《邦联条例》。从 1775 年起，各州建立了自己的政府并且制定了自己的宪法，但不同的州之间的宪法内容大相径庭，有些条例模糊而不规范。大陆会议的代表们意识到，各个殖民地应该拥有一套正式法律，把州与州团结成为一个整体，这样才能向英国争取更多的权利，并取得独立战争的胜利。在这种形势下，第二次大陆会议提出并着手起草了在各州宪法之上的共同准则《邦联条例》。它于 1776 年起草完毕，但是直到 1881 年各州才全部签署。需要指出的是《邦联条例》并不是宪法，因而美国在独立后不得不重新制定一部宪法。

独立战争的过程在所有世界史教科书上都有详略不一的描述，结果大家也都知道，这里不再赘述。不过有几个细节与我们后面所述内容关系密切，有必要强调一下。

第一，交战的双方不仅包括英国和北美殖民地，还卷入了法国、德国、西班牙、荷兰和印第安人。一方是华盛顿指挥的大约八万大陆军和民兵（简称美军），加上在北美战场上的一万七千名法国正规军，以及在欧洲牵制英国的七万法国和西班牙联军，再加上一些荷兰军队。而另一方不仅有英国在北美的五万六千名正规军，还有三万多名德国雇佣军，加上北美的印第安人和殖民地忠实于英国王室的五万民兵（相当于美奸或伪军）。华盛顿指挥的美军大多没有受过专门的军事训练，武器弹药也相当匮乏，因此在开战初期常常是节节败退。

第二就是关于华盛顿的作用。虽然清末民初的仁人志士们常常把华盛顿和拿破仑相提并论，但是华盛顿在军事上远远无法和拿破仑相比，甚至连一流的军事统帅都算不上。在战争中，美国之所以能打败强大的英国，取得独立战争的胜利，很大程度上是靠西班牙、荷兰特别是法国的帮助。他们不仅为北美殖民地提供军火和各种物资，还派了大量正规军直接参战，并且在一些关键性战役中起到了主要作用。比如在决定性的约克敦战役中，美军大约一万一千人，装备很差，而法国投入了陆军八千多人，海军一万五千多人，不仅在数量上超过华盛顿领导的美军，战斗力更是高出一大截。在整个战役中，装备精良的法国军队的作用要远大于华盛顿的部队，法国人的伤亡也是美国人的两倍。因此，在最后的投降签字仪式上，美法联军的代表只有华盛顿一个美国人，倒是有两位法国将军——法国皇家军队的陆军中将罗尚博伯爵（Jean Baptiste Donatien de Vimeur, comte de Rochambeau，1725—1807）和海军中将德·格拉斯伯爵（François-Joseph Paul, marquis de Grasse Tilly, comte de Grasse，1722—1788）。

图 11.15　反映美国独立战争的著名油画"华盛顿渡过特拉华河"，画中华盛顿给人以沉稳而坚毅形象（纽约大都会博物馆）

然而，华盛顿在整个独立战争中的作用依然非常大。在长达八年多的独立战争中，华盛顿以坚强的毅力担负起反抗英国人争取独立的重任。他原本是独立运动中的温和派，但是他一旦被授予领导独立战争的重任，就坚决主张把独立战争进行到底，反对妥协媾和。当时北美面对的是世界第一强国英国，无论从军力还是补给上，北美的大陆军和民兵都处于劣势，在大部分时间里殖民地一方在军事上失败多于胜利，如果这时华盛顿放弃或退却了，北美独立的时间就可能延后很多。在这种情况下，很有韧性的华盛顿成了当时北美独立运动的灵魂。在整个战争中，他表现出卓越的组织才能，他不仅要把来自各州军纪散漫的大陆军和民兵聚集起来，训练成军纪严明的现代军队，还要筹集物资和军备，在战事不顺利的情况下，他还需要不断地鼓舞军队和民众的士气，可以用屡败屡战来形容。另外，在独立战争中，华盛顿努力维系着各个殖民地结成联盟，反对为了各自的利益各行其事。正是靠着这种顽强的信念和韧劲，最终他做成了一件看似不可能的事情。

第三，富兰克林的贡献非常大。正如我们在前面所说，北美独立战争的胜利，在军事上仰仗法国和欧洲其他一些国家的帮助。而当时在巴黎的富兰克林对法国参战起到了至关重要的作用。从 1777 年开始，法国倾一国之力帮助北美殖民地，源源不断地向北美输送弹药、军队和船只。之后西班牙也加入到美国一方，它在战后从北美获得了不少殖民地。在后来的两年里，交战双方从英国人占优势到了势均力敌的僵持阶段。在最后的一次决战中，按计划英国援军会从水路来接应，但是英国的运兵船在半路上被法国军舰击溃，在法国海陆军的帮助下，胜利的天平倒向了华盛顿这一边，英军统帅康沃利斯看到胜利毫无希望，于是投降了，北美独立战争宣告结束。

1783 年，英美两国在巴黎签署了和平协议，并划定了北美殖民地和加拿大英国殖民地的边境线。北美十三个殖民地从此正式独立，接下来的任务是把十三个殖民地融为一个国家。

第五节　谈出来的国家

在美国（乃至）历史上有一件很奇怪的事，独立战争在 1783 年就结束了，而华盛顿就任美国第一任总统却是 1789 年，在这中间的六年里，这个国家是由谁来管理的？答案很简单，根本没有人管理，不仅没有总统，没有中央政府，甚至连宪法也没有。虽然在大陆会议上设立了一个联邦议会，但是它并不管事。这似乎令人难以置信，但是当时的事实就是如此。

为什么会形成这么有意思的局面呢？是因为我们前面介绍的美国国父们

没有"打江山，坐江山"的想法。对各个殖民地的代表而言，他们的使命是完成民众交给他们从英国独立的任务，当这个任务完成后，他们认为自己的使命也就结束了。民众并没有给他们建立国家的任务，因此，这些国父们当时并没有要成为什么"开国元勋"的想法。北美十三块殖民地的民众们，和当年荷兰的商人们的想法一样，只要能维持他们的田庄和生意就好，并不关心有没有联邦政府，甚至谁也没有意识到联邦政府存在的必要性。因此，在美国人和英国人签订了合约，脱离了英国的统治之后，从统帅华盛顿到普通士兵都解甲归田，回去经营他们的农庄、商店或者工厂了。当时的北美十三州就是处在这样一种现在看来难以置信却也十分有趣的状态。

很快这些在无政府状态下的殖民地就遇到一些麻烦。比如，按照和英国人签订的合约，英国人要赔偿北美十三州的部分损失，但是英国人并不合作，并且暗地里在贸易上刁难这些前殖民地，各殖民地也没有办法。又如，各州为了付清独立战争时借老百姓的钱，不得不发行一些纸币，这些纸币的价值没有保障，而开始贬值。再有，在独立战争期间，联盟答应将西部一些未开垦的土地分给参战的老兵，但是对那些不属于北美十三州的土地，比如现在美国中部的田纳西州和肯塔基州，已经被一些殖民者占了，无法分配。至于一些没有被占的土地，北美十三州在如何分配上意见也不统一，因此也进行不下去。到了 1786 年，马萨诸塞州发生了暴乱（当时北美十三州是家家都有枪），起因是法官把一些拒不还债的人投进了监狱，而当时并没有什么让人很信服的法律说欠债要坐牢。这时，当初各州的代表们才意识到需要通过一部各方都能同意的条例（Ordinance），来保证新独立的殖民地的基本秩序。这些条例最后促成了美国宪法的产生。

1787 年，十三州的代表们又回到了当年举行大陆会议的费城，讨论一部新的邦联条例，战争期间制订的旧条例已经过时，而且当时制订得匆忙，很多条款含混不清，甚至连美国的国名"美利坚合众国"本身的含义都模棱两可。在英语中，合众国是 United States，State 可以是邦和州的意思，也可以是国家的意思，因此，United States 是一个国家还是十三个国家的联盟就有争议。当时邦联条例中讲，每个州保留自己的"主权、独立、自由、领土和权利"，这其实是国家的概念。在战争期间，各个殖民地搁置了这些争议，大家同意先脱离英国谋得独立再议。

现在，英国人是被赶走了，各个州在经历了四年无政府状态后到了要解决它们未来国体问题的时候了。在各州的代表中，后来成为了美国总统的弗吉尼亚代表詹姆斯·麦迪逊为美国宪法的确立起了关键作用，他也因此被后人称为"美国宪法之父"。他在给华盛顿的一封信中挑明了当时大家都试图回避的关键问题，就是大家必须在一个统一的国家和十三个独立的国家中作出选择。当然麦迪逊和汉密尔顿一样，主张建立一个统一强大的中央政府。按照他的想法，必须有一部高于各邦（州）宪法的全国最高宪法，同时必须有一个在各邦（州）之上的最高政府。在 1787 年，麦迪逊和华盛顿有多次的通信，讨论未来的国体。

到了费城会议上，麦迪逊代表弗吉尼亚州起草了一份提案，这是日后宪法的基础。麦迪逊试图说服代表们接受这项提案，他得到了两位重量级代表的支持，他们是汉密尔顿和日后美国首任大法官约翰·杰（John Jay，1745—1829）。最终，他们把修订《邦联条例》的会议开成了美国历史上重要的制宪会议，但这并不是很多代表的初衷，费城会议进行得一波三折。

图 11.16　美国制宪 150 周年纪念邮票

首先，十三州大多数代表在去费城之前考虑的只是如何修订《邦联条例》，而并不打算要讨论一部全新的宪法，他们中很多人并不觉得这次会议有多么重要，也就没有打算参加这次会议。原本在 5 月 14 日这天开会，结果到了这一天，各州 74

名代表中的很多人都没有来，达不到开会的法定人数，已到费城的代表只好等，好在还有代表陆陆续续抵达，到 5 月 25 日，终于到了 55 人，超过了开会的法定人数，会议才正式开始。在会议期间，又有 13 名代表因为各种原因离开了，只有 42 名代表坚持到底。

由于大部分代表来之前没有制宪的思想准备，无法直接接受麦迪逊等人提案，他们首先要花时间消化弗吉尼亚（和其他各州）的提案，接下来便是没完没了的讨价还价，整个会议充斥着唇枪舌战。德高望重的华盛顿虽然被大家选为制宪会议的主席，但是笨嘴拙舌的他很少发言，也无法控制会议的讨论。

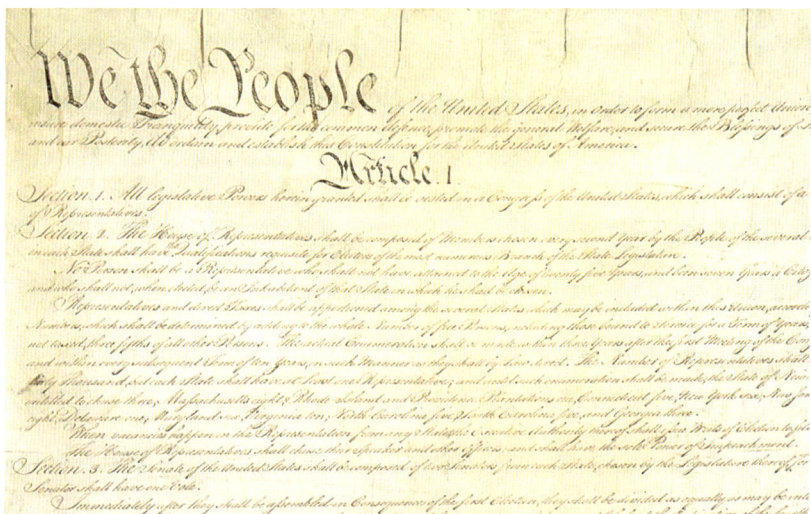

图 11.17 收藏于美国国家档案馆的美国宪法原件（局部）

有些议题和提案在大会上没有太多的争议就通过了，比如关于美国的国体，大家都同意建立一个三权分立的民主国家，同时要保证各个州的独立性。美国的各个州不同于中国的省，前者的权力要大得多，美国的州有独立的立法和司法权，因此各个州的民法乃至刑法都不相同。联邦官员和州、县官员之间不存在上下级关系，总统任命不了州长，也撤不了他们的职。这种横向三权分立、纵向州县自治的国策就是当时定下来的。

但是，到了细节问题各个州就互不相让了。代表们在会议上争论的焦点有几点，第一个是国会议员代表权问题。当时人口众多的纽约州和弗吉尼亚州等，希望以人口分配代表，这反映在《弗吉尼亚提案》中，这样一来小州的发言权就小了，担心被大州控制，于是小州则发表了《新泽西提案》，主张州不论大小一律平等（有点像今天的联合国）。两种意见吵得很凶，以致不得不一度休会。但是双方都希望解决问题，最后按照罗杰·谢尔曼提出的《康涅狄格方案》达成了妥协——国会两院制，众议院代表的名额根据各州人口确定；而参议院的名额各州平等两票。这就是美国的众议院和参议院的由来。小州还不放心，硬是在联邦宪法第五条规定的修宪程序塞入一款，要求参议院的各州平等代表这一条永远不得修正，成为美国宪法中惟一的"永久条款"。

第二个争议在于废奴和蓄奴的矛盾。当时美国除了新英格兰地区的四个州（新英格兰地区有六个州，但是当时缅因和佛蒙特州不在北美十三州之列），其他州或多或少都有奴隶，在55名代表中25人拥有奴隶，但是各州代表在这个问题上分歧非常大。北美当时90%的奴隶都在南方各州，因此他们试图维护奴隶制，因为南部以种植业为主，需要奴隶种田。而以工业为主的北方各州则要求废奴，这样才能获得自由的劳动力。在制宪会议上，北方州提出了废奴，而南方州则不肯让步，南卡罗来纳州的代表约翰·拉特利奇（John Rutledge，1739—1800）甚至威胁如不同意蓄奴就退出联邦。而反对奴隶制最厉害的是特拉华州（北方州）代表约翰·迪金森（John Dickinson，1732—1808），他在会议期间对奴隶制全面开火，虽然他自己曾经是该州最大的奴隶主。为了废奴，他以身作则，释放了全部的奴隶。但是在南方各州的坚持下，最后北方不得不妥协，宪法规定20年后再由国会禁止奴隶贸易。（后来在杰弗逊担任总统期间，开始禁止奴隶贸易，但是奴隶并未得到解放，直到林肯担任总统时期。）

第三个比较大的争议表面上也跟众议院中各州代表的人数有关，实际上依然是废奴和蓄奴的矛盾。但是南北各州的代表这次在名额分配这个关乎切身利益的问题上，对奴隶的态度互换了角色。北方州认为，既然你们南方认定黑奴没有人权，那么黑人不得包含在选民基数内，在国会的代表应该减少。但是这样一来南方各州的发言权就小了，因此南方的代表们这次却坚持每个黑奴都是"一个人"。北方代表迪金森等人嘲讽南方代表这种自相矛盾的说法。南北双方争执不休，最后只好妥协。其结果是达成了一个令人啼笑皆非的方案，把黑奴算作3/5个人！这就是臭名昭著的"五分之三条款"。这当然是美国宪法的污点，但是这个过程却说明美国早期的政治家们具备合作与妥协的态度，这才使立宪得以顺利进行下去。

制宪的纷争非常多，以至于会议从初夏一直开到秋天（9月17日）。费城在夏天颇为炎热潮湿，当时不仅没有空调，连电风扇都没有，戴着假发的代表们因为怕窗外的蚊虫，只好关着门窗满头大汗地开会。在会上，很多代表最初的想法后来被改得面目全非了。面对这样一个修修改改的结果，当时华盛顿对这部宪法能否维持20年都表示怀疑。但是美国的宪法至今没有做太大的改动，而且还被认为是全世界最好、最权威的一部宪法，因为它是照顾了各方利益相互妥协的结果，在很多方面它虽然不是最好的，但却是可以接受的。这部宪法最终得到了绝大多数参会者（42人中的39人）同意。即使如此，由于到会的人数太少，39票也只比法定多数38票多出一票。

在宪法的起草过程中，好几位重量级的人物都没有参加。杰弗逊当时因为接替富兰克林出任驻法国大使，缺席制宪会议。虽然麦迪逊被看成是杰弗逊理念最好的代表，但是杰弗逊依然认为宪法草案中在维护各州和个人权利上做得不够，他的意见最后被体现在宪法的10条修正案中。约翰·亚当斯当时出任英国大使，也没有到会，不过他对国体的想法在宪法中有很好的体现，因此他对宪法颇为赞许。他的堂兄，直接挑起殖民地和英国纠纷的塞缪尔·亚当斯拒绝到会，而帕特里克·亨利因为反对集权也拒绝出席。除了麦迪逊，富兰克林对宪法的制定起了关键作用，在参会的代表中，富兰克林年纪最大，政治和外交经验最丰富，自然而然地就成了这些制宪国父的领袖。华盛顿的话反而很少。

需要指出的是，美国的这第一部，也是唯一的一部宪法，保留了各州非常大的独立性。各个州放弃了各自的外交和国防，但是保留了几乎其他所有的权利。这样的分权使得美国很难产生独裁，但是同时各州的法律之间，州和联邦的法律之间常常发生冲突。而一旦冲突发生，一般以所在州的法律（而不是联邦法律）为准，至今如此。不过，这样的双重法律体系，使得美国南方一些州在从南北战争到 20 世纪 60 年代之间长达一百多年的时间里，产生了一个尴尬的局面，那就是虽然在联邦宪法的第十三条修正案中，将种族歧视视为非法，而在南方各州的法律中，依然允许种族歧视和种族隔离存在，直到 20 世纪 60 年代的民权运动出现，才彻底改变了这种不合理制度。不过，这部宪法和独立战争前通过的《邦联条例》还是有很大的不同，除了确定美国是一个统一的国家外，宪法的规定可以直接触达到每一个人，而以前的邦联条例只是针对每一个州。比如，如果联邦需要用钱，它过去只能委托每个州去征税，不能直接向民众征税。但是现在根据新的宪法，联邦政府是可以做这件事的，虽然美国在立国后的一百多年里并没有征联邦税，直到第一次世界大战前夕。

好不容易形成的宪法草案，在交由各州批准时又遇到了麻烦。从 9 月中开完费城立宪会议，直到 12 月 7 日，特拉华州才率先批准该宪法草案，特拉华后来也因此获得美国第一州的美誉。接下来，新泽西和宾夕法尼亚州在 1787 年年底前批准了宪法。在 1788 年的上半年，又有几个州批准了这部宪法草案，但是当时最重要的弗吉尼亚州和当时第一大州纽约州还有异议，迟迟不肯批准。弗吉尼亚州在美国早期政治经济中占有非常重要的位置，前五任总统中有四任来自该州（华盛顿、杰弗逊、麦迪逊和门罗）。结果大家在宪法草案上继续修改，到 1788 年 6 月底，已经有 11 个州批准了。在这一年，华盛顿被推选为即将成立的美利坚合众国的第一任总统，但是罗得岛州和北卡罗来纳州直到 1788 年年底都拒绝批准，理由是宪法对人权的保障不足。罗得岛州甚至没有派人参加制宪会议。这样，到了第二年一月华盛顿就职典礼时，美国只有 11 个州而不是当年独立时的 13 个州了。麦迪逊在完善宪法中再次起到了关键的作用，他负责起草了宪法的十条修正案，又称为《人权法案》，直到这些修正案被通过后，北卡罗来纳州和罗得岛州才正式加入到美国大家庭。这十条修正案和宪法本身结合得非常完美，以至于今天很多人把它们当作了最初宪法的一部分。它们非常重要而且对美国影响深远。而具体到这十条修正案的内容也十分有趣，我们不妨看一看当时（和今天）美国民众关心的问题。

1. 信仰自由

2. 个人允许拥有枪支

3. 军队不得进民房

4. 公民免于不合理的搜查和拘禁

5. 无罪推定

6. 刑事案件的陪审团制度

7. 民事案件的陪审团制度

8. 禁止严厉刑罚

9. 宪法未列的权利自动赋予民众

10. 宪法未赋予各州的权利自动属于民众

从这十条修正案中可以看到美国宪法赋予民众的权利非常大。美国宪法的其他条款和这十条修正案类似，都是些只要识字就能看得懂的大白话道理，但就是这些看似大白话的道理，树立了社会的正义，并确保美国人能安享自由带来的幸福。到此，一个统一的美利坚合众国才算是真正建立起来了。

美国通过立宪成为近代第一个共和体制的国家，并且将很多民主思想付诸实践。在此之前，法国思想家孟德斯鸠就系统提出过三权（立法、司法和行政）分立的学说，卢梭和狄德罗提出了民权的理论，但第一次将这些民主思想付诸实施的不是法国人，而是美国人。和法国联系非常紧密的富兰克林和杰弗逊是法国启蒙思想的传播者。美国制宪者当时很认真，或者说很较真，为了做到公平，他们决定不能将联邦首都设在任何一个州（虽然汉密尔顿希望设在纽约），而是设在北美十三州的中间点，在马里兰州和弗吉尼亚州中间专门划出了一块正方形的区域作为首都特区。在设计三个最高权力中心——国会、总统、最高法院所在地时，都按当时的标准隔离得足够远（当时没有汽车），以保证官员们不能相互"串门"。

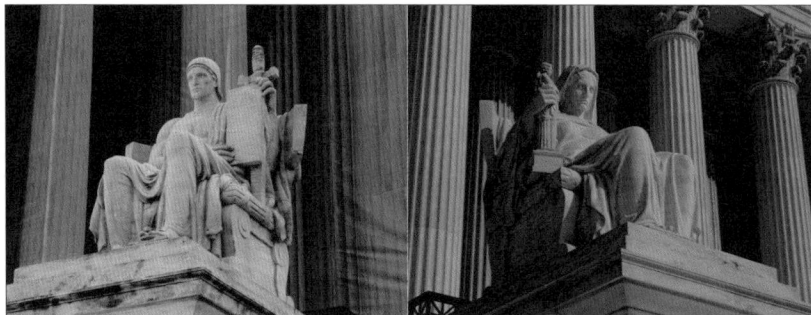

图 11.18　美国最高法院大楼外有两个大理石雕塑，男性的形象代表"法律的权威"，女性的形象代表"正义的沉思"

结束语

美国的立国，是人类历史上第一次通过协商而非武力解决纠纷，从而达成一致，最终建立起一个多民族统一的国家。美国立宪谈判之所以能成功，当然需要一定的社会条件。首先是法国的启蒙运动使得民主思想在美国普遍被接受，其次是各个利益集团的代表们开明温和的价值取向——这些国父虽然文化背景不同，教育程度不同，身份和利益也不同，但是没有希望使用武力解决问题。美国的立宪过程从 1787 年 5 月到 1788 年 6 月，讨论和争论了一年多的时间，多次面临谈不下去的困境，但是代表们坚持一个原则，就是可以谈判，但是不能动武。在制宪会议上，代表们遇到一个又一个矛盾，他们解决问题靠的是妥协和宽容。

没有一位代表对最后的结果完全满意，用富兰克林话说，"我得承认我自己对这部宪法中的好几个部分并不认同，但是我不觉得我会因此阻止其通过……我们即使再开几次制宪会议也未必能够制订出一部更好的宪法……所以先生们，尽管这让我自己也感到意外，但我认为这个系统已经接近完美……"[4] 但是，这样的结果却是代表们（和他们所代表的州）都能接受的。在美国立宪的过程中，我们看到了人类的进步，看到人们学会用文明的方式和理性的力量建立起一个国家。

和历史上很多强大的国家不同的是，美国是一个松散的联邦，而这个联邦日后不仅没有分裂，反而成为了超级大国。这当然是很多代美国人长期努力的结果，但从另一个方面讲，也和这些开国者为这个国家确立了良好的政治体制和树立了无私的道德规范有关。当初，这些开国元勋谁也没有把自己当回事，更没有把自己当成什么开国的伟人，但是历史证明这些没有把自己当回事的国父，反而在后世成为了当代政治家学习的典范。

4

富兰克林在制宪会议最后一天的讲话：http://t.cn/zOhv7zl

附录　美国建国大事记

1492，　　　　哥伦布发现美洲

17 世纪，　　英国通过开拓、占领和成立公司等方式在北美成立了十三个殖民地

1756—1763，英法七年战争，英国获胜，却债台高筑

1763，　　　英国在北美派驻正规军

1765，　　　英国在北美征收印花税

1773，　　　波士顿倾茶事件爆发

1774，　　　第一次大陆会议召开，北美各殖民地同意统一采取行动，争取权利

1776，　　　殖民地民兵在列克星敦打响反抗英国人的第一枪，同年第二次大陆会议通过独立宣言，北美殖民地正式宣告独立

1775—1783，北美独立战争

1787，　　　在费城召开了长达四个月的制宪会议，通过了美国宪法

1787，　　　特拉华州批准宪法，成为美国的第一个州

1789，　　　华盛顿宣布就职美国第一任总统，同年，北卡罗来纳州和罗得岛州批准宪法，自此北美十三个殖民地全部加入美国

参考文献

1 本杰明·富兰克林 . 富兰克林自传 . 姚善友，译 . 三联书店，1985.

2 David McCullough. 约翰·亚当斯传（*John Adams*）.Simon & Schuster，2002.

3 Kevin R.C. Gutzman. 詹姆斯·麦迪逊和缔造美国（*James Madison and the Making of America*）.St. Martin's Press，2012.

4 R.B. Bernstein. 杰弗逊传（*Thomas Jefferson*）.The Oxford University Press，2003.

第十二章　科学时代

从笛卡尔到达尔文

自古希腊时起，人类便奠定了科学研究方法的基础，但是那个时代的各种文明（包括希腊文明本身）对科学方法的应用是自发的，而不是自觉的。人类甚至对什么是科学、什么不是科学的理解也很含糊，那是一个科学与巫术共存的时代。而中世纪则更是充斥着黑暗与迷信的非理性。牛顿是划分迷信和科学、非理性与理性的里程碑。在他前后，伽利略、笛卡尔和拉瓦锡等众多科学巨人和牛顿一起开创了人类的科学时代。他们不仅对科学本身做出了重大的贡献，更重要的是确立了科学的方法。有了这些科学的方法，人类才能不断进步。而在确立科学的方法上，第一个要提到的就是为牛顿的工作奠定了基础的笛卡尔。

第一节　笛卡尔和方法论

今天我们也无法断定笛卡尔（René Descartes，1596—1650）首先是数学家还是哲学家。我们在中学都学习过解析几何，这是笛卡尔的发明，他用代数的方法解决了几何学的问题。解析几何也是后来高等数学的基础，在美国，这门课被称为"微积分的先修课"（Pre-Calculus）。同时，笛卡尔也是一个在历史上极具影响力的哲学家，要是评选全世界有史以来20个最有影响力的哲学家，他当在其列。英国著名学者罗素在他的《西方哲学史》一书中花了几十页的篇幅介绍笛卡尔。我们今天说的一些格言，如"我思故我在"、"大胆假设，小心求证"等都出自笛卡尔。

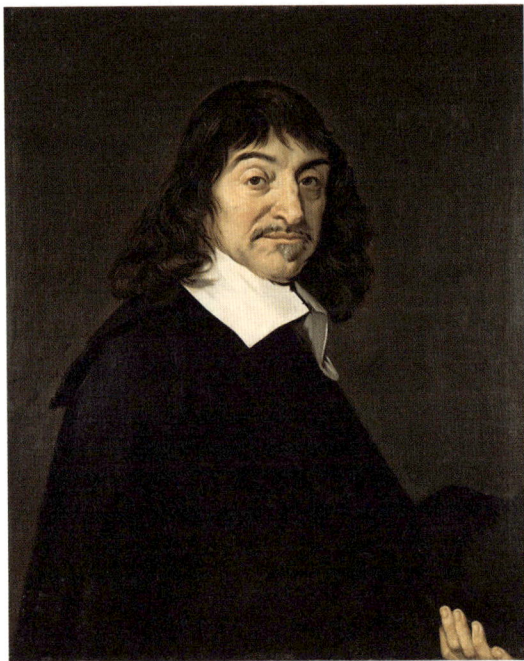

图 12.1 伟大的哲学家和数学家笛卡尔

在科学上，除了对数学的直接贡献外，笛卡尔的哲学思想，尤其是方法论对近代科学的发展影响深远。对于笛卡尔哲学思想的评价，中西方的差异非常大。在中国，他的哲学思想被打入唯心主义范畴，那么就不免和谬误联系在了一起。在西方，人们则更多地是看到笛卡尔的哲学思想相比以往经院哲学的进步性。笛卡尔自己虽然很少从事实验科学的研究，但是他的方法论对自然科学发展的影响具有进步意义。

笛卡尔强调感知的重要性。他举过这样一个例子：一块蜂蜡，你能感觉到它的形状、大小和颜色，能够闻到它的蜜的甜味和花的香气，你必须通过感知认识它，然后将它点燃（蜂蜡过去常被用作蜡烛），你能看到性质上的变化 —— 它开始发光、融化，把这些全都联系起来，才能上升到对蜂蜡的抽象认识。这些抽象的认识，不是靠想象力来虚构，而是靠感知来获得。

笛卡尔按照感知的方式，把人的认知分为三类：

- 第一类是生来就有的观念，比如小孩子生下来就知道吃奶；

- 第二类是从外界学来的观念，比如学生在学校里学习的知识；

- 第三类是自己创造的观念。

第二类观念的获取，就是我们所熟知的学习过程，而第三类认知就属于科学研究和发明创造的范畴。笛卡尔著名的《方法论》(*Discours de la méthode*) 一书揭示的正是第三类认知的奥秘。在书中，笛卡尔系统地阐述了科学的研究方法，他指出，研究问题的方法分四个步骤。

  1. 不盲从，不接受任何自己不清楚的真理。对一个命题要根据自己的判断，确定有无可疑之处，只有那些没有任何可疑之处的命题才是真理。这就是笛卡尔著名的"怀疑一切"的观点。不管有什么权威的结论，只要没有经过自己的研究，都可以怀疑。例如亚里士多德曾说，重的物体比轻的物体下落速度快，但事实并非如此。

  2. 对于复杂的问题，尽量分解为多个简单的小问题来研究，一个一个地分开解决。这就是我们常说的分析，或者说化繁为简，化整为零。

  3. 解决这些小问题时，应该按照先易后难的次序，逐步解决。

  4. 解决每个小问题之后，再综合起来。看看是否彻底解决了原来的问题。

如今不论是在科学研究中，还是在解决复杂的工程问题时，我们都会采用这四个步骤。信息产业从业人员可能有这样的体会：做一款产品，先要分解成模块，然后从易到难实现每一个模块，并对模块进行单元测试，之后将各个模块拼成产品，再对产品进行集成测试，确认是否实现了预想的功能。按照这个方法有条不紊地工作，再难的问题也能解决。

在上述四个步骤中，笛卡尔强调"批判的怀疑"在科学研究中的重要性。他认为，在研究中可以大胆假设，其实他的"怀疑一切"的主张就是大胆的假设。但是，求证的过程却要非常小心，除了要有站得住脚的证据，求证过程中的任何一步推理，都必须遵循逻辑，这样才能得出正确的结论。

在整个研究的过程中，笛卡尔十分讲究逻辑的重要性，这是他治学方法的一个要点。虽然不同的人对同一事物的感知可以不同，但是对于同一个前提，运用逻辑得出的结论必须是相同的。因此，从实验结果得到解释，以及将结论推广和普遍化都离不开逻辑。实验加逻辑，这成为实验科学的基础。

笛卡尔将科学发展的规律总结为：

    1. 首先提出问题；

    2. 然后进行实验；

    3. 从实验中得到结论和解释；

    4. 将结论推广并且普遍化；

    5. 在实践中找出新的问题，如此循环往复。

1

他的墓碑上写着这样的拉丁文：Renati Descartes, Reconditioris Doctrinae Lavde Et Ingenii Svbtilitate Praecellentissimi Qvi Primvs A Renovatis in Evropa Bonarvm Litterarvm Stvdiis Rationis Hvmanae Ivra Salva Fidei Christianae Avtoritate Vindicatvit Et Asservit Nvnc Veritatis Qvam Vnice Colvit Conspectv Prvttvr.

笛卡尔的哲学中的确夹杂着无数唯心主义的成分，但是我们并不能因此而抹杀他对科学和科学方法的贡献。在笛卡尔之前的科学家并非不懂研究的方法，但是他们了解的研究方法大多是自发形成的，而方法好坏就看自己的悟性了。笛卡尔总结了科学的方法，即科学的研究是通过正确的证据（和前提条件），进行正确的推理，得到正确的结论的过程。后来的科学家自觉遵循这个方法，大大地提高了科研的效率。这位被我们认为是唯心主义的哲学家，在西方则被看成是开创科学时代的祖师爷之一。

笛卡尔一生低调，他为自己选择的墓志铭是"善生活者，故隐其名"（Bene qui latuit, bene vixit.），但是，后人在他墓碑上刻下的却是"笛卡尔，欧洲文艺复兴以来，第一个为人类争取并保证理性权利的人……"[1] 这确实是对笛卡尔一生贡献的最佳概括了。

第二节 从炼金术到化学

人类研究数学、物理学和天文学的历史比研究化学要长很多。直到近代以前，世界上还只有炼金术，没有化学。炼金术约有 2500~3000 年的历史，而且横跨了诸多文明：美索不达米亚、古埃及、波斯、印度、中国、古希腊和罗马，以及穆斯林文明和中世纪的欧洲。而在不同文明中，炼金术的定位也不同，在中国是以制造万灵药和长生不老药为目的，因此也叫炼丹术。在西方和穆斯林世界，炼金术的目的是将廉价的金属变成贵重的黄金。无论是为了长生不老，还是为了钱财，炼金术背后都有巨大的利益驱动，因此虽然从来没有成功过，术士们仍为此一代代前仆后继。今天，我们都学过化学，明白术士们的方法是行不通的，但是在19世纪之前，炼金术尚未被任何科学的证据否定，一些著名科学家包括牛顿都尝试过炼金术，并乐此不疲。

虽然劳民伤财且失败不断，炼金术也并非完全徒劳无功。在中国，它催生了火药的发明；而在西方，通过炼金术，人们找到了各种各样的矿物质，积累了化学实验的经验和实验方法，并且发明了许多实验设备。阿肯色大学的历史学家罗伯特·芬雷（Robert Finlay）认为，发明瓷器的炼金术士伯特格尔的实验室可以算是历史上第一个研发机构。毫无疑问，炼金术为日后的化学发展奠定了基础。

在从炼金术到化学的转变过程中，科学的方法起了关键作用。今天大多数中学生可能对物理和化学实验都颇有兴趣，但是对写实验报告恐怕就没那么认真了，记录实验结果时常常随便找张纸潦草地写几个数据了事，更有甚者可能过分相信自己的大脑，记在脑子里回家再整理成实验报告。至于是否真能记住所有实验结果的细节，我表示怀疑。一旦养成不做记录的习惯，就很难改，这么做试验无法很好地积累经验，后人只好重复前人的错误。比如，我们今天无法知道中国的道士们都做了哪些炼丹努力，明清道士炼丹的水平恐怕并不比隋唐时期的道士高，因为没有实验的数据积累。

但是，欧洲的炼金术士却有意无意地采用了科学的方法。首先他们对自己做过的实验都有详细的实验记录，当然为了保密，他们可能会采用密文来做记录。这些实验记录，至今还保留在很多国家的档案馆里。我们在第一册第六章"人造的奇迹——瓷器"一章中提到过的欧洲人伯特格

图12.2 炼金术士伯特格尔在研制瓷器

尔和韦奇伍德等人发明瓷器的过程，就是一个很好的例证。由于有完整的数据记录，我们现在才能轻而易举地复制欧洲历史上任何一件名瓷，但是中国的很多工艺却免不了"发明、失传、再发明、再失传"的轮回，以至于到现在，我们也无法完全仿制出宋代的汝瓷。

炼金术士的另一个贡献，就是定量分析这种实验的结果，量杯、天平、比重计和各种简单的测量工具被用于他们的实验，有了这些定量的记录和分析，后人便可以重复前人的实验结果。这一点成为了后世人们进行科学研究的一个基本方法。要想在前人的基础上改进，第一步都是要重复前人的实验结果，这是今天在西方科学杂志和高等级的学术会议上发表论文的铁律。比如，一个人发明了一种更准确的指纹识别算法，如果他只是给出自己新算法的准确率，而没有对比前人发明的算法在同等条件下取得的结果，任何权威杂志都不会录用他的论文。

定量分析带来的另一个结果就是，在科学上从尊重权威变成尊重事实。没有定量的衡量，很多论点和结论是不可比的，人们只好相信权威。在中世纪，人们喜欢说，亚里士多德是这么说的，或者托勒密是这么说的。到了近代，人们立论的证据已经不再是经卷上的教条，而是根据自己的观察或做实验的结果，因为定量的结果很容易比出好坏对错。笛卡尔就非常强调：是事实而不是权威，才是验证一个结论正确与否的前提。

当然，从炼金术过渡到化学是一个漫长的过程。但是，当人类对物质和物质变化的知识积累到一定的程度时，量变就开始产生质变。到了 18 世纪，欧洲出了第一位今天被我们称作世界著名化学家的人 —— 安托万·拉瓦锡（Antoine Lavoisier，1743—1794）。

与大部分炼金术士不同的是，拉瓦锡研究炼金术不是为了追求财富，而是为了寻找物质变化的规律。拉瓦锡是法国波旁王朝末期的贵族，从来不缺钱。他在做化学实验的同时，还是王朝的一位包税官 2，虽然他从来没有为自己捞过钱，但是这种身份却让他后来成为被革命的对象，并且死在雅各宾派领导人马拉（Jean-Paul Marat，1743—1793）的手上。

拉瓦锡的主要贡献之一是发现了氧气，并且提出了氧气助燃的学说。在此之前，学术界流行着"燃素说"，即物质之所以燃烧，是因为其中具有所谓的"燃素"，燃烧的过程就是物质释放燃素的过程。1774 年 10 月，英国化学家普利斯特里（Joseph Priestley，1733—1804）向拉瓦锡介绍了自己的实验：氧化汞加热时，可得到一种气体，这种气体不仅能使火焰燃烧得更明亮，还能帮助呼吸。拉瓦锡重复了普利斯特里的实验，得到了相同的结果。这对拉瓦锡研究燃烧的原理给予了启发：如果燃烧是因为物质中的燃素造成的，那么燃烧之后，灰烬的质量应该减少，而事实上，燃烧的生成物质量是增加的，这说明一定有新的东西加入到了燃烧的产物中。他在实验中有一个信条："必须用天平进行精确测定来确定真理。"正是依靠严格测量反应物前后的质量，他才确认了在燃烧的过程中，有一种气体加入了进来，而不是所谓燃素分解掉了。1777 年，他正式把这种气体命名为 oxygen，就是我们今天说的氧气。随后拉瓦锡向巴黎科学院提交了一篇报告《燃烧概论》（*Sur la combustion en général*），用氧化说阐明了燃烧的原理。他在报告里阐述了氧气的作用，即首先必须有氧气存在，物质才会燃烧。空气中包含有氧气和另一种气体，物质在空气中燃烧时，会吸收空气中的氧气，因此燃烧生成物的质量增加，而增加部分就是它所吸收氧气的质量。在研究燃烧的过程中，拉瓦锡确定了精确的定量实验和分析在自然科学研究上的重要性。拉瓦锡还发现，

2
帮助政府收税的商人，当然这些人大多数不会白干，而是利用这个职位中饱私囊，不过没有证据显示拉瓦锡曾经贪污过。

图12.3 拉瓦锡在做实验

非金属在燃烧后生成的氧化物可以变成酸，因此一切酸中都含有氧。金属燃烧后变为灰烬，它们不具有酸性。拉瓦锡的氧化说彻底推翻了以前没有根据的燃素说。

我们不妨通过拉瓦锡的工作来看看笛卡尔的方法论是如何应用到科学研究上的。首先要对无法证实的命题（燃素说）进行怀疑，不管它是谁提出的。接下来是通过实验找到证据，而实验要定量进行（确定生成物质的质量增加）。有了证据，再通过逻辑推理得到正确的结论（如果物质中有燃素，那么质量将减少，因此燃素说不对；既然质量增加了，那么必定是从空气中结合了一种元素）。就是依靠这种科学方法，炼金术才可能转变成化学。

拉瓦锡的另一项重要贡献在于通过实验证实了在科学史上极其重要的质量守恒定律。这个定律并不是他的独创，在拉瓦锡之前很多自然哲学家与化学家都有过类似观点，但是由于对实验前后质量测定的不准确，这一观点无法让人信服。拉瓦锡通过精确的定量实验，证明物质虽然在一系列化学反应中改变了状态，但参与反应的物质的总量在反应前后都是相同的。由于有了量化度量的基础，拉瓦锡用准确的语言阐明了这个原理及其在化学中的运用。质量守恒定律奠定了化学发展的基础，我们今天学习化学，都知道化学反应的方程式两边需要平衡，这一切来自于质量守恒定律。拉瓦锡证实这个重要定律的过程，本身再次确立了从伽利略和笛卡尔开始的科学方法，即自然科学的任何定律必须是能够证实的。

现代科学的研究方法就是靠这些科学家不断通过实践确立起来的。顺便提一句，1748 年，俄罗斯化学家罗蒙诺索夫（Mikhil Vasilievich Lomonosov，1711—1765）也曾精确地测定了化学反应前后的物质变化，并且提出了这一定律，但是由于俄罗斯处于欧洲的边缘，和欧洲其他国家没有科学研究的交流，因此他的贡献直到很晚才被欧洲广泛得知。

正如牛顿建立了经典物理学的体系一样，拉瓦锡奠定了化学的基础，他与同时代的科学家戴莫维（L. B. Guyton de Morveau，1737—1816）、贝托雷（Claude-Louis Berthollet，1748—1822）、佛克罗伊（Antoine François, comte de Fourcroy，1755—1809）一起编写了《化学命名法》（*Méthode de nomenclature chimique*），并于 1787 年发表。在这本书中，他们制定了化学中物质的命名原则和分类体系。在此之前，化学家们对同一种物质说法不一，相当混乱。拉瓦锡等人指出每种物质必须有一个固定名称，单质命名要尽可能表示其特性，而化合物的命名要尽可能反映出其组成成分，现在我们把铁锈称为氧化铁，把蓝矾称为硫酸铜，就是这样得名的。现代化学课本中使用的各种酸、碱、盐的名称，遵循的都是拉瓦锡等人给出的命名法则。这种命名法则还很好地与物质的分类相一致。为了科学地描述化学反应，拉瓦锡发明了化学方程式[3]。如果没有化学方程式，我们今天描述化学反应就既不简洁也不清晰。

根据氧化说和质量守恒定律，1789 年拉瓦锡发表了《化学基础论》（*Traité Élémentaire de Chimie*）。他在这本学术专著中全面地阐述了自己的观点，定义了"元素"的概念，并且对当时已知的化学物质进行了分类。拉瓦锡总结出 33 种基本元素（尽管一些实际上是化合物而不是真正的单质元素）以及由它们组成的常见化合物，这使得以前零碎混乱的化学知识变得系统而清晰。这本书除了理论部分外，还包括实验部分，在实验部分中，拉瓦锡强调了定量分析的重要性。最重要的是，拉瓦锡在这部书中通过氧化说和质量守恒定律的理论体系，成功而完整地解释了很多实验结果。这种简洁、自然而又可以解释很多实验现象的理论体系，完全有别于以前那些充满炼金术术语的化学著作中的那种复杂而不清晰的

3

Laugier, Andre and Dumont, Alain. (c.2000)。"Symbolism to Represent Matter and Its Transformations" Thermicity.com.

解释。很快，他的著述产生了轰动效应。虽然早期的一些化学家，包括普利斯特里坚决抵制拉瓦锡的理论体系，但是年轻的化学家们却非常欢迎。这部书被列为化学史上划时代的作品。到 1795 年左右，欧洲大陆基本上都接受了拉瓦锡的理论。

法国大革命爆发之后，拉瓦锡最重要的贡献就是统一了法国的度量衡，并且最终形成了当今现行的公制。1790 年，法兰西科学院组织委员会负责制定新的度量衡系统，委员会成员有拉瓦锡、孔多塞（Marie Jean Antoine Nicolas de Caritat, marquis de Condorcet，1743—1794）、拉格朗日和蒙日（Gaspard Monge，1746—1818）等学者。1791 年拉瓦锡起草了报告，主张采取地球极点到赤道的距离的一千万分之一为 1 米，建立长度的度量体系。接着，法兰西科学院指定拉瓦锡负责质量标准的制定。经过测定，拉瓦锡提出质量标准采用千克，水在密度最大时（4 摄氏度），一立方分米的质量为一千克。今天全世界都采用法国人发明的公制，而它的奠定者就是拉瓦锡等科学家。

后来，拉瓦锡被推选为众议院议员。他曾多次想退出社会活动，回到研究室做一个化学家，可是这个愿望一直未能实现。1793 年之后，激进的雅各宾派掌握了政权，拉瓦锡的厄运也就开始了。而对他的迫害恰恰来自被誉为"革命的骁将"的马拉。马拉是法国大革命时期我最佩服的革命家，不过在对待拉瓦锡的态度上他让我很失望。马拉也想获得科学家的荣誉而名垂青史，他写了一本《火焰论》，这本书完全是毫无价值的大杂烩，里面除了抄袭就是错误，马拉把自己的大作提交到了法兰西科学院。身为院长的拉瓦锡当然不会理会这种毫无科学价值的著作。这样就和当时炙手可热的马拉结下了私怨。马拉反而污蔑拉瓦锡是伪科学家，并且要消灭这个被他称为"人民公敌"的伪学者。很快，法国陷入了激进派的红色专政，以代表下层市民利益自居的雅各宾派认为科学家是人民的公敌，科学团体是反动集团。这里面主要的原因是当时很多科学家本身是贵族和富人，否则没有财力进行科学研究。即使在这种红色恐怖下，拉瓦锡仍然恪尽职守，努力工作，并为两个学会筹款，同时捐出私人财产作为学会的研究资金。风声鹤唳中，他以自己的声望保护着大批学者。

然而，学者中历来不乏政治上的投机者。化学家佛克罗伊曾经受到过拉瓦锡各方面的帮助，现在却迎合激进的领导人，开始策划解散法兰西科学院。于是，在革命的暴力之下，1793 年 4 月，从路易十四开始建立，有着一百多年历史并且曾经拥有过笛卡尔等著名科学家的法兰西科学院被解散了，直到 1795 年才又得到重建。

在雅各宾派的高压下，拉瓦锡展示了一个贵族和学者的骨气，他通过教育委员会向国民发出呼吁。他说，现在很多科学家的研究室被关闭，生活没有保障，学术处于毁灭的边缘，法国的荣誉被玷污了。学术一旦遭破坏，再想恢复就需要很长时间。但是，狂热的革命派并不把拉瓦锡的警告当回事。他过去作为波旁王朝税务官的历史被当作罪证，而他在大革命时期也为新政权所做的大量有益的工作却被抹杀，从这一刻起拉瓦锡成了革命的对象。1793 年底，他因当过税务官被捕入狱，同时也遭度量衡委员会除名。

拉瓦锡在欧洲学术界具有极大的影响力，欧洲各国学会纷纷向国会请求赦免拉瓦锡，但是当时的领导人罗伯斯庇尔不仅无动于衷，反而迅速处死拉瓦锡等人。就在拉瓦锡的生命危在旦夕时，法国各界曾经尽力地挽救，请求革命法庭的赦免，但是人们得到的回答却是"共和国不需要学者，只需要为国家而采取的正义行动！"

1794 年 5 月 8 日，也就是革命法庭做出判决的第二天，拉瓦锡被送上了断头台。他泰然受刑而死，据说在行刑前他和刽子手约定自己被砍头后尽可能多眨眼，以此来确定头砍下后是否还有感觉，后来拉瓦锡的眼睛一共眨了十五次，这是他最后一次科学研究。不过这一说法不见于正史。对于拉瓦锡之死，著名的数学家拉格朗日痛心地说："他们可以一眨眼就把他的头砍下来，但他那样的头脑一百年也再长不出一个来了。"在雅各宾派的红色恐怖下，被逼死的科学家还有孔多塞等人。

在拉瓦锡遇害的整个过程中，投机到激进派一边的化学家佛克罗伊起了很坏的作用，在历史上利用政治打击同行的远不止佛克罗伊一个，以后也还会有。在拉瓦锡遇害几个月之后，暴君罗伯斯庇尔也被送上了断头台，在他的头颅被咔嚓砍下的那一刻，观看的群众鼓掌长达15分钟以表示喜悦。这时，在法国为拉瓦锡举行的庄重而盛大的追悼会上，厚颜无耻的佛克罗伊却又反过来对拉瓦锡表示悼念，发表演讲，歌功颂德。

拉瓦锡在化学发展史上建立了不朽功绩。他在化学的研究过程中，再次确认了科学方法的重要性。他一生强调实验是认识的基础，他的治学原则是："不靠猜想，而要根据事实"，"没有充分的实验根据，从不推导严格的定律"。他在研究中大量地重复了前人的实验，一旦发现矛盾和问题，就将它们作为自己研究的突破点。今天，很多科学研究都是由发现前人的问题作为突破口来展开的，这个方法是经过拉瓦锡和很多科学家的实践确立的。在实验过程中，除了对实验现象进行超乎常人的细致观察，拉瓦锡还坚持运用定量方法，通过数据确定或者推翻一些结论。对于实验结果的分析，拉瓦锡强调要严格遵循合乎逻辑的步骤，才能对实验结果予以正确解释。

和所有的科学巨匠一样，拉瓦锡善于对整个学科进行分析综

图 12.4　卢浮宫文化名人中的拉瓦锡像

合、提出新的学术思想，并且建立起学科体系。具体到化学研究，拉瓦锡善于发现化学反应中各种物质变化的相互联系，然后透过现象看到本质，因而他比同时代的化学家要看得远。后世评价拉瓦锡为近代化学之父，甚至认为他之于化学，犹如牛顿之于物理学。

第三节　焦耳

恩格斯在他的《路德维希·费尔巴哈和德国古典哲学的终结》一书中，把细胞学说、能量的转换（与守恒）和进化论誉为 19 世纪的三大发现。而对发现能量转换和守恒定律贡献最大的，是英国的一位啤酒商詹姆斯·焦耳。今天学习中学物理课程的人都知道他是著名的物理学家，能量的单位焦耳就是以他的名字命名的。不过在当时，更多人可能只知道他是啤酒商，而非科学家。焦耳的父亲经营了一家颇有名气的啤酒厂，他自幼生活富足，大学毕业后开始参与自家啤酒厂的经营，并且在这个行业非常活跃，直到他去世前几年把啤酒厂卖掉为止。起初，科学研究只是焦耳的个人爱好，不过随着他在科学上取得的成就越来越高，他在科学上花的精力也就越来越多。我们无法得知他到底更喜欢做哪件事，不过，科学研究和经营啤酒业对焦耳来讲似乎并不矛盾。作为科学家，他接受新事物非常快，后来还研究过用当时新发明的电动机来替换啤酒厂的蒸汽机。

焦耳出生在一个富有的家庭，但他幼时并未像今天这样被送到最好的名牌小学，然后是名牌中学和名牌大学。因为身体不好，家里只是将他送到一个家庭学校读书，他也没有经历和同班同学争名次的阶段，这一点他和牛顿不同。我一直认为小时候教育比较宽松对人的长期成长有好处。在 16 岁那年，焦耳和他的哥哥在著名科学家道尔顿的门下学习，他跟着道尔顿学习了两年数学和几何，后来因为道尔顿年老多病而结束了这段求学生涯，不过这段经历影响了焦耳的一生。在道尔顿的推荐下，焦耳进入了曼彻斯特大学。毕业后，焦耳在家搭建了实验室，业余进行科学研究。1838 年，他的第一篇科学论文在《电学年鉴》（*Annuals of Elec-*

tricity）上发表。这份期刊影响力并不是很大，没有帮助焦耳在科学界出名。

1840—1843 年，焦耳对电流转换成热量进行了大量的实验和研究，他很早就得出了焦耳定律的公式，即电流在导体中产生的热量 Q 与电流 I 的平方、导体的电阻 R 和通电时间 t 成正比例，即

$$Q=I^2Rt$$

他把自己的研究成果投给了英国皇家学会，本以为这个重大发现会让皇家学会大吃一惊，但遗憾的是，皇家学会并没有意识到这是人类历史上最重要的发现之一，而是对这位"乡下的业余爱好者"（provincial dilettante）的发现表示怀疑。焦耳的这一重大发现后来刊登在英国的《哲学杂志》[4]上。这份远不如英国皇家学会会刊出名的杂志，后来还刊登过麦克斯韦的重要发现。

4

Philosophical Magazine.

被皇家学会拒绝后，焦耳并不气馁，而是继续他的科学研究。在这之后皇家学会还拒绝了他很多次。不过在曼彻斯特，焦耳很快成为了当地科学圈子里的中心人物。1840 年以后，焦耳的研究扩展到机械能和热能的转换。由于机械能（当时也称为功）相对热能的转换比率较低，因此，这项研究成功的关键在于能够精确地测量出细微的温度变化，焦耳宣称他能测量 1/200 度的温度差，这在当时是无法想象的，所以科学家对此普遍持怀疑态度，英国皇家学会再次拒绝了焦耳的论文。这篇重要的论文后来又发表在《哲学杂志》上。皇家学会的科学家们或许忘记了焦耳是啤酒商出身，他有着当时最准确的测量仪器，对温度的测量远比他们想象的准确得多。1845 年，焦耳在剑桥大学宣读了他最重要的一篇论文"关于热功当量"，在这次报告中，他介绍了物理学上著名的实验——功能转换实验，即以下落的重物带动容器中旋转的搅拌器，将重物的势能转换成容器中水的热能，他还估算出热功当量常数，即一焦耳等于 4.41 卡路里。1850 年，他给出了更准确的热功当量值 4.159，非常接近今天的估计值 4.184。

1847 年，在牛津大学的一次会议上，焦耳又做了一次学术报告，在场的有一些重量级听众，包括法拉第、流体力学专家乔治·斯托克斯（Sir George Gabriel Stokes，1819—1903），以及威廉·汤姆森（William Thomson, 1st Baron Kelvin，1824—1907，也就是后来的开尔文男爵，绝对温度以他的名字命名）。他们都对焦耳的报告很入迷，虽然法拉第和开尔文对焦耳的结论还

图 12.5　焦耳的功能转换实验器具

是心存疑惑。不过，这时科学界倾向于承认焦耳的功能转换定律了。1850 年，焦耳当选为英国皇家学会会员，两年后，他获得了英国、也是当时世界上最高的科学奖——皇家奖章。而开尔文在 1852 年后，和焦耳进行合作，在此期间他们二人的研究硕果累累，其中包括著名的焦耳 - 汤姆森效应。这项成果还让焦耳关于分子运动论的观点被学术界广泛接受。今天，各种蒸汽机和内燃机引擎的设计都少不了焦耳 - 汤姆森效应的应用。

焦耳的另一大贡献就是确立了分子运动论。作为道尔顿的学生，焦耳深信原子论，尽管同时代的许多科学家还在怀疑该理论。他用分子运动的理论解释气体受热后压强增大的原因。

焦耳晚年获得了许多荣誉，全部列出来足以写满一页纸，他成为了曼彻斯特的骄傲。1889 年，焦耳去世后，人们在他的墓碑上刻上了热功当量值，以纪念这位伟大的物理学家。同时，人们还引用了《圣经·约翰福音》中的一句话，概括焦耳勤奋工作的一生。

> 趁着白日，我们必须作那差我来者的工；黑夜将到，就没有人能作工了。（I must work the works of him that sent me, while it is day: the night cometh, when no man can work.）

焦耳的成就告诉人们，能量（和动力）是不可能凭空产生的，它只能从一种形式转换成另一种形式。因此，像永动机那样的怪想法是不可行的，而人类能做的无非是提高转换的效率。焦耳的理论还定量地告诉人们，要获得一定的动力就必须消耗多少能量，这从理论上对各种发动机和后来各种电器的设计起到了指导的意义。如前所述，恩格斯对焦耳的工作评价非常高，并将功能转化和能量守恒的物理学成就上升到哲学的高度，他说："它向我们表明了一切首先在无机自然界中起作用的所谓力，即机械力及其补充，所谓位能、热、放射（光或幅射热）、电、磁、化学能，都是普遍运动的各种表现形式，这些运动形式按照一定的度量关系由一种转变为另一种，因此，当一种形式的量消失时，就有另一种形式的一定的量代之出现——因此，自然界中的一切运动都可以归结为一种形式向另一种形式不断转化的过程。"

图12.6 著名物理学家焦耳

焦耳用自己一生的实践完善着自然科学的研究方法，继拉瓦锡、法拉第等人之后，再次确立了实验在自然科学研究中的重要性。和拉瓦锡一样，焦耳的成就是建立在准确定量实验的基础上的。比拉瓦锡更进一步的是，他向后世的科学家展示了可对比实验条件的重要性，以及实验设计的重要性。与焦耳同时代的科学家开尔文爵士也做过测量水的势能转换成热能的实验，但是他的实验方法不具有可比性。他在瀑布落下之前和之后分别测量水的温度。但是，由于水在下落过程中，流速有了变化（导致很多势能转换成了动能，而不是热能），在空气中会有挥发，并且和空气有热交换（带走热能），这些因素导致了瀑布下落前后的水温不具有可比性。用今天实验科学家们的话来说，就是在用苹果和桔子做对比。而焦耳的实验则设计得非常巧妙，它避免了势能的流失和实验装置与外界的热交换，因而获得了成功。

在焦耳之后，实验科学家，不论是物理、化学、生物还是今天的计算机科学家，都懂得在实验开始前设置基准（Baseline）的重要性。所有新的实验都是在和基准作比较。这个基准可能是一个静态的数据，也可能是前人的工作。比如在测试化学反应释放的能量之前，要准确测量反应发生前的温度，这就是基准。在计算机科学中，要证明一种新算法比以往的算法好，就必须先重复近期发表的同类算法的实验结果。在医学上，要证明一种药的有效性，并非给病人吃了药后看看见效如何就能得出结论，而是要给另一批条件相同的病人吃形状味道类似的安慰剂，然后进行对比。具体而言，有一种药，病人使用后有 60% 的人好转，并不能得到"对 60% 的人有疗效"这样的结论，而是要对另外一组病情、年龄和身体条件相同的病人使用安慰剂，如果后一组病人中 60% 的病人也得到了好转，那么说明这种药可能没有作用。如今，要想在世界一流期刊上发表自然科学研究论文，或者让社会认可你的发明，这种对比实验必不可少。

第四节　分析与综合——生物学大发现

19 世纪的另外两大发现都在生物领域，这就是细胞学说和进化论。这些重大发现，都是对分析与综合这两个近代科学研究方法的最好验证。

自古以来，人类就试图搞清楚构成生命的基本单位是什么，这就如同试图搞清楚构成物质的基本单位是什么一样。最早发现细胞的是英国科学家胡克，他也是牛顿的死对头。1665 年，胡克用自制的显微镜观察软木塞的薄切片，发现了一个一个的小格子，当时他并不知道自己发现了细胞（更准确地说是已经死亡的细胞），因此就把它称为小格子（Cell），这就是英文细胞一词的来历。虽然胡克看到的只是细胞壁，而没有看到里面的生命迹象，但是人们还是将细胞的发现归功于他。

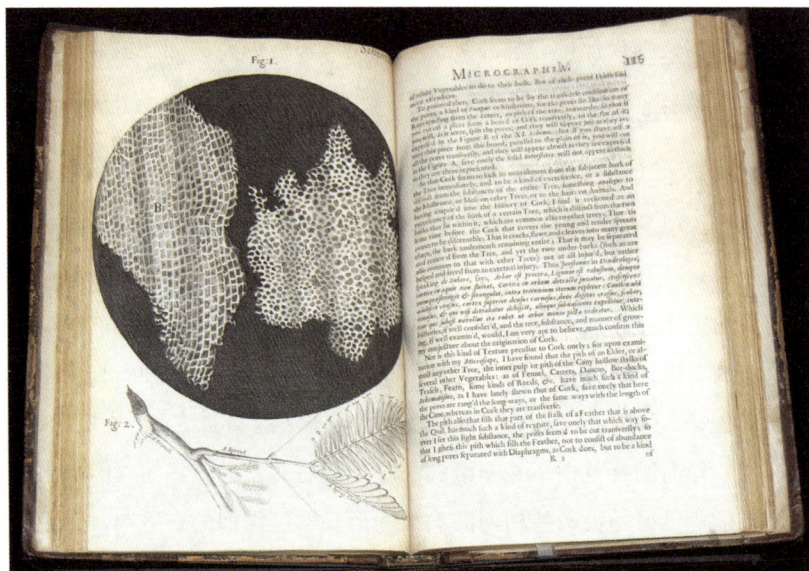

图 12.7　胡克观察到的软木细胞

真正发现活细胞的是荷兰生物学家列文虎克（Antonie van Leeuwenhoek，1632－1723）。列文虎克是个业余科学家，他的职业是商人（布商和酒商）和政府官员（议会的管家和法庭调查员），科学研究完全是他的业余爱好。和焦耳不同，他在研究上花的时间很少。他一生制作了很多种显微镜，有几种显微镜今天还在使用。1674 年，他用显微镜观察雨水，发现里面有微生物，他也是历史上有记载的第一个发现有生命的细胞（细菌）的科学家。之后，他成为英国皇家学会会员。他应该是个能工巧匠，一生制造过 400 多个显微镜。在他所处的年代，他几乎垄断了所有精密显微镜的制造。利用自己制造的显微镜，列文虎克不仅看到了细菌，还观察到了动物的肌肉纤维和毛细血管中流动的血液。

列文虎克虽然找到了构成生命的基本单位——细胞，但是他并没有把细胞和我们的生物体联系起来。直到一百多年后，才由法国博物学家（现在叫生物学家）拉马克（Jean-Baptiste de Lamarck，1744—1829）提出了"所有生物都是由细胞组成的"这一命题。但是拉马克并没有给出观察到的证据，因此这只能算是假说。到了1824年，法国植物学家杜托息（Henri Dutrochet，1776—1847）才通过对植物的观察确认生物体是由有生命的细胞构成的。由于当时显微镜的放大倍数不够高，观察有细胞壁的植物细胞要比观察没有细胞壁的动物细胞容易很多，因此这个理论首先被植物学家接受。

真正完善细胞学说的是两位经常交流的德国科学家施莱登（Matthias Schleiden，1804—1881）和施旺（Theodor Schwann，1810—1882）。19世纪中期，德国动物学家施旺发现了动物细胞的细胞核和外面的细胞膜，以及两者之间的液状物质（细胞质）。他因此得出一个结论：细胞中最重要的是细胞核，而不是外面的细胞壁。同一时期，植物学家施莱登通过对植物细胞的观察，也确认了施旺的理论。他们一致认为"所有动物和植物都是由细胞构成的，而在细胞中，最重要的是细胞核"。不久之后，他们一起寻找动植物细胞的共性，然后得出结论。尽管植物和动物差距巨大，但是它们通过细胞联系在一起。在《关于动植物的结构和一致性的显微研究》一文中，施旺指出，"现在，我们已推翻了分隔动植物界的巨大屏障。"

施莱登和施旺还提出了"新细胞从老细胞中产生"的观点，不过当时他们的想法是从老细胞核中长出一个新细胞，而不是后来发现的细胞分裂。接着，施莱登的朋友耐格里（Carl Nageli，1817—1891）用显微镜观察了植物新细胞的形成过程和动物受精卵的分裂过程，发现新细胞的产生原来是细胞分裂的结果。在此基础上，1858年，德国的魏尔肖（Rudolph

图 12.8 细胞学说的提出者施莱登（左）和施旺（右）

Carl Virchow，1821—1902）总结出"细胞通过分裂产生新细胞"。他的名言是："所有的细胞都来源于先前存在的细胞"，这个断言，至今仍未被推翻。至此，细胞学说才算是确立下来了。

细胞学说之所以能够排进19世纪三大发现，是因为它不仅在生物学上和医学上意义重大，奠定了这两门学科的研究方法，而且确立了唯物论的科学基础。细胞学说帮助我们搞清楚了包括我们人类在内的所有生物体的组成，了解了生物的生长发育和死亡的原因，也让我们搞清楚了很多疾病产生的机理，并且找到了它们的治疗方法。在科学方法上，细胞学说的意义在于人们懂得了要了解一个整体，需要将它先分解成部分进行研究，然后再从对局部的认识上升到对总体的认识。这是笛卡尔提出科学研究方法论以来，西方逐渐完善起来的科学方法的最好应用。细胞学说确立的过程，在认识论上被看成是分析与综合这两个过程。科学家们先是对构成生命基本单位的研究进行分析，按照生物的种类分成了细菌（微生物）、植物和动物，然后从易到难分别找出了其构成单元（细胞）；接下来是综合的过程，总结出这些生命细胞的共性——都有细胞膜、细胞质和细胞核，都是靠老的细胞分裂繁殖，等等。当然，综合的过程常常比分析要困难许多，真正能够提出学说的都是善于综合的大师。在细胞学说诞生后的一百多年里，人类对生物和医学的研究越来越细，从细胞到细胞核中的染色体，再从染色体到基因，最后从基因到分子级别的脱氧核糖核酸，这就是在先前工作的基础上做进一步的分析。但是，将这些细分研究的结果再综合成整体却非常困难。直到最近几十年，这方面的工作才有了一些突破性进展。由此可见，科学研究就是这样循环往复，后人在前人研究的基础上，越来越深入。

细胞学说直接为 19 世纪的另一项重大发现 —— 达尔文的进化论，打下了基础。

达尔文（Charles Robert Darwin，1809—1882）的一生都很传奇，他出生于一个行医世家，他的祖父就是月光社里那位伊拉斯谟斯·达尔文 —— 其实已提出了进化论的初步想法，但是当时只是假说而已。达尔文的父亲也是一位医生，家人希望他继承家业行医，并将他送到爱丁堡大学学医。不过，达尔文有点不务正业（按他父亲的看法），尤其喜欢打猎、采集矿物和动植物标本。父亲一怒之下，把他送到剑桥大学改学神学，希望他将来成为一位牧师。但是，达尔文认为神创论十分荒谬，尽管他当时也不知道世界上的动植物是怎么来的。在剑桥，达尔文把大部分时间用来参加自然科学讲座和学习自然科学。他热心于收集甲虫等动植物标本，对神秘的大自然充满了浓厚的兴趣。在剑桥，达尔文认识了植物学教授约翰·亨斯洛（John Stevens Henslow，1796—1861），并且开始系统学习亨斯洛的博物学课程。达尔文是亨斯洛最喜爱的学生，两个人经常在一起讨论学术。

早在爱丁堡时期，达尔文就接触到当时的生物学家拉马克关于生物演化的主张，拉马克认为生物进化的原因是用进废退，即后天所得到的特征不断优化，一代代传下去。比如对于为什么长颈鹿脖子很长的解释，拉马克认为长颈鹿为了吃到树上的树叶，就不断伸长脖子，脖子越用越长，而且长颈鹿将这个特征传给了后代，拉马克的这种学说比较容易理解，在当时的科学界颇有影响力。

图 12.9 拉马克的用进废退说认为，长颈鹿为了吃到树叶，不断地伸脖子，这种后天获得的特征可以遗传

毕业后，达尔文并没有开始他的神职工作，而是决定和一些同学一起前往马德拉群岛研究热带博物学，为此他学习了地质学的课程。后来亨斯洛推荐他以志愿者的身份跟随"贝格尔"号的船长、科学家罗伯特·费兹罗伊（Robert FitzRoy，1805—1865）前往南美洲探险，并绘制当地航海图。达尔文的父亲原本反对这个为期两年的旅程，认为这纯粹浪费时间。不过后来被达尔文的舅舅韦奇伍德二世（就是瓷器大王、月光社重要成员韦奇伍德的儿子）说服，同意达尔文参加这次考察。另外，这位韦奇伍德后来成为达尔文的岳父（达尔文是近亲结婚）。就这样，从 1831 年 12 月起，达尔文以博物学家的身份参加了"贝格尔"号军舰（H.M.S. Beagle）的环球考察。这次考察最终导致了进化论的诞生。

达尔文每到一处都会做认真的考察和研究，采访当地的居民，请他们当向导，爬山涉水，采集矿物和动植物标本，挖掘生物化石，发现了许多没有记载的新物种。他白天收集谷类岩石标本、动物化石，晚上又忙着记录收集经过。

1832 年 2 月底，"贝格尔"号到达巴西，达尔文上岸考察。当他登上海拔 4000 多米的高山时，在山顶意外地发现了贝壳化石。经过反复思索，他终于明白了地壳是可以升降的道理，而不是像人类以前了解的那样，海就是海，山就是山。在南美洲、大洋洲（包括新西兰等地）、非洲等地，他发现了大量的物种变异的事实，隐隐感觉到物种不是固定不变的。通过对采集到的各种动物标本和化石进行比较和分析，达尔文证实了这种想法。从古代到今天，很多旧的物种消失了，很多新的物种产生了，并且随着地域的不同而不断变化。由此，他开始用科学的方法探索物种的起源和演变。

图 12.10　达尔文的环球旅行

1836 年 10 月，达尔文回到英国，整个考察过程历时五年之久。在考察中达尔文积累了大量的资料和物种化石。回国之后，他又花了几年时间整理这些资料，并寻找理论根据。1842 年，他第一次写出《物种起源》的提纲。但是《物种起源》一书却一直拖到了 1859 年才出版，而从 1842 年到 1856 年的十几年里，达尔文却只字未写，这又是为什么呢？因为达尔文深知这本书一旦出版，必将在社会上掀起轩然大波。不过 1858 年的一件事，促使达尔文下决心发表《物种起源》。

1858 年，英国一个并不知名的年轻学者华莱士（Alfred Russel Wallace，1823－1913）经过自己在世界各地的考察研究，也发现了进化论，他写了篇论文寄给达尔文。达尔文在收到论文后非常震惊，不知如何是好。他询问了在皇家学会的朋友们，后来这些朋友建议他将自己的想法也写篇论文，两篇论文在皇家学会的刊物上同时发布。之前，达尔文将这个建议和自己的论文也寄给了华莱士征求意见，华莱士不仅欣然同意，而且表示非常荣幸能与达尔文的论文发表在一起。在这一年之后，达尔文出版了人类历史上最震撼的科学巨著《物种起源》。而华莱士为了表示对达尔文的支持，便在他后来的著作中以"达尔文主义"的提法来讲述进化论。达尔文和华莱士的交往也成为了科学史上的一段佳话。

在《物种起源》中，达尔文提出了完整的进化论思想，说明物种是在不断的变化之中，是由低级到高级、由简单到复杂的演变过程。在达尔文的第二部著作《动物和植物在家养下的变异》一书中，他对于进化的原因，用四条根本的原理进行了合理的解释，即

1. 过度繁殖

2. 生存竞争

3. 遗传变异

4. 适者生存

下面我们逐一解释这几条原理的作用。

首先，为什么要过度繁殖呢？根据热力学第二定律（或者说熵增加的原理），任何不受控制的变化都是从有序变到无序，即按照熵增加的方向变化，因此物种的变异有好的变异，但是绝大多数是坏的变异，只有过度繁殖，才能保证在诸多后代中有少量的个体比它们的父辈更适应环境。

那么，既然第二代比第一代多出了那么多的个体，那么十几代下来，地球上不就没有生存空间了吗？没关系，达尔文理论的第二条"生存竞争"揭示了自然界的一个本质规律，也就是说，这些个体为了生存，必须展开相互竞争。一对昆虫，一次可以产下上万只卵，它们必须竞争食物、空间，以便存活下来，然后再传种接代。

第三条规律最重要，它既强调了物种之间通过遗传获得的延续性，又指出了物种每一代都会发生一些变化，这样就产生了个体的多样性。没有遗传，就没有生命演变的基础。我们无法相信种瓜得豆或者种豆得瓜的荒唐事情，这样生命就没有延续性了。但是，如果只有遗传没有变异，

每一代都和前面都一样，生命就不可能发展。遗传和变异同时存在，才保证了地区上生物的延续性和多样性。

最后一条是关于选择和淘汰。达尔文强调的是自然选择。既然后代那么多，那么只有最适应环境的才有可能存活下来。比如昆虫，第二代比第一代从数量上要多很多，其中大部分在没有长到成虫以前就被它们的天敌吃掉了，或者因为其他原因死掉了，那些最适应环境的昆虫存活并延续后代。适者生存保证了后代要比祖先更适应环境。比如说，在非洲大草原上，狮子靠捕猎斑马等食草动物为生，那么感觉灵敏、跑得快的斑马就存活下来，并且延续后代，跑得慢的就被淘汰，对狮子也是如此，追得上斑马的生存下来，追不上的或者捕猎能力差的被淘汰。经过一代代的进化和淘汰，我们今天看到的那些物种都是最适应环境的。

当我第一次接触到这个理论时，就发现它是如此地合乎逻辑并且符合我们在自然界看到的各种奇妙的现象。我想，在19世纪大家读到这本书时，感受也会是相同的。因此，当时《物种起源》不仅在学术界，而且在整个世界都引起了轰动。

这部著作的问世，第一次把生物学完全建立在科学的基础上，以全新的生物进化思想，推翻了神创论和物种不变的理论。《物种起源》被评为人类历史上最有影响力的几本书之一。它彻底动摇了神权的根基，在此之前，牛顿的发现指明了人类可以认识自然，但是并没有否认神的存在，而达尔文的理论则说明，这个世界是演变和进化来的，而不是神创造的。《物种起源》的发表，对基督教产生了从未有过的冲击，这比哥白尼的理论产生的冲击大得多，以至于当时的教会，无论是罗马教廷还是新教派都狂怒了，对达尔文群起攻之，但是在这狂怒的背后则是恐慌。与此相反，以赫胥黎（Thomas Henry Huxley，1825－1895）为代表的进步学者，积极宣传和捍卫达尔文的学说。赫胥黎指出，进化论解开了对人们思想的禁锢，让人们从宗教迷信中走出来。

图 12.11 人的进化

在方法论上，达尔文遵循了自然科学研究中最普遍的方法，对整体进行分解和分析，再上升回一般性的结论。他长达五年的考察生涯，实际上完成了第一步的工作，而后的 20 年研究，实际上是在做第二部分工作。在给出结论时，达尔文采用了笛卡尔所倡导的大胆假设、小心求证的实证性研究方法，因此，他给出的结论，虽然当时对传统的学说冲击很大，但是有理有据，很快就被学者们接受了。另外，达尔文在建立进化论学说时，不自觉甚至可能是自觉地遵循了自然科学必须能够证实和证伪的规则。任何一个主张或者理论，如果不能证实或者证伪，则不在自然科学研究的范围里。在和神创论的辩论中，神创论者虽然可以找到进化论的诸多不足之处，但是找不到支持神创论的客观证据，因此，便无法让人信服了。

达尔文的后半生一直在和教会争论、维护自己的学说，但是和布鲁诺不同，他并未跟教会作对，虽然很多人都怀疑他是无神论者。因此，在他去世后，教会同意将他安葬在威斯敏斯特教堂内。当时进化论已经开始深入人心，皇家学会很多会员和世界上很多科学院的代表都参加了他的葬礼。根据威斯敏斯特教堂的惯例，他被安葬在离牛顿墓不远之处。不过当时威斯敏斯特教堂里已经人满为患了，之后的逝者不得不竖着安葬，因此，达尔文的棺椁就这样垂直地安葬在了牛顿旁边，不过那里并没有凸起的墓碑（否则教堂里就没有立足之地了），而是在一块石板上刻着达尔文的名字。安葬在牛顿周围的都是科学家，而安葬在莎士比亚纪念碑（衣冠冢）周围的则都是文学家和诗人。

恩格斯这样评价了 19 世纪生物学上的两大发现，"首先是三大发现使我们对自然过程的相互联系的认识大踏步地前进了。第一是发现了细胞，发现细胞是这样一种单位，整个植物体和动物体都是从它的繁殖和分化中发育起来的。由于这一发现，我们不仅知道一切高等有机体都是按照一个共同规律发育和生长的，而且通过细胞的变异能力指出了使有机体能改变自己的物种并从而能实现一个比个体发育更高的发育的道路……最后，达尔文第一次从联系中证明了，今天存在于我们周围的有机自然物，包括人在内，都是少数原始单细胞胚胎长期发育过程的产物，而这些胚胎又是由那些通过化学途径产生的原生质或蛋白质形成的。"[5]

5
恩格斯《反杜林论》，原话就译得如此绕口。

这两大发现，连同能量转化与守恒定律的发现，向人们揭示了自然界和生物界共同的规律，使得唯物主义（不是物质主义）有了理论基础，也深化了科学研究的基本方法。

第五节　证实与证伪

什么是科学，什么不是科学或非科学，什么是伪科学 —— 这些说法我们今天经常看到，也经常提到，但是很多人未必对此仔细思考和分辨过，以至于常常滥用科学这个词。

科学一词，在古希腊语中是知识的意思，和哲学是同义词，后来古希腊人把对自然界的研究称为自然哲学，到了近代人们改称之为自然科学。这是狭义上的科学概念。在广义上，只要能够用科学的方法证实和证伪的，都可以称为科学。如果再细分一下，科学可以包括五个分支，即：

- 形式科学（Formal Science），包括数学、逻辑学、计算机科学等；

- 物理科学（Physical Science），包括物理学、化学等；

- 生命科学（Life Science），包括生物学、医学等；

- 地球和空间科学（Earth and Space Science），包括天文地理等；

- 社会科学（Social Science），包括哲学等。

当然，科学的分类方法有很多，上面给出的只是其中一种。在这五类科学中，形式科学比较特殊，它完全靠从定义和公理出发，经过逻辑推理得到结论，对于一个命题正确与否，只要看前提、推理过程是否正确即可，而否定一个命题，只需要举一个反例即可。最后一种社会科学，一些学者主张这些学科虽然也属于学术的范畴，但是不必冠以科学的字眼。中间的三种，都是实验科学，也就是狭义上科学所指的范围。很多数学家认为数学不属于科学的范畴，他们所指的科学就是狭义上的实验科学。我们这里要谈论的主要就是上面中间三种实验科学。实验科学的各学科虽然各自有着不同的研究对象，但彼此会有交叉，比如地球物理和天体物理学，遵循共同的规律，有着类似的研究方法。在这些科学的研究过程中，最重要的就是证实和证伪。

首先说说证实。这个比较容易理解。我们还是拿上面几个故事为例子来说明。先说说焦耳的功能转换原理。焦耳的命题是"机械功可以转化成热能，并且有一个固定的转换比例"，对于这个经验，人类从燧木取火时就知道了，但是为了证实热能是从机械能转换过来的，就不能举一个燧木取火的例子完事（因为也许是摩擦导致了化学反应呢？），而需要表明在没有其他外因条件下，机械（功）能的损失，可以使得热能增加。焦耳为此设计了重锤下落搅动封闭容器中的水，使水温上升的实验，证实了水温的上升完全来自于机械能的损失。推而广之，任何科学的结论必须能够证实。

让我们再来看看拉瓦锡如何证实氧化说（同时否定以往的燃素说）。根据燃素说的观点，物质之所以燃烧，是因为里面含有燃素。这个说法如果成立，那么燃烧后燃素消失，物质变轻。另外一种可能性是空气中的一些成分在燃烧过程中和燃烧物发生反应。如果是后面这个原因，在物质燃烧后质量要变大。不论哪种设想是正确的，一定要有实验能够证实其中的一个设想。拉瓦锡为此设计了这样一个实验。他将金属放在一个封闭的玻璃瓶中加热燃烧，然后称量玻璃瓶在燃烧前后的质量，他发现质量没有变，也就是说金属中并没有损失任何物质（燃素），或者说燃素并不存在。然后他将玻璃瓶打开（外面到空气进入其中了），再放到天平上去称，发现质量增加了，也就是说，空气中的一些物质跑到金属（氧化物）中去了。因此，他得出结论：燃烧的过程是金属吸收了一种气体（他定义为氧气），而不是释放了什么物质。这样，氧化说则被确立了，而原来的燃素说就被否定了。

因此，科学的结论必须能够被证实（证明是正确的），或者被推翻（也就是我们后面要说的证伪），而不能是"因为没有被证明是错误的，它是正确的"（比如所谓的上帝存在的命题就是如此）。一位数学家曾经和我讲，数学学会每年都能得到很多自称证明了"哥德巴赫猜想"的投稿，其中最常见的错误就是"因为我没有找到反例，所以这个命题成立"，这在逻辑上是错误的。

证实的过程要以相关的事实现象为依据，从证据到结论的推理要符合逻辑。既然如此，一个命题就不会因为提出者的权威性而变得更正确。在科学上，一个博士学者提出的命题，在没有证实之前，并不比好奇小孩提出的命题更正确。证实的过程不是引经据典，或者使用权威的论证报告，比如在中世纪末期，经院哲学的学者常用的证据就是"亚里士多德说"、"圣经上说"、"托勒密说"等等。这些都不足以证实一个命题。

科学不仅要能被证实，而且还必须具有可证伪性，是否可以用经验[6]证伪是科学与非科学的分界线。注意，这里说的可证伪性是指逻辑上留有可证伪的可能性，并不等于说一个科学的命题是假的。为了理解可证伪性，我们来看几个不可证伪的例子就容易懂了。

　　1. 上帝的存在性，这件事我们没有办法验证，因此我们说这个问题不是科学而是宗教问题。

　　2. 重言式（因为它永远为真），比如 $1+1=2$，这是定义，不是科学。如果你明天说"3 的定义为 1 + 1",那么它也正确,因为定义总是正确的。

3. 列举了所有的可能性,比如说命题"明天可能下雨,也可能不下雨",因为它总是正确的,无法证伪。

4. 从错误的前提下可以得出任何结论。因此,虽然这些结论可能是正确的,但是这样的论证方法在科学上毫无意义。比如说"如果太阳从西边出来,海水就会沸腾。"这个命题无法证伪。当然,在现实生活中没有人在报纸杂志上天天说"如果太阳从西边出来……"这样的话,但是却始终有人说"没有(一件已经存在的事情)……,就没有……",这就是从一个错误的前提出发推导出任何结论的现实例子。这个结论或许是对的,但是这种说法不符合科学,因为这个命题无法证伪。

上面这些都是非科学的例子,但非科学并不等于伪科学,非科学的结论未必是错误的,只是它的结论不是通过科学的方法得到的,如此而已。从这些例子中还可以看出,任何绝对正确的、放之四海皆准的命题都不在科学研究的范围内。在西方学术界,科学这个词切不可滥用。无论自然科学还是社会科学,都排斥那些所谓的一贯正确和绝对的真理。如果一个人声称自己的言论是科学理论,比如某种药物对人体无害,那么他就必须留给别人证伪的可能性(虽然这个声明本身可能是对的)。虽然今天未必能被证伪,不等于它不可以被证伪。如果一个人不愿意接受别人对其理论的证伪,那么就不能自称为科学,他可以说这是经验,或者宗教,但肯定不是科学。

为什么证伪如此重要?因为必须在逻辑上留有证伪的可能性,科学才能发展,否则就成了僵死的教条。在中世纪,教会对于《圣经》的内容就不留有证伪的空间,因此它就成为一种僵化的教条,而当时的教会一定要把里面的说教当作不变的真理,在科学上最终没有了信服力。科学家们对于科学和科学方法的认知是从近代才开始的,在此之后,科学有了飞速的发展,这个发展过程就是不断地继承和否定前人结论的过程。一般人对继承比较容易接受，对于否定在心理上总觉得没有底气，因此，证伪才变得尤其重要。可能有人会问，是否有不变的真理，遗憾的是，人类几千年的实践证明，今天认识不到的事情，不等于明天认识不到。古人感觉不到地球的公转，不等于几千年后的人们认识不到，这才有了日心说代替地心说。因此，任何科学的结论至少在理论上要存在一种观测的方法（即使实际上没有进行这项观测也无妨），来表明这个结论不总是真的。不能提供这种验证方法的学说就不是科学的。

回到上一节提到的关于进化论的话题，达尔文去世后，其实留给世人的是一个千疮百孔的学说，因为当时人类还没有认识到基因的存在，因此，虽然达尔文给出了一些证实其学说的例证，但是很多人也找到了"证伪"它的例证，这些人并非都是宗教人士。我们说进化论是科学，恰恰在于它提供了证伪的可能性。接下来的问题，就是如何解释这些反对者提出的论据。比如一个最常见的论据就是"雄狮的头发"和"雄孔雀尾巴"的用途问题。我们看到雄狮硕大的头上长着长长的毛发，这从适应环境来讲一点用处也没有，只有副作用。事实上，雄狮根本不像电影《狮子王》里描述的那样勇武，它们其实并不捕食，而是靠母狮子捕食后，它们坐享其成，因为雄狮子一头的毛发使得它根本追不上非洲草原那些善跑的动物。同样，雄孔雀漂亮的大尾巴除了让它行动不便外，对适应环境也没有半点好处。这些都成了反对进化论者的证据。但是，因为达尔文的进化论在逻辑上如此完美，使得在他之后有无数的科学家穷毕生的精力来完善它。对于上述质疑，最后科学家们提出了对自然选择的一个重要补充，就是"性选择"。因为只有这样威武的狮子和漂亮的孔雀才能得到雌性的亲睐，它们才能留下后代。从这个例子我们可以看出证伪的重要性。如果支持进化论的科学家们一定要坚持达尔文在《物种起源》一书中所说都是对的，容不得挑战，并且和反对者打口水战，那么这个理论到今天反而不能让人信服。

著名学术理论家和哲学家卡尔·波普尔（Sir Karl Raimund Popper，1902—1994）喜欢用黑天鹅效应的例子说明证伪的重要性。在 18 世纪欧洲人在到达澳大利亚以前，并不知道世界上有黑天鹅，因此有"所有的天鹅都是白色的"一说。但是这个说法留下了证伪的可能性，因为只要找到一只黑色天鹅就能证伪，虽然这个观测在很长时间里并没有发生。波普尔认为，即使你看到的天鹅都是白色的，但是如果你是坚持科学的人，就不应该信誓旦旦地得出"所有的天鹅皆为白色"的结论。所有的科学结论都应该在理论上有被证伪的方法，才有可能导致人类科技的进步。波普尔在他重要的著作《客观的知识》[7]一书中，用这样一个模式来描述科学知识的积累过程：

7
Popper, Karl
(1972) Objective
Knowledge. An
Evolutionary
Approach, Oxford
at theClarendon
Press.

- 从发现问题一，

- 到提出假说尝试解决（tentative solution），

- 通过证伪来消除错误（error elimination），

- 最后，产生新的问题二，如此循环反复。

随着问题的深入，尝试解决问题的理论正确性也就越来越高。科学知识的积累不仅仅是数量上的增长，而更应该是新理论代替旧理论的质变。这个过程可以概括为下面这个简单而著名的公式：

$$P-TS-EE-T$$

因此，科学不仅要找到正确的结论，而且得到这个结论的过程必须遵循科学的方法。退回到 20 年前，中国很多科技工作者虽然工作非常出色，但是他们的论文很难被世界一流期刊录用，很多人在被退稿之后把工作做得更出色，再次投稿结果还是一样，原因就是论文不合规范，没有按照做科研的规矩来。从十几年前开始，我每年要审一些杂志和会议的投稿。在十几年前，我看到的一些来自中国的论文普遍存在这样一个问题：在介绍自己的观点之前没有对比前人的结论（就是我们所说的基准），而对自己的结论也未做足够的验证（证实），另外喜欢说一些与实验无关的大话和空话，拔高自己的成果。要知道科学不是没有缺陷的，但是却容不得那些没有经过验证、宗教式的教条，比如那种"包治百病毫无毒副作用"的说法，或者"根据某某哲学原理"得出的自然科学的结论。

在过去的三十多年里，中国的经济和科技水平有了突飞猛进的进步。但是，中国学者不仅尚未获得各种诺贝尔科学奖，甚至在《科学》(*Science*) 和《自然》(*Nature*) 这两种期刊上发表的论文都很少。近几年虽然发表的论文多了一些，但是大部分都是由所谓的"海归"领导的课题组发表的。这里面原因很多，最主要的原因是过去没有按照规矩来做研究，这等于将自己排除在主流的科学群体之外了。

与科学对应的是非科学，比如文学、音乐和宗教。世界上的非科学非常多，尤其是宗教，但是它们并不可怕，因为没有人把它们当作科学。可怕的倒是貌似科学的伪科学。什么是伪科学呢？伪科学是指那些宣称为科学，或描述方式看起来像科学，但实际上并不符合科学方法基本要求的知识、方法论或者经验。伪科学除了禁不住科学的检验，常常还具有如下特征。

1. 没有实验根据的断言，比如我们经常听到的药品广告动不动就"绝无毒副作用"。（证明有毒副作用是容易的，证明没有毒副作用是非常难的，不能因为现在没有发现毒副作用就证明它不存在，因为这在逻辑上是站不住脚的。）

2. 证据和结论之间不符合逻辑。比如有一个小国，经济非常落后，老百姓吃不饱饭，要靠邻国的援助才能勉强度日，但是它却宣称自己的制度比其他国家更优越。显然，所有客观证据都是不利于这个结论的。

3. 不能根据其理论设计具有可证伪性的实验，或者所依赖的实验不具备可重复性。比如韩国汉城大学教授黄禹锡在干细胞的研究方面发表了很多具有突破性成就的论文，但是其他学者无法重复他的实验结果，2005 年他被揭发伪造数据[8]，后来他被判刑 18 个月，缓刑两年。另外，美国一些伪科学家做的所谓证明灵魂存在的实验，都是不可重复的。

4. 以偏概全，存在多种可能的解释时，只选取对自己有利的那种。现在这种事情也时有发生，比如一些研究人员做了 100 组实验，挑选出 10 组支持其结论的数据发表。

8

外界认为黄禹锡可能还是有一定水平的，但是他在复制干细胞上的一系列论文系伪造。另外，他克隆狗的实验，使用了 3000 多个受精卵，只有三个形成胚胎，最后有一个成活，外界也无法复制他的实验。

在生活中，并非任何事情都需要冠以科学的名义。一个牧师或者禅师承认自己是神学家，并不会因此而被人瞧不起，他们的言论也不会因此而被人忽视，也不会有人说他们是伪科学家。但是，如果一个人标榜自己和科研规范一致，同时又明确地违背了这些规范，那就会被称作伪科学家了。伪科学家常常使用这样一些手法。

1. 提出模棱两可的命题"既要……，又要……"。这在科学上常常是废话。

2. 没有操作流程的明确定义来说明证据是如何取得的，他们的实验无法重复。

3. 没有适当的控制对照组，比如很多被退回的论文投稿都是如此。

4. 没有适当的限定条件，放之四海而皆准的理论。大多数科学理论都有着非常明确的限定条件。在一定条件下，科学理论预言某些现象是否会发生。

5. 只依赖正面支持而不接受挑战。使用"尚未被证明是错误的命题就一定是正确的"这种错误的逻辑。

6. 以偏概全。依赖个案，或者选择性地使用试验结果，只选择有利证据而故意省略不利的证据。

7. 以批评方不能拿出证伪的证据来反驳，指摘批评方的论点错误。在科学界，提出理论的人有举证责任，而不需要批评方来举证。

8. 使用误导性的语言让非专业人士相信其科学性。比如纯天然药物、秘方等字眼。

伪科学家们一般都缺乏开放性，逃避同行评议，甚至表现为学霸作风，压制不同看法，视批评者为敌人，攻击批评者的动机或人格。在很多重大项目的论证中，这种学霸屡见不鲜，他们在行为上其实已经是伪科学家了。而在社会生活中，我们时常会看到争论的双方不是以科学的依据，而是动用公众和媒体的力量来进行辩论，这些都不是科学的做法。

伪科学家在过去和今天都有，他们并不局限于江湖骗子，有些还有很光鲜的学术头衔。前苏联的李森科就是这样的伪科学家。他生前的职务有乌克兰科学院院士、全苏列宁农业科学院院士、敖德萨植物遗传育种研究所所长。从这些头衔来看，他似乎是一位杰出的科学家，但是他的所作所为并非如此。他在学术上坚持生物的获得性遗传，这一点毫无根据，同时否定孟德尔的基因遗传学。他之所以能得到这样的头衔和位置，全靠斯大林的支持。可怕的是他使用政治迫害的手段打击学术上的反对者，让自己的学说成了苏联生物遗传学的主流。他声称孟德尔－摩尔根遗传学是"反动的"、"唯心主义的"和"资产阶级的"。苏联有良知的科学家几次试图反对李森科，都被以政治手段打击，或被流放，或被处刑，使得苏联的生物遗传学落后世界至少两代人时间。遗憾的是，在 20 世纪 50 年代，中国的生物学界由于受前苏联的影响，一度也以李森科的理论作为遗传学的正确理论。

前苏联是个奇葩辈出的国家，20 世纪 40 年代，前苏联的勒柏辛斯卡娅宣布她创立了"新细胞学说"，批评德国魏尔肖（R. C. Virchow，1821—1902）的学说是"伪科学的"。她研究鲟鱼的卵细胞发育过程，声称它们在发育过程中经历过无细胞核的阶段，而无核的卵细胞会发展成为有核的卵细胞（荒谬至极），并于 1945 年出版了《细胞起源于生活物质以及生活物质在有机体中的作用》一书，总结了她的一系列"新发现"，宣告"新细胞学说的诞生"，试图证明以往细胞学说的不科学。

勒柏辛斯卡娅的新细胞学说一问世，便受到学术界和科学界的强烈反对，前苏联许多生物学家分别或联名撰文，批评勒柏辛斯卡娅的工作，指出其工作是不科学的。但是，前苏联的科研机关利用行政手段进行干预，强迫这些科学家放弃自己的学术见解，"一致"赞同勒柏辛斯卡娅的理论和实验是重大的科学成就，还"一致"认为社会主义国家不应该有魏尔肖细胞学说的存在。1950 年，前苏联科学院主席团和苏联医学科学院主席团作出联合决定，宣布勒柏辛斯卡娅的工作是"伟大的成就"，并号召生物学家和医学家沿着勒柏辛斯卡娅的研究方向前进。苏联部长会议也做出决定，授予勒柏辛斯卡娅斯大林奖一等奖。曾批评过"新细胞学说"的科学家被迫纷纷作出检讨。但是，政治代替不了科学。"新细胞学说"自始至终没有得到实验的证实，是名副其实的伪科学，成为生物学史上的笑柄。

科学更看重的是过程，而不是结论。在科学上，偶然正确的结论，比必然错误的结论更可怕。从后者，人们可以搞清楚错误的原因，并且在今后改进或者完善，而前者对科学的发展并没有帮助。因此，真正的科学家之间的争论，不是争论谁对谁错，而是要给出一种验证的方法，使得任何人都能按照这种方法，得出同样的结论。

结束语

要了解西方为什么近代以来在科学上一直领先，要了解为什么中国 GDP 已经是世界第二，却还没有一个科技诺贝尔奖获得者（从诺贝尔奖设立以来，世界上还没有另一个 GDP 排在前三名的国家长期不拥有诺贝尔奖科技获得者），一个重要原因就在于是否遵循科学的方法。科学的方法在近代文明中起了巨大的作用，而这一点恰恰是我们过去忽略的。一旦急功近利，人们就很容易盲从一个正确的结论而忽视得到这个结论的方法和过程。从伽利略到我们这章讲到的焦耳，这之间的全部物理学发现，今天我国的大学生恐怕用不了一年就能全部掌握。但是，大部分人却无法取得他们那样的成就，这里面的原因是多方面的，其中一个重要原因，就是未必每个人都掌握了从笛卡尔到今天许多世界级科学大师所倡导和遵循的科学方法，并且坚持按照这种方法做事。在过去的两百多年里，世界的科技水平有了突飞猛进的发展，这和遵循科学的方法有着莫大的关系。

英国学者波普尔将科学的方法概括为：从发现问题入手，到提出假说尝试解决，通过证伪来消除错误，最后产生新的问题。而在这个过程中，常常被忽视的是证伪的环境，正是这个环节保证了科学的发展。

附录　法兰西科学院简介

法兰西科学院（又称为法国科学院）是在路易十四的财政部长让－巴蒂斯特·科尔伯特（Jean-Baptiste Colbert，1619—1683）建议下成立的。他从 1666 年起，召集法国的一些著名学者每两周一次在国王的图书馆里聚会，因此开始时并不是很正规。科学院从一开始就坚持是一个非政治化的纯学术团体。1699 年，路易十四亲自制订了科学院的规章，从此它正式起名为皇家科学院，地点设在卢浮宫。在此之后，法兰西皇家科学院发展成为可以和英国皇家学会相匹敌的欧洲学术团体。

图 12.12　科尔伯特向路易十四介绍科学院院士（收藏于凡尔赛宫）

在法国大革命中，国民大会（相当于议会）于 1793 年废除了科学院，包括拉瓦锡等人在内的很多杰出科学家遇害或者自杀。

1794 年，雅各宾派在热月政变中下台，1795 年，法兰西科学院得以恢复，大部分院士通过选举重新当选。根据法兰西科学院的章程，院士不一定要是科学家，比如 1798 年，当时还是将军的拿破仑入选法兰西科学院，并且三年后，因为兼任考察埃及的学者团团长，而当选科学院主席。

法兰西科学院和英国皇家学会有较大差别，前者有很多实体研究机构，并且在国家科学发展上拥有更大的权力，比如它同时制订法国的专利法，下属有各种委员会，比如拉瓦锡所在的度量衡委员会。

由于法兰西科学院严格限制院士人数（今天为 150 名院士，300 名通信会员和 120 名外籍院士），它成为了世界各大国科学院中最难当选院士的一个，没有名额空缺，就算诺贝尔奖获得者也补不进去。居里夫人就这样两次和法兰西科学院院士的头衔失之交臂。

参考文献

1.　卡尔·波普尔. 客观的知识: 一个进化论的研究. 舒炜光，译. 中国美术学院出版社，2003.

2　卡尔·波普尔. 科学发现的逻辑. 查汝强，邱仁宗，万木春，译. 中国美术学院出版社，2008.

3　Arthur Greenberg. 从炼金术到化学（*From Alchemy to Chemistry in Picture and Story*）. Wiley InterScience，2007.

4　笛卡尔. 谈谈方法. 王太庆，译. 商务印书馆，2000.

第十三章　缩短的距离

交通和通信的进步

交通和通信的重要性可以从一场战争说起。1870—1871 年，一场战争改变了欧洲的格局，即当时刚刚崛起的普鲁士和欧洲最大的国家法国之间的普法战争。在将近一年的战争中，普鲁士军队在名将老毛奇（Helmuth Karl von Moltke，1800—1891）的指挥下大获全胜。普法战争的起因、过程和结果在历史书上都有详细的描述。而至于为什么是普鲁士获胜，这成为了后来军事专家研究的课题。一般的结论不外乎普鲁士军队组织严密，毛奇指挥得当，等等。不过毛奇早就给出了答案，他在自己的军事论著中提出了一种全新的、影响至今的作战指导思想，即被后人称为"毛奇式的外线战略"的战略战术。而运用这种指导思想的前提，却是看似跟军事并无太大关系的两项发明——铁路和电报。至于什么是外线战略，我们后面再讲，现在先来看看铁路和电报的发明。

第一节　史蒂芬森和铁路

铁路是现今载客量最大的交通工具。虽然飞机的速度更快，但是要解决中国每年的春运问题，还得靠铁路。铁路和火车的发明，则要感谢英国自学成才的技师乔治·史蒂芬森（George Stephenson，1781—1848）和他的儿子罗伯特·史蒂芬森（Robert Stephenson，1803—1859）。

图 13.1 铁路之父乔治·史蒂芬森

对英国来讲，1781 年是个不幸的年份，这一年它失去了北美殖民地。不过上帝常常是公平的，就在这一年，瓦特改良的蒸汽机已经开始在煤矿和工厂普及，伦敦已经成为了一个百万人口的大都市，英国的工业革命正在蓬勃开展。对世界来讲，这是幸运的一年，因为伟大的发明家乔治·史蒂芬森诞生了。

与很多伟大的发明家比如瓦特、爱迪生和富兰克林一样，史蒂芬森也是出生于穷苦人家。要是赶上拼爹的国度和年代，他们可能碌碌一生，幸好他们生在了一个相对公平的社会。十几岁时，史蒂芬森就在煤矿里当童工，但是他聪明好学，后来成为了一名机械工，不过直到 18 岁，他还不太识字。史蒂芬森知道，当个文盲，一辈子不会有出路，于是自掏腰包，拿出约 3% 的工资去上夜校，每周三次，从不间断。到 19 岁，他才会写自己的名字，到 21 岁，他可以阅读并书写简单的书信了。按时下中国流行的网络用语，史蒂芬森可能是屌丝，他的恋爱和婚姻也一直不顺利，不过在 21 岁这一年，一个大他 12 岁的乡村女仆终于同意嫁给他了。和别人不同的是，史蒂芬森很勤奋而有恒心，当那些蓝领工人在工作之余喝酒取乐时，他在研究机械和读书做作业。

史蒂芬森年轻时，没有过上一天好日子，他的太太在为他生下一个儿子后，便去世了。他不得不将幼儿交给妹妹带管，不久他的父亲（也是名技工）也因工伤双目失明，要靠他照养。不过靠着自己的努力，史蒂芬森在 31 岁那年还是当上了矿上的技师。他终于有钱将自己的儿子送入学校，并跟儿子一起学习。他的儿子罗伯特和他一样喜欢研究东西，十几岁时，罗伯特读了富兰克林做雷电实验的故事，自己也做起雷电的实验，差点把家里的房子给烧了。

史蒂芬森的第一项重大发明并不是火车，而是矿上使用的安全灯。不过，当时英国一位著名的科学家汉弗莱·戴维爵士（Sir Humphry Davy, 1st Baronet，1778—1829）也几乎同时独立地发明了安全灯。这引发了长达几十年的发明权之争。史蒂芬森是个普通的技师，而戴维是当时著名的科学家、英国皇家学会会长，地位显赫。这次争议对史蒂芬森很不利。好在矿主们都支持他，这件事最后不了了之。不过史蒂芬森并不在意，因为他的注意力都集中在火车上。

应该讲，火车的三个要素——车轨、车轮和动力，没有一项是史蒂芬森发明的。马拉的木质矿车在木轨上行驶，早在16世纪就有了。在史蒂芬森的时代，煤矿已经用固定的蒸汽机为动力，用一根长长的绳索拉着载满矿物的货车在木轨上行驶。英国工程师特里维西克（Richard Trevithick，1771—1833）在史蒂芬森之前就将蒸汽机装在机车上，组成可以移动的火车头，但是他至死也没有能制造出真正的火车。史蒂芬森应该是听说过特里维西克的发明，而同时期提出类似发明的还不止他们两人。不过，史蒂芬森是制造出人类可以靠机器的动力让一种交通工具自行行驶的第一人，他和同伴们一起解决了铁轨的问题，并且将蒸汽机作为动力源做成了火车头的一部分。

在发明火车之后不久，在商人爱德华·皮斯（Edward Pease，1767—1858）的帮助下，史蒂芬森和罗伯特开始修建世界上第一条铁路——达灵顿铁路。为了制造机车，他们父子二人在一些工厂主和银行家的帮助下，成立了以他儿子的名字命名的"罗伯特·史蒂芬森公司"，并且制造出四个火车头——运动号、希望号、勤奋号和黑

图13.2 乔治·史蒂芬森和他最早设计的火车

钻石号。1825 年铁路铺设完毕，火车也造好了。9 月 27 日这天，史蒂芬森亲自驾驶着运动号，拖动着三十多节车厢，装载三百多名乘客以及几十吨的煤和面粉，从达灵顿往几十公里外的斯托克顿驶去，中间遇到一个骑马打猎的绅士，绅士试图和火车赛跑，结果输掉了。这是人类历史上第一次获得比马更快的速度。在铁路沿线挤满了围观的人，很多人爬上火车，结果到达斯托克顿时，车上居然挤满了六百多名乘客，整列火车的载重超过了 90 吨，在人类历史上，还从未有过运载能力这么大的陆上交通工具。

在达灵顿和斯托克顿之间修建铁路，目的是将煤从煤矿运到运河渡口，对经济的影响还不算太大。当时，从英国最大的工业城市曼彻斯特到港口城市利物浦之间的货流量非常大，运输是个大问题。这两个城市之间有运河连接，但是水运速度比较慢。在铁路发明后，火车运输就成了最好的选择，修建曼彻斯特到利物浦之间铁路最早的设想在 1823 年就开始了。这条铁路本来由史蒂芬森的朋友威廉·詹姆斯（William James，1771—1837）勘探设计，但是很快他就破产了，任务便留给了史蒂芬森。史蒂芬森是个出色的工程师，但是数学基础薄弱，平时各种计算问题都是由他的儿子罗伯特代劳，可偏偏这时罗伯特去了南美洲，因此史蒂芬森第一次提出的方案里错误非常多，在议会的多次讨论中，很多关于道路工程的问题他也答不上来。加上利物浦一些民众对这种冒烟的蒸汽机头颇为反感，向国会递交请愿书，经过几十次听证会，修建铁路的方案在 1825 年最终还是被驳回了。史蒂芬森此时遇到了他事业中最大的一次挫折，并被董事会解职。后来这条铁路的方案还是被批准了，但是工程交给了别人。不过，由于接手的工程师开出的条件让董事会无法接受，而同时史蒂芬森负责修建的达灵顿铁路顺利通车了，于是董事会又把他请回来做工程师。事实证明董事会的决定很明智，史蒂芬森非常尽职，每天早上五点钟就出门工作，很晚才回家。两年后的 1827 年，罗伯特终于回到了英国，史蒂芬森这下子如虎添翼，再也不必为工程上的计算问题而发愁了。

在接下来的三年里，这父子二人每天披星戴月，整天泡在铁路工地上。1830 年，他们建成了人类第一条连接两个大城市的铁路——曼彻斯特到利物浦的铁路。在铁路开通的那一天，当时英国的首相、在滑铁卢打败拿破仑的惠灵顿公爵亲临这次历史性的典礼。典礼成了火车的游行，史蒂芬森驾驶着诺森伯兰号（Northumbrian）行驶在最前面，他的儿子罗伯特驾驶着凤凰号也在火车的行列中。此后，史蒂芬森声名鹊起，享誉欧洲，他们父子二人为欧洲建设了很多条铁路。

很有意思的是，英国（乃至欧洲）铁路的普及和一位投机者有很大的关系。这就是当年英国的首富乔治·赫德森（George Hudson，1800—1871）。赫德森出身于一个自耕农家庭（牛顿也是出身于自耕农家庭），家里人口众多（他是家里第五个孩子），他的父母连养活他都不容易，更谈不上给他什么良好的教育。不过因为家里穷，没有钱，他从小就善于算计，有小聪明，爱投机。6岁时，他母亲过世，8岁时他父亲也过世了，他不得不自谋生路。15岁他成了布店的伙计，由于会做生意，被老板看中，招为女婿，这样就有了事业的第一桶金。还有一种说法是，赫德森有个有钱的远房亲戚，在重病时得到赫德森照顾，并且由赫德森给送的终，那个亲戚给了他一笔不小的遗产——三万英镑（当时史蒂芬森的工资不过一年800英镑）。在三十多岁时，他投机和往上爬的本事益发显露了出来，他曾经帮助议员竞选，并且成为一名活跃的托利党（今天保守党的前身）人。当时人们都在谈论铁路，赫德森敏锐地看到了铁路未来大有前途，便跻身这个行当，成为铁路建设的积极分子。赫德森通过一次偶然的机会见到了铁路之父史蒂芬森，两个乔治谈得非常投机，史蒂芬森为赫德森的雄心和热情所打动。赫德森需要史蒂芬森的名气，而史蒂芬森的事业需要赫德森这样一个精力充沛、活动能力强的人在台前张罗，两个人无意间已经结成了生意上的伙伴。

图13.3 英国铁路大王赫德森

借助史蒂芬森的名气，赫德森很快融到了 30 万英镑的资金，并开始修建从他所在的约克城到英国中北部的铁路。接着他又融到更多资金，开始接管其他公司的铁路，并建设新的铁路。他融资的方法很简单，就是用新债付旧债的利息，由于他红利给得多，筹钱从来不是问题，大家都说赫德森有本事。当时英国的审计并不严格，很长时间里大家居然没有对他这种庞氏骗局产生怀疑。到了 19 世纪 40 年代，人到中年的赫德森已经是英国的铁路大王了。随着一条条铁路的开通，赫德森的野心也越来越大，他试图控制整个英国的铁路系统。每一次在公共场合，他总是把史蒂芬森抬出来，大谈他们的友谊，这样大家对他就更加坚信不疑。在赫德森的鼓动下，全英国都为铁路而痴狂，一方面，赫德森居然为还没运营的铁路派红利（不知红利从何而来），另一方面，民众为赫德森连细节都还没有公布的铁路大胆地投资。有十三条还不知道建在哪里的铁路，赫德森却筹到了 250 万英镑的资金，这是当年利物浦和曼彻斯特铁路预算的四倍。到后来，史蒂芬森看出赫德森的做法有问题了，不论赫德森再怎么恳求，也不愿意继续跟他合作。

1845 年，赫德森的名望和财富达到顶点，他当选为英国下议员，并购置了大量田产和豪宅。他为自己的家建了火车站和三公里长的专线。历史上有私人飞机的富豪很多，但是有私人机场的似乎不多。赫德森就属于那种有私人机场的土豪。英国的铁路热随着赫德森的发迹进入了高潮，1844年，英国批准修建 800 公里铁路，第二年又批准了 2800 公里，第三年再次新增 4600 公里。英国从南到北不过 1000 多公里，东西方向最窄的地方还不到 200 公里。这么多铁路，修建起来密度高得惊人，显然很多都是重复建设。

当时全英国从上到下，无论身份多么显贵，或者多么有学识和文化，都免不了被卷进铁路热潮中，在这些追风的人中，我们可以找到一大堆知名的人物：惠灵顿公爵、著名作家勃朗特姐妹、威廉·萨克雷[1]，等等。赫德森圈了钱，一部分用于修铁路，一部分用于派发红利，余下的就进入了自己的腰包。他在伦敦最好的地段买下了豪宅，一心要挤进贵族圈。不过他

1
《名利场》的作者。

和家人经常沦为上流社会的笑柄，由于不会说法语，这对暴发户夫妻常常闹笑话。靠着玩庞氏骗局获得的巨额财富，赫德森在英国上下还结交了很多的支持者，包括前首相惠灵顿公爵，连维多利亚女王也接见过他。

不过庞氏骗局越到后来，维持起来就越困难，因为金字塔的底座太大。到了 1846 年，全英国投资到铁路上的钱抵得上英国的出口额（当时英国是世界上最大的贸易出口国），比英国政府的税收要高得多。铁路的投资侵占了其他工业、教育、卫生等各项事业的资金，很多人开始抨击这种做法了，比如当时的《泰晤士报》就对这种后果提出警告。而包括史蒂芬森在内的利物浦铁路集团出于竞争的目的，也开始抨击赫德森。到了 1846 年，面对反对者的抨击，赫德森只能继续采取作假和派发红利的方式掩饰自己的亏损。不过，到了 1848 年，整个英国也支持不住了，击鼓传花的游戏终于结束了，赫德森建立的铁路王国轰然倒塌。他被查出贪污了 60 万英镑（相当于今天的四亿美元左右），在公司破产后自己负债累累逃到法国避债。不过，说句公道话，正是因为赫德森制造的泡沫，英国的铁路才在短短 20 年时间里全部建成。

在英国铁路普及的同时，美国的铁路建设也开始起步了。美国第一条真正具有商业意义的铁路是从五大湖区的俄亥俄通往巴尔的摩出海口的巴尔的摩－俄亥俄铁路，它横跨马里兰、西弗吉尼亚和俄亥俄三州及华盛顿特区。这其实不只是一条铁路，而是一个完整的铁路系统，铁路总长近万公里。这条铁路从 19 世纪 20 年代开始修建，主要投资人是约翰·霍普金斯（Johns Hopkins，1795—1873）。铁路于 1828 年破土动工，1830 年开通运营了第一段（距离很短），1831 年开通了大约 100 公里。工程量巨大，铁路的进展缓慢，到了 1835 年才连通到华盛顿，1853 年才修到马里兰和俄亥俄之间的西弗吉尼亚州，这时铁路开工已经 25 年了。就在铁路快完成时，美国爆发了内战，工期再次拖延，直到 19 世纪 70 年代，铁路的干线和各条支线才全部修好。巴尔的摩－俄亥俄铁路建成后，五大湖工业区和大西洋连接在了一起，大大促进了美国工业的发展。在此期间，美国也开始了铁路热，很多新的铁路开工了。到了 1850 年，美国铁路总长达到一万六千公里，已经超过了英国。10 年后美国南北战争期间，铁路总长接近五万公里。

铁路不仅带动了整个经济发展，也改变了人们的生活节奏。在 1829 年，美国总统安德鲁·杰克逊（就是 20 美元钞票上的那位），从田纳西州到华盛顿上任，路上马车足足走了一个月时间（此前的总统大多数来自临近华盛顿市的弗吉尼亚州），而铁路一开通，走这段路只需要三天时间。铁路的出现不仅缩短人与人之间的距离，也促进了人口的流动。在有铁路之前，两个城市之间的交通工具就是公共马车，一周最多跑两三次，运送几十个人；而在有了铁路之后，旅行的人数增加了几十倍，每周来往于两个城市之间的人数可达上千人。

铁路对于货运的作用甚至超过了客运。在铁路出现之前，美国由于地广人稀，各地的市场规模都很小，很多工业品还是靠手工制作。但是，铁路开通后，在工业领域实现大规模生产成为了可能，工业品成本大幅度下降，这导致了后来美国出现了很多超大型的企业集团。铁路还直接催生了美国第一代重工业企业，它们主要集中在钢轨、机车和车厢的制造以及煤炭的开采上。由于铁路使得运费降低了好几倍，南方便宜的农产品被运到了北方，导致整个新英格兰地区（高纬度而气候寒冷）农业的消失。这样，美国（以农业为主的）南方和（以工业为主的）北方的经济结构差异就变得更加明显，这种差异一直延续至今。

在南北战争之后，美国迎来了西部的大开发和工业革命，加利福尼亚州联合铁路和中央铁路的建成第一次形成了贯穿东西海岸的铁路网。在建设加州铁路的过程中，华人劳工起到了关键的作用，并且牺牲了大量的生命。夏衍在《包身工》里引用美国作家梭罗（Henry David Thoreau，1817—1862）的话，讲美国铁路的每一根枕木之下都有一个爱尔兰劳工的冤魂，其实华工们也付出了同样的生命代价。当然，付出生命的还有来自世界其他国家的大量劳工，而在这些劳工的血汗基础上，美国实现了近代的文明，也成就了加州铁路大王老利兰德·斯坦福（Leland Stanford Sr.，

1824—1893）的英名和财富。今天，在美国中央铁路图片博物馆中，保留着大量的华工修建铁路的照片，反映了华工对这条东西贯穿全美国铁路的重大贡献。有兴趣的读者可以到他们的网站 ² 上去观看。

2
http://t.cn/8sDATzP

在 19 世纪，美国诸多铁路系统并不统一，各自独立经营，其中最著名的是连接五大湖地区到纽约的伊利铁路。它一度是美国最大的铁路网，不仅连接了美国主要的工业区，成为货运的干线，而且帮助纽约成为美国最大的贸易中心。在此之前，纽约、费城和巴尔的摩几乎是在平行发展。伊利铁路之所以出名，还因为它在金融史上有一段传奇故事，美国运输业巨头范德比尔特（Cornelius Vanderbilt，1794—1877）以及华尔街历史上两个最大的投机商古尔德（Jay Gould，1836—1892）和菲斯克（James Fisk，1835—1872）在伊利铁路股票控制权上展开的一场你死我活的争斗。范德比尔特被后世称为铁路大王，但是和英国的铁路大王赫德森不同，范德比尔特没有修过一条铁路，不过他通过收购股份控制了美国众多的铁路网。

直到 19 世纪末，美国的铁路网还非常混乱，重复建设相当严重。以美国东部为例，巴尔的摩—俄亥俄铁路，伊利铁路和宾夕法尼亚铁路基本上是重复的（如图 13.4，第一张是巴尔的摩—俄亥俄铁路系统，下面的是宾夕法尼亚铁路系统）。

历史总是惊人地相似，虽然在英国铁路热潮中伴随着造假和过度投资，但美国并未接受英国的教训，在全国铁路化的进程中，依然重复了英国的铁路热，并且也因为过度投资而导致出现股市危机。互不相连的铁路网为了订单胡乱杀价，恶性竞争。在范德比尔特之后，将它们真正整合到一

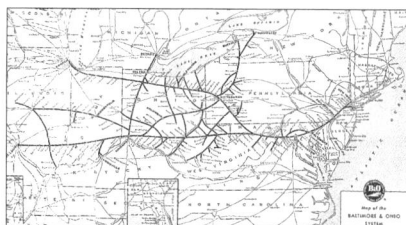

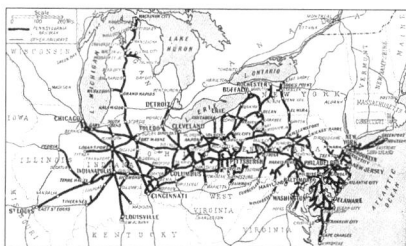

图 13.4 巴尔的摩—俄亥俄铁路（上）和宾夕法尼亚铁路（下）对比图

起的是著名金融家 J.P. 摩根（J.P. Morgan，1837—1913）。他先后买下了美国东部主要的铁路网，对这些铁路公司进行重组，并且制止了很多铁路的重复建设。

英美两国过度投资铁路的历史，到了 20 世纪和 21 世纪还在亚洲继续上演。1955 年，日本国铁（JR）的总经理（相当于中国的铁道部长）十河信二（1884—1981）在他 71 岁高龄时，要完成一件前人不敢想象的大事，他提出将东京到大阪的客运时间从原来的 8 小时降低到 3 小时。新干线应运而生。

由于建设工期长，预算庞大，十河信二知道新干线肯定得不到国会的批准。为了骗取国会的支持，他不惜做假账，把新干线的实际预算 3800 亿日元（大致相当于当时的 10 亿美元）改为 1972 亿日元，并声称有办法从世界银行那里拿到贷款。为了瞒天过海，他宣传说新兴建的铁路时速只有 200 公里，只是对原有铁路进行改造，这样才使得新干线提案获得通过，并获得世界银行 8000 万美元的贷款。但是工程只进行到一半，钱就花完了，十河信二不得不要求追加预算，并拿之前的贷款做要挟，如不追加预算完成铁路建设，连世界银行的钱都还不上。日本政府不得不将新干线的投资追加了一倍，以完成工程，同时解除了十河信二的职务。1964 年 10 月 1 日，新干线顺利通车，十河信二却只能在家里看电视转播。但是新干线对日本经济和社会发展的诸多好处，若干年后人们才逐渐体会到，好在十河信二非常长寿，他活到了 97 岁，看到了这一天。

到了半个世纪后，中国再次上演英国和日本的铁路热，而主管人员圈钱修铁路的方法甚至都惊人的相似，都少不了瞒天过海和做假帐。中国铁道部部长刘志军以修建客运专线为名完成了大量的高铁建设，然后虚报预算，和十河信二几乎如出一辙。从赫德森到十河信二，他们或许如亚当·斯密所说，原本有很多个人目的的考虑，但是他们被一只看不见的手牵引着，加快了铁路的发展。当然，这些进步需要有人来为贪污和浪费买单。

铁路使得人类曾经梦想的日行千里成为了可能，相对距离大大缩短，社会从此开始走向一体化。当然，铁路的作用还不止于此，就在英国铁路热刚刚兴起时，一个德国人从国家安全上看到了它的重要性。这个我们在第三节会详细介绍。

在结束本节之前，有必要提一下因为铁路而诞生的三所美国名牌大学——约翰·霍普金斯大学、斯坦福大学和范德比尔特大学。我们前面讲到这三个人都是铁路大王，霍普金斯和斯坦福都没有子嗣，前者终身未婚，后者唯一的儿子在欧洲求学时不幸病逝，他们捐出自己全部的财富，成立了以自己名字命名的大学，这两笔钱在他们的时代先后是美国历史上最大的慈善捐助。这两个人现在仍广为人知，很大程度上是靠这两所世界级的大学。而范德比尔特家族巨大的财富也来自于铁路，他们拿出一部分钱建立了范德比尔特大学。今天其家族的财富已经烟消云散了，但是以他们家族命名的大学却出了两名诺贝尔奖获得者，为人称道。

第二节 莫尔斯和电报

铁路缩短了人与人之间物理的距离，而电报则缩短了人们之间通信的距离。

在人类几千年的文明史上，信息的快速传递一直是个大问题。直到 19 世纪初，快马和信鸽还是最快的传递方式。中国古代还采用过烽火台传递消息，当边境有外敌入侵时，守军点燃高处的烽火台，远处另一个烽火台的守军看到后，点燃自己的烽火台继续传递该消息。到了 19 世纪初，法国人发明了一种"电动"的烽火台，它通过高台上灯的闪烁或者信号灯手臂的不同姿势，将信息传到下一站，然后下一站再将信息传到其他各站，直到目的地。法国人在 19 世纪初的半岛战争中采用过这种"电动烽火台"传递信息。但是这样只能传递很简单、很少量的信息，而且不可能投入民用。

不过到了 19 世纪中叶，一项重大的发明彻底改变了这个现状，而发明人是一位精通电学和数学的画家——塞缪尔·莫尔斯（Samuel Finley Breese

Morse，1791—1872）。

莫尔斯毕业于耶鲁大学，所学也不是绘画，不过他离开耶鲁之后，在英国学习了三年绘画，在那里，他获准进入皇家学会，看到了很多米开朗基罗和拉斐尔的真迹。回到美国后，他成了一位职业画家，给很多名人（包括美国第二任总统约翰·亚当斯）画过肖像画，即使在他发明了电报之后，他还是继续作画卖画。

1825 年，莫尔斯接了个大合同，纽约市出 1000 美元请他给美国的大恩人拉法耶特侯爵（Gilbert du Motier, marquis de Lafayette，1757—1834）[3]画一幅像。当时的 1000 美元可相当于现在的 70 万美元，不是一笔小钱，莫尔斯于是就离开了纽黑文的家到纽约去作画，然后又去了首都华盛顿。在华盛顿时，他收到了父亲的一封来信，说他的妻子病了，莫尔斯马上放下手上的工作，赶回到五百公里外的纽黑文。但是等他赶到家时，他的妻子已经下葬了。这件事对他的打击非常大，他从此开始研究快速通信的方法。

那时候，电磁学开始兴起。电学基础扎实的莫尔斯遇到一位电磁学学者查尔斯·杰克逊（Charles Jefferson Jackson，1805—1860），并且从后者的各种电学实验中得到启发，他决定研制一种用电来传输信息的装置。要做到这一点，莫尔斯得解决两个关键问题。首先是如何将信息或文字变成电信号，其次是如何将电信号传到远处。

第一个问题的解决办法就是对信息（具体说是字母和数字）进行编码。莫尔斯用"滴"（点）和"答"（线）的组合将英文 26 个字母和 10 个数字表示出来（见图 13.5）。"滴"就是开关的短暂接触，"答"就是开关的长时间（至少是滴的三倍时间）接触。如果将这两个操作分别对应成二进制的 0 和 1，那么莫尔斯电码实际上就是将英语文本转换成二进制编码的方法。比如 A 对应"01"，B 对应"1000"。虽然当时还没有信息论，更没有人从理论上证明，对经常出现的字母用较短的编码，对不常见的字母用较长的编码，可以降低整个编码的长度，但是，莫尔斯还是根据经验得出了这个结论。从上图可以看出，他对于英语中最常出现的两个字母 E 和 T 用了长度仅为 1 的编码，而对不常见的 X、Y 和 Z 等字母，则采用长度为 4 的编码。对于数字，考虑到它们出现的次数应该大致相同，莫尔斯用了等长的编码，长度为 5。这便是著名的莫尔斯电码。

图 13.5　莫尔斯电码对英文字母和数字的编码

第二个问题反而是在莫尔斯电码发明之前解决的。莫尔斯最初的设想是用一根电线将发报装置（开关）和收报装置（电驱动的齿轮机械）联通起来，由一个电池供电。他根据这种设想在 1835 年做出了最早的电磁电报机样机，发报方控制电路的开关，而接收方就会出现有电火花和没有电火花两种信号，但是这个电报装置用起来不是很方便。1838 年，在发明莫尔斯电码后，他同时研制出点线发报机。这个装置颇为巧妙，在当发报人将电路短暂接通后（也就是发出一个"滴"），接收装置上的纸带就往前挪一小格，同时有油墨的滚筒就在纸带上印出一个点，当电路接通较长时间后，接收装置上的纸带就往前挪一大段，同时油墨印出一段较长的线。接收人根据接收纸带上的油墨印迹，对应莫尔斯电码，就可以转译成文字。

莫尔斯的这套电报装置获得了美国专利，这堪称是人类历史上最重要的专利之一，因此该专利说明书被"供"在华盛顿的美国历史博物馆里。

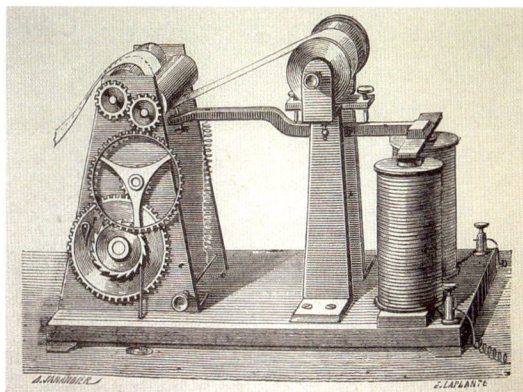

图 13.6　莫尔斯电报的接收装置

几乎在莫尔斯发明电报的同时，英国人库克（William Cooke，1806－1879）和物理学家惠斯通（Charles Wheatstone，1802－1875）也独立发明了电报装置，并且采用多组电池串联的方式，电报的传输距离也更远（21 公里）。库克和惠斯通还实现了历史上第一条电报线，为英国大西方铁路（Great Western Railway）两个车站之间联通了一条电报线作通讯之用，但是他们的发明使用起来并不方便，后来就没有人用了。而相比之下，莫尔斯的设备更便宜，使用简单，维修方便，工作稳定，最终得到了普及，一直沿用至 21 世纪初 [4]。

4
2000 年后，很多国家停止了电报业务。

虽然莫尔斯的时代还没有信息论，但是他已经意识到在通信中提高传输率的重要性。在有线电报系统中，投资最大的是线路，要想降低每一封电报的价格，就必须充分利用"电线"这个信道，在其容量许可范围内尽可能多地传输电报（信息）。最早的电报机完全依赖于人工操作，发报速度很低，即便是最熟练的报务员，每分钟也只能收发 20 组左右的英文单词或者汉字。为了提高线路利用率，莫尔斯发明了一种自动快报机，它包括键盘凿孔机、自动发报机和波纹收报机等设备，这些设备大都是用小型电动机带动的。使用时发方报务员先用键盘凿孔机在凿孔纸条上凿出莫尔斯符号孔，然后把凿好孔的纸条送入自动发报机发报，收方则用波纹收报机收报。由于发报和收报的步骤都用机器代替了人工，效率大幅提升。不过，这种发报机结构复杂，体积笨重，因此只适合在需要大量发送电报的电报站或者邮局之间使用，并不适合野外（军事、勘探等）环境，或我们在影视作品中看到的谍报工作。

电报的发明不仅在通信史上具有划时代的意义，也是人类文明史上的一件大事，从此人类进入了即时通信的时代。但是在电报发明之初，并非所有人都理解它的重大意义。当时的电报是有线电报，需要铺设电线（当时还没有输电线），而且在线路上还要安装和替换电池，因此成本较高，一开始并未得到快速普及。美国第一条城际电报线是从巴尔的摩到首都华盛顿，总长约 64 公里（40 英里），于 1844 年建成。

最早帮助普及电报业务的是新闻记者，因为只有他们才有大量的电报需要发送。1846 年，记者们开始用电报传递新闻，在几分钟里，一篇新闻就传到了几百公里以外。当时有人甚至预测电报业将使报纸变得无用或者变成地方性新闻。但是与他们的预测完全相反，报业最先采用了这项技术，并使地方性报纸变成了全国性乃至世界性的报纸。当时报纸上常常在新闻之前加上"电报报道"几个字，好让读者觉得新闻是最新的。20 多年前我在读报时还经常看到"新华社某年某月某日某时电"的字样。有了电报，一些记者开始深入到第一线采访获取新闻，然后用电报发给报社换钱，也催生了世界各大新闻社。到了 19 世纪 40 年代末（具体时间有争议），纽约的六家报社记者组成了纽约港口新闻社，全部记者来自这六家报社，一旦采访到新闻，除了向自己的报社供稿外，还通过电报向其他城市的报社出售新闻。这就是美联社的前身。

几乎与此同时，德国人保罗·朱利斯·路透（Paul Julius Freiherr von Reuter，1816—1899）在 1848 年开始用信鸽在德国和比利时之间传递股价信息，一年之后，改由电报传送讯息，几年后的 1851 年，路透在英国成立了办事处，他和伦敦证券交易所签下一纸合约，通过海底电报线向英国提供欧洲大陆的股市行情，以换取英国股市的信息。1858 年，路透的电报新闻生意终于渗透到报社，开始为英国最有影响力的《泰晤士报》提供电报新闻。1865 年，路透社由个人控股改成了股份有限公司——路透社电报公司。路透后来加入了英国籍，并将新闻社的总部设在伦敦，这就是为什么路透社今天是一家英国公司 [5]，而不是德国公司的原因。

5
今天它由加拿大的汤普森集团并购后，变为汤普森－路透公司，总部在美国。

到了 1850 年，美国东海岸（大西洋沿岸）的主要城市之间都能互通电报了。但是，西部加利福尼亚州的电报业务那时才刚刚起步，而连通美国更是遥不可及的事情。直到 1860 年，美国国会才授权给美国邮局每年六万美元的经费，用于电报线的建设。而穿越北美大陆的电报，则要等到 1861 年，这时距离莫尔斯发明电报已经过去了 20 多年。但是电报一旦开始普及，它带来的巨大社会效应便逐渐显现出来。以前通过快马邮车将消息从美国东海岸传递到西海岸需要 20 天时间，而通过电报则几乎瞬间便可完成。很快，当时著名的快马邮递公司——小马快递（Pony Express）就因为电报的出现而关门了。美国人画了下面这幅油画，一个穿着红色制服的小马快递员穿过正在架设的电报杆，暗示着两个不同时代技术的冲突。

图 13.7　小马快递员穿过电报杆

电报的普及催生了另一项信息技术的发展，这就是加密技术。在电报出现之前，机密信息的可靠传递，很大程度上要靠传递者的可靠性，这包括他的忠诚和机警。但是电报出现之后，它有可能被敌方在半路截获，因此需要一种密码技术，使得电报的编码只有自己人看得懂，而别人看不懂。

早期"玩"这些密码的都是些业余爱好者，他们大多是出于兴趣，但是对密码学的发展却居功至伟。他们就像中国古代那些给对方出对联游戏的文人一样，互相给对方制造密码的难题，并且试图破解别人的密码。在这些人中，最著名的可能是美国著名侦探小说家爱伦·坡（Allen Poe，1809—1849）。和达·芬奇一样，爱伦·坡喜欢搞一些别人看不懂的秘密。他提出了一个在信息论中非常合理的密码学原理——保密的关键是让不同字母的密码出现的次数相同，虽然他不懂得信息论。不过，将密码学建立在数学基础之上的是英国数学家查尔斯·巴贝奇（Charles Babbage，1791—1871），这位牛顿在剑桥卢卡斯教席的接任者，不仅发明了差分计算机，还将代数演算应用到密码学领域，这奠定了近代密码学的基础。

电报的出现对人们生活的习惯也产生了影响，人们的时间观念开始加强。在 18 世纪以前，除了在战场上和航海中[6]，人们的时间观念并不是很强，因为信息的到来总是有延时，每当遇事时，人们时常会想为什么不再等等呢？等有了确认的消息再说。电报出现后，做决定就不用等了，准确的情报几分钟就从遥远的地方送来了。所有的一切都改变了，包括工业、商业、金融、政府的决策。今天的事情今天做，已经不仅仅是一个好习惯了，在现代生活中也成为必需。更重要的是，电报的出现使得决策可以基于及时准确的信息，从而能做得更好。最终，这也改变了现代战争的指挥和作战方式。

现在，我们可以回过头来仔细讲讲本章开头提到的，铁路和电报在普法战争中起到的作用。

第三节　毛奇的胜利

毛奇被誉为拿破仑之后最优秀的军事家，他不仅指挥普鲁士军队赢得了统一德国的两次大战（普奥战争和普法战争），而且开创了现代的军事思想。（毛奇的侄子也是德国陆军的统帅，后世为了区分，称他为小毛奇。我们这里讲的故事是关于老毛奇的。）毛奇将自己的理论和实践写成了一系列的军事论著，这些书成为当今军校学员必学的内容。新中国开国元帅刘伯承的军事理论就是在前苏联通过学习毛奇等人的军事思想而建立起来的。

毛奇生于 1800 年，那正是欧洲工业革命和拿破仑战争时期，他祖上是个德国的容克[7]，相当于中国历史上的乡绅。但是在大革命时期他们家早已破产，他父亲成为了丹麦的一名军人，他自己也是在哥本哈根受的教育，并且成为丹麦的一名下级军官。不过丹麦是一个弹丸小国，无法实现毛奇的抱负，于是他报考了普鲁士军校，并且成为了一名普鲁士军人。和大部分军人不同的是，他的军旅生涯是从研究军事理论开始的，而不是靠在战场上累积军功。他最早发表的军事论著是《军事测量大纲》，强调地形测绘对军事的影响。1834 年，34 岁的毛奇成了普鲁士在土耳其的军事顾问。当时土耳其和埃及之间爆发了战争，土耳其战败，他也就回到了普鲁

6
在 19 世纪航海时，需要靠准确的计时器来确定经度。

7
容克是德语 Junker 一词的音译，原指无骑士称号的贵族子弟，后泛指普鲁士贵族和大地主。

图 13.8 军事家毛奇

士。换了别人在这样一场外国的战争之后，可能很快就淡忘了这件事而去谋求自己的升迁了，但是毛奇不是一般人，他仔细研究了土耳其失败的原因，还写了一篇长篇论著。毛奇概括出这么几点，首先是缺乏统一的指挥，上下不和，前线的指挥完全依赖司令官；其次是军事动员缓慢，最后才是士兵战斗力差等原因。他这时的思考，促使了他后来形成了工业时代大规模现代战争的战略思想。

和拿破仑这些少年得志的军事家不同的是，毛奇算是大器晚成。他 42 岁那年才当上少校，成为一名中级军官。与拿破仑、霍去病或者亚历山大等人相比，毛奇在起跑线上可谓输得一塌糊涂。霍去病 18 岁就单独领军破匈奴；亚历山大 22 岁出征波斯，33 岁成就了亚历山大帝国；拿破仑 24 岁成为将军，36 岁指挥了著名的三皇会战（奥斯特里茨战役），而毛奇在这个岁数还只是一个低级军官，之后又去做了后勤。19 世纪 40 年代，他被调去管理汉堡的铁路了。换了别人可能对此大为懊恼，并且恨不能马上离开这个看似与自己前程无关的职务，但是毛奇总是能从自己的经历中获取别人忽略的经验。毛奇对新事物很敏感并且善于思考，早在普鲁士还没有铁路和现代通信工具时，毛奇就开始思考新的交通、通讯工具与未来战争的关系了。在管理铁路时，他对这种新的交通工具有了更深刻的认识。1857 年，57 岁的毛奇终于当上了普鲁士代理参谋总长。

一旦有了施展空间，毛奇就开始把自己的战略思想付诸实践，并提出一个口号："不要再修建要塞了，给我更多的铁路！"这种快速运动的军事思想，一直影响着德国和美国的近现代军事战略。毛奇在很短的时间里，通过改良交通与通讯系统，大大提高了普军的动员效率。到十年后的普奥战争时期，普鲁士的铁路网已经遍布全国了。也就是在这个时期，毛奇形成了对后世产生重大影响的"毛奇的外线战略"。

要说清楚毛奇的外线战略，先要讲清楚拿破仑或约米尼（Antoine-Henri, baron Jomini，1779—1869）[8] 的内线战略。在拿破仑时代，欧洲的军事理论家约米尼总结了拿破仑取得诸多胜利的原因，概括出了内线战略。也就是说，战争的诀窍在于谋取内线优势，因为一旦兵力分散，在交通和通信不便的 18 世纪，就会被各个击破。内线战略最成功的例子就是 18 世纪末，拿破仑在意大利曼图亚包围战役（Siege of Mantua）中，采用各个击破的方法五次打败反法同盟军队，迫使奥地利退出了意大利。中国古代，多路进兵最后被各个击破的战例也很多，比如明末的萨尔浒之战，明朝几十万大军五路进兵想要合围努尔哈赤，由于通信不便，被后者各个击破。在拿破仑战争结束后的很长一段时间内，约米尼的书籍风行欧美世界，以至于美国南北战争期间，双方军官几乎人手一本。内线战略也就被当时的欧美军界奉为致胜法宝。

但是这种战略战术在大规模战争中颇受限制，比如军队的大规模集结就很困难，即使完成了集结，后勤的压力也很大，加上庞大的队伍行动也相对迟缓，可能前方部队已跟敌人遭遇了，后方部队还在路上。中国古代的淝水之战和金海陵伐宋就遇到这种情况。在淝水之战中，苻坚统帅的前秦大军，虽然有 87 万之众，但是集结的部队延绵几百里，前面到达淝水主战场的只有十几万人，等这些人战败，后面还在路上的几十万大军马上后队变前队，成鸟兽散，于是才有了草木皆兵的成语。几百年后，金主海陵王[9]率领 60 万大军南下灭宋，庞大部队的后勤就成了大问题，据《金史》记载，全国几乎所有的马匹都被征用保障后勤，当时低级官员的家中只能留下驴子。最终金主海陵王因后方的反叛而被部将所杀。

但是到了 19 世纪中期，毛奇最早认识到随着电报和铁路的出现，部队在行军时可以分散，然后再会战集结，对敌人形成合围。电报的价值在于为

8
法国将军。

9
完颜亮事实上做了金国的皇帝，但是因为后来被金世宗完颜雍所废，没有给他庙号和皇帝的谥号（完颜雍给了他一个海陵庶人的谥号），后世只好称他为金主海陵王。

这种新战法和军队的调度提供了技术保障，而铁路则可以使军队的行进速度达到拿破仑战争时代的六倍——两支分散集结的部队可以在短时间里汇合，而不致被各个击破，这样才有可能进行大规模会战。

1862 年，俾斯麦担任了普鲁士首相，普鲁士开始了统一德国的进程。1866 年，普鲁士与当时德意志联邦中最大的王国奥地利开战，这实际上是一场决定由谁来统一德意志的战争。相比几年前在新大陆进行的美国内战（南北战争），普奥战争用上了当时的高科技，其中就包括铁路和电报，当然还有后膛枪。

这场战争是毛奇军事思想的第一次实践，作为普鲁士参谋总长，毛奇指挥了整个战争。单纯从军事实力上看，双方力量相当，各自都动员了 60 多万大军。而在几十年前决定欧洲命运的滑铁卢战役中，双方一共才动员起 19 万军队（法国 7 万 2 千人，反法同盟 11 万 8 千人）。普奥双方上百万的大军，其实都来自于各自同盟的几十个王国和公国，在这种情况下，毛奇的外线战略就显得非常有效了。战争一开始，普鲁士军队利用铁路网迅速将 25 余万兵力和 800 门火炮从四面八方集结到了萨克森和奥地利的边境地区，而新的通信手段电报则解决了远程机动所带来的配合困难。整个战争在三条战线上进行，一共只进行了六周，最后普鲁士联盟以三万七千人伤亡的代价，消灭了对方两倍人数的军队，在法国的调停下，战争结束。

在普奥战争中，普鲁士军队虽然利用了电报，可还是暴露出分兵配合的一些问题。在最后的萨多瓦决战中，虽然普军大获全胜，但统帅部未能进行统一的指挥，也并未组织有效的战术追击，使得奥地利 15 万主力部队安全地撤退了。

在这场战争之后，毛奇总结了经验教训，完善了由电报网组织起来的指挥系统。在后来的普法战争中，他做得更好。

普法战争和普奥战争只相隔四年，直接起因是西班牙王位继承问题。双方原本通过谈判的方式达成了一致，普鲁士国王威廉一世已向当时的法国皇帝拿破仑三世（拿破仑一世的侄子）妥协。但是普鲁士的铁血首相俾斯麦希望通过一场战争完成德国的统一。电报到达俾斯麦手里时，正好毛奇在座，俾斯麦问毛奇如若开战有无把握，毛奇予以肯定的答复，于是俾斯麦修改了电报的内容，一封原本友好的电报到了拿破仑三世的手中就成了挑衅。按照历史学家的描写，"拿破仑三世像蠢驴似地跳了起来"，六天后法国主动向普鲁士宣战。

当时，法国实行常备军制，有随时可以调动的部队，而普鲁士为募兵制，需要做战争动员，因此拿破仑三世希望在普鲁士军队还没有集结之前打败对方。不过，由于法国军事思想还停留在拿破仑时代，没有发达的通信系统调度军队，就出现了将军找不到部队，部队找不到长官的混乱情况。在宣战一周后，才调动起 25 万军队开往前线。而与此同时，普鲁士靠庞大的铁路网和电报网，迅速集结了 40 万军队。到此，毛奇外线优势的战略得到了很好的实施，后面的故事就是很多历史书和文学作品中所描述的那样了，普鲁士军队连战连胜，最后俘虏了被历史学家称为"伟大的伯父的鄙小的侄儿"的拿破仑三世，并且占领了巴黎。威廉一世在凡尔赛宫加冕德国皇帝。从此，欧洲大陆的历史开始了新篇章。

普鲁士的胜利是毛奇新的军事思想的胜利，而其背后是以新的交通和通信手段为基础的。电报在军事上的运用除了产生了新的作战方法，还导致了新的战争指挥体系的出现。在以往的战争包括拿破仑战争中，西方国家虽有总参谋部，但是，它的作用只限于在战前进行规划，而一旦战争开始，一切只能依靠前线指挥的将军了。而前线的将军又常常无法得知全局的信息，只能根据不全面的信息作出判断，这些人的经验和指挥的艺术常常成了决定战争胜负的最重要因素，有时甚至是唯一的因素。在耶拿战役中，拿破仑靠着达武元帅[10]的杰出指挥，轻易获胜。而在滑铁卢战役中，拿破仑则因为格鲁希[11]的平庸而惨败。在战争史上，我们看到战争的胜负往往有很大的偶然性，这在信息流通不顺畅、不及时的时代难以避免。但是电报的使用，使后方的总参谋部可以及时得到前线各战场全部的信息，从而

10

达武（Louis Nicolas Davout，1770—1823），法国元帅，被认为是拿破仑手下最有能力的将领，一生没有败绩。

11

格鲁希（Emmanuel Crouchy，1766—1847），法国元帅，在滑铁卢战役中既没有按预定的部署追击布吕歇尔的普鲁士军队，也没有能及时增援拿破仑，导致法国在这场战役中的失败。

做出对全局最有利的决定。从普鲁士开始，现代国家的战争决策从一两个将军手里转到了总参谋部，这种格局延续至今。这样一来，战争决策就由个人行为变成了"专家"的集体行为，战争中偶然性的错误大大减少。中国古代所说的"运筹帷幄之中，决胜千里之外"在信息流通迅速、交通发达的今天，已经是很平常的事了。

第四节　由电话到现代通信

电报的出现使人类第一次能够及时获得千里之外的信息，但是对老百姓来讲它毕竟不是非常方便。首先，它并不是个人之间的即时通信，直到 21世纪初各国陆续停止电报业务时，它也没有普及到家庭。人们可以在家里写信、打电话，但没法在家里装一台电报机发电报（在美国互联网普及前，很多家庭有传真机，代替了电报的用途）。除非有急事，一般老百姓很少会去邮局发电报，事实上，在电报刚出现的第一年，由于记者还没开始大量使用，它的营业额极低。其次，电报不是即时交互通信，这点不必多说了。因此，人类还需要一种工具，实现人与人之间的即时传递信息，电话便实现了这个功能。

电话的发明人到底是谁？我们都知道是亚历山大·贝尔（Alexandra Graham Bell，1847—1922），他不仅发明了电话，还创建了伟大的贝尔电话公司，即后来的美国电话与电报公司 AT&T。但是 2002 年美国官方认定的电话发明人却是意大利人安东尼奥·穆奇（Antonio Meucci，1808—1889）[12]，虽然在过去的一百多年里，除了意大利，其他地区的人们都认为贝尔是电话的发明人。不过，穆奇虽然发明了电话，并且在 1860 年向公众展示过，但是他却没有钱申请专利，更没有钱将它实用化。因此，算起来对电话贡献最大的还是贝尔。

关于贝尔的第二个误解是"贝尔是美国人"。这个说法不能算错，因为他确实移民到了美国，并且加入了美国籍，他的工作也是在美国完成的。但是，英国和加拿大都声称他是自己国家的一员，这也不能算错，因为他出生在苏格兰的爱丁堡，1870 年移民加拿大，虽然他在那里只待了一年就到了美国。

贝尔本人是一个声学家和哑语教师。贝尔的祖父、父亲和兄弟的工作也都与发声学有关，而他的母亲和妻子是聋哑人，这些都影响着贝尔一生的工作。贝尔为了发明一种听力设备，而最终导致了电话的发明。虽然在他之前穆奇和德国发明家菲利普·雷斯（Johann Philipp Reis，1834—1874）都发明过电话机，但是传输声音的效果极差，根本无法使用。世界上第一台可用的电话机是贝尔和他的助手沃特森（Thomas Watson，1854—1934）在 1875 年发明的，专利则于第二年被批准。

贝尔和沃特森早期的实验都不顺利，他们有两年多天天在做实验，终于有一天沃特森听到听筒里传来了贝尔清晰的声音"沃特森先生，快来！"这是他们第一次成功的实验，但是要做到实用还需要做更多的工作，这两个年轻人（当时贝尔 28 岁，沃特森只有 21 岁）又没日没夜地干了半年，几经改进，终于制造出世界上第一台实用的电话机。

1876 年 3 月 3 日，贝尔 29 岁生日那天，贝尔的专利申请被批准。贝尔应该感到庆幸，当时他的合作伙伴哈伯德（Gardiner Greene Hubbard，1822—1897）在没有通知他的情况下，赶在另一位发明家艾利沙·格雷（Elisha Gray，1835—1901）之前向专利局提交了电话发明的申请，而后者只晚了几个小时。就是靠早了这么几个小时，美国最高法院在旷日持久的电话发明权官司上，最终裁定贝尔为电话的发明者。不过这件事说明，当电学和声学技术积累到一定程度，电话的发明就成为了必然。即使没有贝尔，人类也将进入电话时代，只是时间上或许要晚几年。贝尔的贡献不仅在于发明了实用的电话，而且还靠

图 13.9　贝尔发明的电话

着他精明的商业头脑，推广和普及了电话。

回到波士顿后，两人继续改进电话，同时抓住一切时机进行宣传。1878年，贝尔在波士顿与远在 300 多公里外纽约的沃特森首次进行了长途电话试验。和 34 年前的莫尔斯一样，贝尔取得了试验的成功。不过，不同的是贝尔和沃特森的这次试验更像一次科普宣传会，双方的现场听众可以互相交谈。试验中还有一个小插曲，本来安排最后由一名歌手对着电话的麦克风唱歌，通过电话，传到远处，但是这位歌手第一次听到电话听筒里传出来的声音后，吓得失声了。贝尔急中生智，让歌手身旁的沃特森代替，沃特森以前从未在公众场合表演过，这次鼓足勇气唱了一首歌，逗得双方现场的听众哈哈大笑，试验圆满成功。

相比电报，电话的优势显而易见，但是当时大部分人并不这么认为，尤其是当时和贝尔争夺电话发明权专利的格雷（当时算是对电话技术数一数二的专家了），不知是不是出于酸葡萄心理，也出来唱衰电话。另外一些人则认为电话让他们没了隐私。当时《纽约时报》这样说，要是装了电话，无论门窗关得多紧，你说的每一句话都可能被人偷听。不看好电话的还有著名作家马克·吐温。这位高产的美国作家一生从版税中挣了许多钱，但是全部让他糟蹋光了，倒也不是挥霍掉的，而是因为他的投资非常失败。后来有人向他介绍电话 —— 你在房间里讲话，几英里以外就能听见，他说，这是什么骗术，于是错过了最有可能成功的一次投资。

不过，不管别人怎么想，贝尔还是把他的电话公司办了起来。1877 年，也就是贝尔发明电话后的第三年，在波士顿设的第一条电话线路开通了，这样工厂主查尔斯·威廉斯先生在波士顿各工厂和他在萨默维尔（Somerville，MA）的住宅之间可以用电话联系了。在这一年，有人第一次用电话给《波士顿环球报》发送了新闻消息，从此开始了公众使用电话的时代。到了 1880 年，美国已经有了六万部电话，大部分使用者都是生意人，他们希望随时和公司保持联系。早期的电话通信都是点对点的，比如办公室和家庭之间，用户一次要买一对电话。随着电话用户逐步增加（还远

远谈不上普及），这
种点对点的通信方式
就不再合适了，电话
网络的改进就迫在眉
睫了。

1878 年，美国人乔
治·科伊（George W.
Coy）在听了贝尔的
报告后受到启发，发
明了电话交换机。电
话机从此不再是直接

图 13.10　美国连出第一根商业电话线的房子 —— 威廉斯在萨默维尔的住宅

连到对方的电话上，而是先连接到交换机上，然后再由交换机连到其他电
话上，这样一部电话就可以和很多电话通信了，而不是像先前那样只能
和有限的几部电话通话。科伊获得了交换机的专利，并且在纽黑文（New
Heaven）[13] 建成并使用了这么一个交换机，他自己则是世界上第一位接线
员。当时还没有电话号码一说，科伊只能按用户名单，并且每个名字对应
一个交换机上的插孔，好在他的名单上只有几十个人，倒不难记。不过，
当一部交换机上连着的电话用户多达几百户时，没有电话号码的电话本就
有问题了。当时除了接线员，没人记得住哪个插孔对应哪个名字，于是有
人发明了电话号码。

发明电话号码的是个叫帕克（Moses Greeley Parker，1842—1917）的医
生，他不仅是最早的电话使用者之一，也是最早投资电话行业的。1879
年，他所在的洛厄尔市（Lowell）[14] 爆发了流行病，他担心接线员一旦生
病，就没有人能够替代，于是给每部电话配了一个号码，这样以后打电
话的人就不说找谁，而是讲要接通哪个号码。一开始，大家担心这些四
位到五位的电话号码（当时的电话较少）记不记得住，但是后来发现这种
担心实在没有必要。在手机问世之前，经常用电话的人记得几十个朋友
和商业伙伴的电话号码，并不是什么难事。倒是有了手机可以存电话号

13
康涅狄格州的一个
城市，有著名的耶
鲁大学。

14
在马萨诸塞州。

码后，我们不再记得住朋友甚至自己的电话号码了。当然，对于那些不常打的号码，谁也不可能记住它们，于是电话公司就把它们变成一本厚厚的黄页，送给安装电话的用户。直到近年来，随着互联网的兴起，人们才改变了从黄页上查找电话号码的习惯，纸质黄页也才逐渐消失。

图 13.11 老式拨号电话

虽然发明了电话号码，但是早期的电话并不是拨号的，而是拿起话筒对着接线员直呼要联通的电话的号码，在 20 世纪 90 年代使用过固定电话的人可能还有印象，转接分机时常常要告诉接线员对方的分机号码，而不是总机和分机的号码一口气拨下去。当然，总是由接线员转接既不方便，成本又高，后来人们发明了转盘式的电话机。现在的年轻人可能都没有见过这种电话机，它有一个圆形的转盘，每次把手指伸进对应的数字，然后拨到头。每个数字对应一个不同的脉冲，不同的脉冲在交换机将不同线路的继电器联通，这样不需要接线员就可以将电话联通到对方。不过从总机再接到分机时，还是要由接线员操作。

在电话发明后的三十多年里，各种围绕电话的发明不断出现，电话用起来也越来越方便，越来越普及。为电话技术做出贡献的人非常多，除了贝尔、爱迪生、科伊和帕克这些我们说得上名字的人外，还有成千上万的科学家和工程师。

1885 年，贝尔电话公司成立了一个专门从事长途业务的部门——美国电话和电报公司（American Telephone & Telegraph Company），即后来著名的 AT&T 公司。（后来 AT&T 公司成为所有贝尔公司的母公司。）当然，长途电话的普及离不开电话网的建设，1914 年，AT&T 公司首条连接美国东西海岸的电话线路接通，将纽约和旧金山连在了一起。这条长达五千多公里的电话线路，靠着一万三千多根电线杆架起来，当时的建设成本可想而知。1915 年，这条线路第一次投入使用时，每分钟的电话费竟然高达 7 美元，大致相当于现在的一千美元。为了节省成本，就得充分利用一条长途电话线，尽可能多地通话。1918 年，贝尔电话公司实现了多路复用技术，通过调制电流，在一根电话线上可以传输四路通话。这些调制技术是今天提高我们无线通信效率的基础。

图 13.12　1892 年，纽约到芝加哥的长途电话开通，贝尔亲自测试通话

电话的出现大大缩短了人们之间的距离，在 20 世纪初，世界除南极之外的各大洲都有了四通八达的电话网。原本要几天甚至几个月才能传递的信息，瞬间便可以通过电话告知对方；原本必须见面才能解决的问题，很多可以通过电话解决了。随着电话的出现，政府的管理更加高效，很多相距遥远的城市通过电话紧密地联系在了一起。人类对电话的态度从最开始的怀疑到了狂热的地步。

图 13.13　1998 年美国发行的纪念第一条横跨美国大陆电话线开通的邮票，邮票中的工人在安装最后一根电线杆

和所有的行业一样，电话在刚诞生时还处在自由竞争阶段（虽然贝尔的专利保证了贝尔电话公司在 1895 年以前没有什么竞争对手），这使得美国电话的装机数量剧增。到了 20 世纪初，美国电话的装机量已经达到三千万户，凡是中产家庭都装了电话，而电话公司多达 6000 多家。当然这种局面并未维持很久，很快贝尔电话公司通过收购形成了对这个行业的垄断。为了保持技术领先，贝尔电话公司于 1925 年成立了著名的贝尔实验室，这个著名研究机构出过十几位诺贝尔奖获得者，为世界通信产业的发展做出了不可替代的贡献。电信行业从此成为世界上发展最快的工业，到 2013 年，全世界电信市场规模达到五万亿美元 [15]，相当于同期中国 GDP 的 2/3。不仅如此，全世界在电信上每投入一元钱，就会产生几倍的经济效益。

15
数据来源
Telecommunications
Industry Association

今天在我们的生活中，一些文明的成果（比如电报和蒸汽机车）可以不再使用，但是我们无法想象没有电话的生活。关于 AT&T 的故事以及电信行业的发展，请参看拙作《浪潮之巅》。

第五节 电报和电话进入中国

电报加速了中国的近代化进程。电报传入中国并不是很晚，而且普及的速度比美国还快。中国第一条电报线路出现在 1871 年，与 1844 年美国第一条跨城市电报线（巴尔的摩到首都华盛顿）投入使用仅相距 27 年。那一年，英国、俄国和丹麦在铺设从香港经过上海到达日本长崎的海底电报线。当时清政府不知出于什么原因，反对电报线经过上海，于是丹麦公司就将线路引到了上海的公共租界。同年 6 月 3 日，中国开始有了电报业务。

而中国自己铺设的第一条电报线，则是 1877 年由洋务派的地方官员丁日昌在台湾建设的。台湾当时还是荒凉之地，也不会有多少信息需要传递，中国第一条电报线建在这里，从政治和经济上来讲非常不合理，这可能是因为那里天高皇帝远，而洋务派的福建巡抚丁日昌又喜欢尝试西方技术，便拿台湾做实验了。而中国第一条真正有意义的电报线则是在 1879 年由当时的北洋大臣兼直隶总督李鸿章在天津、大沽及北塘之间架设的，用于军事情报的通信。第二年，也就是 1880 年，李鸿章在中国开办了电报总局，并在 1881 年 12 月开通了天津至上海的电报服务。电报可以算是洋务运动的主要成果之一，它在中国推广普及的速度比当时世界上发展最快的美国还快。1885 年，李鸿章曾语，"五年来，我国创设沿江沿海各省电线，总计一万多里，国家所费无多，巨款来自民间。当时正值法人挑衅，将帅报告军情，朝廷传达指示，均相机而动，无丝毫阻碍。中国自古用兵，从未如此神速。出使大臣往来问答，朝发夕至，相隔万里好似同居庭院。举设电报，一举三得，既防止外敌侵略，又加强国防，亦有利于商务。"从 1871 年上海租界第一次有了电报算起，也不过短短的 14 年时间。从这时候开始，中国使用了两千年的"驿站 + 六百里加急"传递紧急公文和情报的时代一去不复返了。有意思的是，就在 10 年前的 1861 年，美国依靠快马传递公文的公司"小马快递"（Pony Express）也关门大吉了。

在开办电报总局仅仅三年后，即 1884 年，北京就开设了民用的电报服务。根据当时的记载"有通州至京城，一端引入署中（政府部门），专供官信，以一端择地安置用便商民"。不过，当时一个字四角银子的价钱（李鸿章语）[16] 恐怕不是一般百姓用得起的。1887 年，时任台湾巡抚的刘铭传铺设了连接台湾和大陆的海底电缆，这是中国首条海底电缆。遗憾的是，1900 年八国联军之乱（又称为庚子之乱）前后，京津地区的电报线被破坏殆尽，虽然后来恢复了，但是中国近代化的进程大打折扣。

从技术上讲，中国人对电报也算是有贡献的。当电报进入中国时，遇到了后来计算机进入中国所遇到的同样的麻烦，就是汉字编码的问题，而解决的方法也和后来类似。为了传送汉字，中国采用四位数字（或者三位罗马字母）对汉字进行编码，即中文电报码，发送前将汉字写成电报码，接收后再将电报码译成汉字。汉字的电报码不像拼音文字的莫尔斯码那么容易记忆，收发电报的人员都要经过较长时间的专业培训，并随身携带一本电

16

庚子之乱后，李鸿章给张之洞传话，说是电报每个字四角银元实在太贵，要他不要再发"空论长电"，凡事可以摘要发出，以节省经费。

图 13.14　清末中国的电话局

码本才能工作。而这些电码本，则成为各种文学和影视作品情节的重要组成部分。

电话进入中国，是在 19 世纪和 20 世纪之交。1900 年南京最早自办市内电话局，之后北京、天津、上海等十几个城市也先后开办了市内电话局，使用的都是磁石式电话交换机。而中国最早的城际长途电话，却是丹麦人趁八国联军入侵中国之机，在天津私设电话所，将电话线从天津伸展到北京，主要是连接使馆和衙署等政府部门，从此开通了北京和天津之间的长途电话。

17
德律风，英语
Telephone 的谐音。

1907 年，北京电话发展到 2000 户以上，月租 5 元；同年 5 月 15 日，英商华洋德律风 [17] 公司在上海投入使用了万门电话交换机。这说明当时上海的电话用户规模已经在几千到上万这样一个数量级了。但是在接下来的几十年里，由于战乱不断，中国的电话发展并不快。直到 1931 年中原大战结束后，各省才先后开办省内长途电话，但是不久中国又陷入八年抗日战争和连年的内战，接着又是各种运动，电信行业的发展和世界的差距越来越大。在很长的时间里，中国的电话不是百姓的通信工具，反而成为特权的象征。到了 1977 年，中国全国的电话装机数量还不如东京、伦敦等大城市。

从 1980 年起，随着中国改革开放的深入，中国成为世界经济的火车头，而电信成为发展最快的行业之一，到 2012 年，人口不到 14 亿的中国，手机用户多达 12 亿，遥遥领先于世界各国。中国人之间的距离，是在这三十多年里才被真正缩短的。

结束语

人类在交通和通信上的进步使得人与人的距离不断缩短。就在普法战争结束的第二年，法国著名科幻小说家凡尔纳（Jules Verne，1828—1905）出版了著名小说《环游地球八十天》。在书中，主人公福克乘坐火车、蒸汽船和热气球等当时最先进的交通工具，用八十天完成了环游地球的壮举。这比当年麦哲伦的船队经过两年半的时间环球一周要快了很多。但是在今天看来，这个速度则太慢了。20 世纪 70 年代，超音速的协和客机开始商业运营，它做了这样一个广告：一个在巴黎工作的女高管，早上送女儿去幼儿园，然后乘坐协和客机到五千七百公里以外的纽约去开公司董事会议，路上只用了三个小时。会后赶到机场乘协和飞机返回巴黎，还赶得及在幼儿园关门前接上女儿回家。有了最现代化的交通工具，往返于被大西洋隔开的两个大都市在一天之内就能完成了。

1971 年，美国联邦快递公司（FedEx）成立，当时该公司的宗旨是 24 小时内将文件送达世界任何一个城市；而自从有了互联网，这个时间则被缩短成几秒钟。科技的进步和文明的发展，而非政治和战争，才是让我们生活得更美好的原因。

电报和电话进入中国都比较早，但是由于时局动荡，政治经济落后，中国的电信业直到改革开放后才真正得到快速发展，并且后来居上，成为全球最大的电信国家。与此同时，中国也成为世界上铁路系统最发达的国家。

附录　铁路、电报和电话大事记

1804，　　　特里维西克发明蒸汽机车的原型

1825，　　　史蒂芬森父子建成了世界上第一条铁路—达灵顿铁路

1830，　　　利物浦—曼彻斯特的铁路开通

19 世纪 40 年代，在赫德森的努力下，英国掀起铁路热

19 世纪 20—70 年代，美国第一个铁路系统巴的摩 - 俄亥俄铁路系统修建

1836，　　　莫尔斯等人发明电报，第二年，英国人库克和惠斯通也发明了电报，并且架设了历史上第一条电报线

1844，　　　美国第一条城际电报线在华盛顿到巴尔的摩之间开通

19 世纪 40 年代，美联社的前身纽约港口新闻社成立

19 世纪 50 年代，美国铁路里程数超过英国

1851，　　　路透社成立

1860，　　　意大利人穆奇向公众展示电话的原型

1866，　　　普奥战争爆发，这是人类历史上第一次通过铁路运兵、电报指挥的战争

1871，　　　中国有了最早的电报

1875，　　　贝尔和他的助手沃特森发明了可实用的电话

1876，　　　第一条商业的电话线在波士顿和萨默维尔之间开通

1877，　　　中国在台湾铺设了第一条属于自己的电报线

1878，　　　电话交换机出现

1880，　　　中国电报总局成立

1887，　　　连通大陆和台湾的海底电缆开通

1900，　　　南京市内电话局成立

1909，　　　中国首条自行设计和运营的铁路（北）京张（家口）铁路开通运营

1914，　　　横跨美国东西海岸的电话线连通

1947，　　　最早的商用移动电话出现（AT&T MTS 电话）

2001，　　　中国移动电话用户数量超过美国，成为世界第一，同一年，中国的电话用户总数也超过美国

2008，　　　中国首条时速 300 千米／小时以上的城际高铁（北京到天津）通车运营

2010，　　　中国铁路里程数超过俄罗斯，成为世界第二，高铁里程数世界第一

2012，　　　中国（北）京广（州）高铁全线开通，成为世界上最长的高铁

21 世纪初，　欧洲一些国家终止了电报业务，电报开始退出历史舞台

参考文献

1　Samuel Smiles. 工程师的生平——史蒂芬森父子和火车头（*Lives of the Engineers. George and Robert Stephenson. The Locomotive*）.Adamant Media Corporation，2005.

2　Jon Gertner. 点子工厂：贝尔实验室和美国发明的伟大时代（*The Idea Factory: Bell Labs and the Great Age of American Innovation*）.Penguin Books，2013.

3　艾伦·帕麦尔 . 俾斯麦传 . 高年生，译 . 商务印书馆，1982.

4　T. C. W. Blanning. 十九世纪：牛津简明欧洲近代史（*The Nineteenth Century: Europe 1789—1914（Short Oxford History of Europe）*）.Oxford University Press，2000.

5.　Christopher Hood. 新干线（*Shinkansen: From Bullet Train to Symbol of Modern Japan（Routledge Contemporary Japan）*）.Routledge，2006.

第十四章　闪烁的能量

电的发现和使用

没有电的生活是现代人无法想象的，不过，电的使用只是近两百年的事情。在人类历史上，这恰恰是社会经济发展最快的两百年，这在很大程度上要归功于电。然而，人类对电的认识却经历了一个漫长而曲折的过程。

第一节　雷、电和磁

雷电，也就是我们今天所说的闪电，是连动物都能注意到的自然现象。中国古代就有雷公电母的说法，但是中国人说的雷其实是指雷声，而电或闪电，实际上才是西方人所说的雷电。在古代，不论是东方人还是西方人，都把雷电归结成"天上的电"。

有天上的电，就有地上的电，那就是静电。关于静电，最早的记载是在古希腊。在公元前 7 世纪到 6 世纪时，哲学家泰勒斯（Thales，前 624－前 546）发现用毛皮摩擦琥珀后，琥珀会吸引细小的东西，就如同磁石能吸引铁块一样。在西方，电荷一词 Electron 就源自希腊语琥珀 ήλεκτρον（ 发音是 ē lektron ）。在中国宋代的科学论著《梦溪笔谈》中，也有关于静电的记载。在古代，人们还发现其他一些物品（比如玻璃和丝绸）相互摩擦也能生电。后来又发现玻璃上的电荷和琥珀上的性质相反，于是就有了琥珀电和玻璃电之分。

既然摩擦可以生电，那么能否利用这个原理制造一个产生电荷的机械装置呢？德国科学家奥托·格里克（Otto von Guerick，1602—1686）在1663年设计了一个摩擦生电机，按照他的设计，在转轴上安装一个硫磺球，然后用手柄摇动转轴，另一只手摩擦硫磺球。不过他的设计显然是无法产生静电荷的，因为人本身就是导体，靠摩擦产生的那点儿电荷早被人体带走了。当时，人类还不懂导体和绝缘体的区别，直到1729年，英国科学家史蒂芬·格雷（Stephen Gray，1666—1736）才发现导体和绝缘体的区别。

不过，格里克的设计给了后人以启发，牛顿建议将硫磺球改成玻璃球，而英国科学家弗朗西斯·霍克斯比（Francis Hauksbee，1660—1713）用玻璃球和绒布制造了一个能够真正产生电荷的发电机。不久之后，他又用抽气泵抽空一个玻璃球，利用玻璃壳外的静电现象，进行了人类第一次辉光放电实验。至此，人类了解了静电和电荷。

1745年和1746年，德国科学家冯·克莱斯特（Ewald Georg von Kleist，1700—1748）和荷兰莱顿（Leiden）地区的科学家马森布洛克（Pieter van Musschenbroek，1692—1761）分别独立发明了一种存储电荷的瓶子。

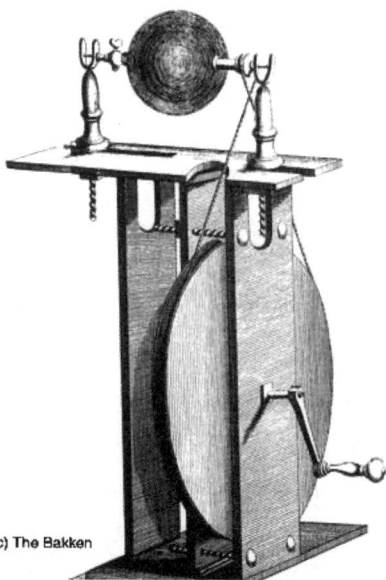

(c) The Bakken

图14.1 霍克斯比的手摇发电机

它是用锡箔纸在玻璃瓶内外各包上一层，瓶塞是绝缘的，保证内外锡箔之间不会漏电，一只金属棒从瓶塞穿出来，并与瓶子内侧的锡箔连通，以方便输入和取出电量。这实际上是利用了电容器的原理，两个锡箔是电容器的两极，而玻璃瓶本身就是电容器的介质。后来，人们根据发明家所在城市莱顿将这种容器命名为莱顿瓶。有了莱顿瓶，人们就可以储存通过摩擦产生的电荷来做实验了。

天上的电和地上的电是不是一回
事呢？如果是一回事，那么电的
本质是什么呢？第一个揭示了电
的本质的是美国著名的政治家和
科学家本杰明·富兰克林。他的
故事我们已经在前面讲过了，他
通过风筝实验揭示了（静）电和
自然界的闪电（雷电）是一回
事，并且用莱顿瓶将雷电带来的
电荷储存了下来。几年后，住在
俄罗斯帝国的德国物理学家利赫
曼（Georg Wilhelm Richmann，
1711—1753）为了验证富兰克林
的实验，不幸被雷电击死，成为

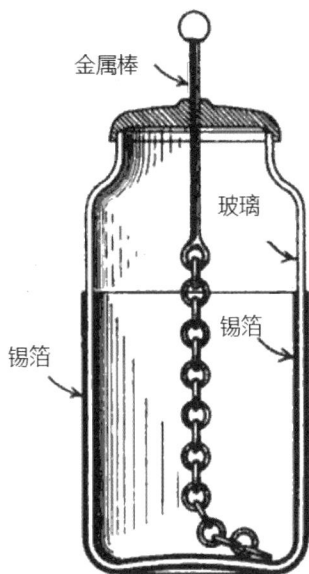

图 14.2　莱顿瓶

做电实验的第一个牺牲者。顺便说一句，虽然富兰克林主要是作为政治家
名垂青史，但在 18 世纪，他对电学的研究领先于世界，我们今天学到的
很多电学的名词，比如电流、正负电都是富兰克林命名的。

人类较早就发现有两种不同的电荷，它们互相吸引，相互抵消。为什么
不同的电可以相互抵消，科学家们提出了电是可以流动的说法。1732 年，
富兰克林提出电是从一种电荷流向另一种电荷，也就是说单向流动。而
几乎同时（在 1733 年）法国科学家迪非（Deffe, 1698—1739）则认为电
的流动是双向的。为了方便描述，富兰克林将玻璃摩擦后产生的电荷称为
正电，而把琥珀摩擦后产生的电荷称为负电，同时他定义电流动的方向是
由正电到负电。当然，富兰克林并不知道电子的存在，而且按照他的定义
电子所带的电荷成了电，否则他可能会反过来定义正负电。富兰克林的这
些贡献其实早于他对雷电和电是同一种东西的认识。在了解了雷电的性质
后，富兰克林发明了避雷针。

就在人类了解了电的基本性质后，要进一步研究电的特性却遇到了一个大问题，那就是如何获得电。靠摩擦生电显然是不够的，而利用雷电不仅难度大（今天也没有解决），而且不安全。解决这个问题的是意大利物理学家伏特（Alessandro Volta，又译伏打，1745—1827），他发明了电池。伏特把锌板和铜板浸泡在盐水中，两个金属板之间就产生了 0.7 伏左右的电压，这么低的电压做不了太多事情，于是他把 6 个这样的单元串联在一起，就获得了超过 4 伏的电压。虽然这在今天看起来算不上什么，但是相比在此之前莱顿瓶中储存的那一点可怜的电量，伏特电池已经可以为科学实验提供足够的电能，它保证了电气研究的起步。当时意大利正处在四分五裂状态，大部分领土属于拿破仑帝国，1800 年，拿破仑在巴黎接见了伏特，为了表彰他对科学所作出的贡献，封他为伯爵，而且奖励了他一大笔奖金。后来"伏特"也被作为电压的单位，沿用至今。

有了伏特电池，科学家们就可以借此来做一些科学实验了，但是要指望电池提供的电能取代当时的水能和煤炭成为主要动力来源，却不现实。在19 世纪初，世界上还没有发电机和电动机——前者将其他能源转变成电能，后者将电能转变成机械能推动机器。而这两种机器工作的基本原理，都是建立在电磁学理论之上的。因此，发电机和电动机都是在搞清楚了电磁原理之后发明的。

在古代和近代，人们多少已经认识到一些电和磁的共性，两者都能产生引力，但是人们除了记录一些观察到的现象，还无法搞清楚电和磁的关系。最早发现电流磁效应的是丹麦物理学家汉斯·奥斯特（Hans Ørsted，1777—1851），不过把电和磁紧密结合起来并进行定量研究的则是法国著名物理学家安培（André-Marie Ampère，1775—1836）。1820 年，就在奥斯特刚刚发现电磁效应后，安培就把他的精力转到了这方面。几周后，安培通过实验发现了通电线圈和磁铁的相似性，并且接下来连续进行了几个著名的实验。通过这些实验，安培总结出很多著名的电磁学定律，比如安培右手定律。随后他连续发表了几篇重要的论文，介绍了他的研究成果。

第二年，安培提出了分子电流假设（当时他还不知道有电子），并且创立了电动力学，这些内容记述在安培 1827 年出版的《电动力学现象的数学理论》一书中。这本书是电磁学史上的一部经典论著，奠定了电磁学的发展基础。正是为了表彰安培在电学上所做出的杰出贡献，我们用安培作为电流的单位。安培对电磁作用的研究，结束了此前人们关于电和磁分离的认识，不仅为之后几十年电磁学的发展打下了基础，而且为后来利用电磁效应发电提供了理论依据。电动力学的另一位奠基人麦克斯韦（James Clerk Maxwell，1831—1879）称安培的研究是"科学史上最辉煌的成就之一"。安培除了对电磁学理论的贡献外，还发明了测量电流大小的电流表，也称为安培表。

在安培工作的基础上，两位远隔大西洋的发明家，几乎是在同一时间各自独立地发现了电磁感应现象，他们的研究成果直接导致了实用电动机和发电机的诞生。这两个人便是英国科学家和发明家法拉第（Michael Faraday，1791—1867）以及美国发明家亨利（Joseph Henry，1797—1878）。法拉第和亨利的生活经历完全不同，但是有一点是相同的，就是两个人都命途多舛。

先说说亨利。约瑟夫·亨利出生在纽约州奥尔巴尼市一个贫穷的工人家庭。13 岁因为家贫而失学，后来在钟表铺当学徒。他刻苦自学，考进了奥尔巴尼学院。在当时，医生是一种高收入的职业（今天也是如此），他原本打算当一名医生，却阴错阳差当上了一名大学教授。1832 年，亨利成为了新泽西学院的教授，这所学院应该很少有人听说过，不过今天它有一个非常响亮的名字——普林斯顿大学。1827 年，亨利还在当讲师时，就发明了强电流磁铁，他用纱包铜线围着一个铁芯缠了几层，然后在铜线中通上电流，这个小小的电磁铁居然能吸起是它自身重量上百倍的铁块，比天然磁铁的吸引力要强得多。他对电磁铁稍加改进，一个体积不大的电磁铁，居然就能吸起一吨多重的铁块。强电磁铁是今天发电机和电动机中最核心的部分。

在研究电磁铁时，亨利发现了电磁感应现象。1830 年 8 月，亨利在电磁铁两极中间放置一根绕有导线的铁棒，然后把导线接到电流表上形成回路。他发现，当电磁铁的导线通电后，电流表的指针向一方偏转，然后回到零；当导线断开的时候，指针向相反的方向偏转，并回到零。这比法拉第发现电磁感应现象早了整整

图 14.3　亨利发明的电磁铁

一年。但是，当时美国还是西方世界的边缘，学术气氛不如欧洲，亨利甚至没有意识到这个实验成果的重要性，以至于没有发表，这样，电磁感应现象的发现在很长时间里就归功于更早发表了研究成果的法拉第，我们今天中学物理课本中也是这么讲的，而大家对亨利的贡献知之甚少。有人曾经问我为什么美国在诺贝尔奖出现七年后才获得第一个科学方面的奖项，这不是因为美国那时候科技不发达，而是因为直到二战以前，欧洲和美国科技界之间的交流都非常有限。

不过亨利并没有纠结谁先发现了电磁感应现象，他继续着自己的研究。1832 年，他在研制更大吸力的电磁铁时，发现绕在铁芯外面的通电线圈在断开电路时有电火花产生，这就是自感现象。1832 年他发表了一篇关于电的自感现象的论文，但是他当时还不知道产生自感应的原因，于是又研究了三年，终于在 1835 年又发表了一篇论文解释自感应现象。直到 1837 年，在亨利访问欧洲之前，欧洲还没有科学家了解自感。这一年，亨利访问欧洲，和法拉第共同度过了一段愉快的日子，两位发明家在一起做实验，交流经验，这是大西洋两岸的科学家第一次共同做实验研究科学。亨利帮助法拉第做成了一个后者一直没有做出来的实验，法拉第在赞赏的同时问他到底是怎么做成功的。亨利向法拉第解释了自感的道理，虽然他最早的论文已经发表五年了，但是由于当时欧洲和美国的学术交流不

多，五年中居然没有
一个欧洲人读过亨利
的那些论文。

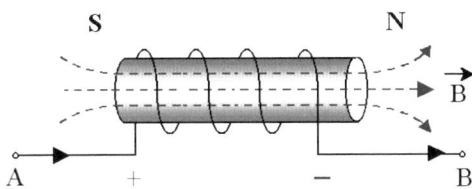

图 14.4　法拉第和亨利发现的电磁感应现象

亨利还有很多发明和
发现，包括最早实
现无线电的传播，他
比以前公认的无线电鼻祖赫兹（Heinrich Rudolf Hertz，1857—1894）早
了 40 多年。他的发明包括继电器、发报机的原型（但是他没有申请专利，
这个荣誉后来落到了莫尔斯身上）、原始的变压器和原始的电动机。亨利
后来当选为美国科学院院长，他的名字被用作电感的单位。

相比亨利，法拉第的命运更加坎坷。由于家境贫穷，他没有受过高等教育，
完全是靠自学成才求取知识。14 岁时，他就为一个书商工作，这份工作虽
然薪水不高，但是可以读到大量书籍，他对科学尤其是电学书籍最感兴趣。

20 岁时，他开始旁听大科学家汉弗莱·戴维的课。这个戴维就是我们上
回提到的和史蒂芬森争夺安全灯发明权的那位。今天知道戴维的人可能不
多，但在那个年代的学术界他可是大名鼎鼎。他当时是世界上最有权威的
英国皇家学会的会长，并且是世界上发现元素最多的人。法拉第听课时认
真地做了很多笔记，并且拿着笔记找戴维请教，戴维对他评价颇高。而不
久，戴维因为做实验把眼睛给搞坏了，需要请一位助理，于是便想到了法
拉第。能在戴维身边工作，对喜爱科学的法拉第来讲求之不得，于是他辞
去了书商那里的工作，成为了戴维的助理。不过，戴维夫妇并不把法拉第
当作年轻的学者看待，对他的态度近乎对待仆人。法拉第曾经因此心灰意
冷过，但是最终对科学的热情还是让他留在了戴维身边，并且很快便青出
于蓝。这时，一位慈善家约翰·富勒（John Fuller，1757—1834）开始资
助法拉第的研究，并且为他在皇家研究院创立了富勒化学教授这个职位，
法拉第被选为第一任富勒化学教授。1824 年，法拉第这位没有大学学历
的科学家，当选为英国皇家学会会员。

不知是出于嫉妒还是什么别的原因，戴维在法拉第成果倍出时开始阻挠后者的研究工作，并且抓住法拉第一次行为上的错误，禁止了法拉第的电学研究。事情的前因后果是这样的，1821年，在奥斯特发现电磁现象后，戴维和同事开始研制电动机，但没有成功。后来法拉第加入进来，改进了设计，于是做出了一个电动机的模型。虽然这个电动机不能使用，但是法拉第的这些实验与发明为后来实用电动机的发明铺平了道路。可是法拉第这时做了一件在学术界非常错误的事情，他在没有通知戴维等人的情况下，擅自发表了此项研究成果。此举招来了很多非议，从此他被迫离开电磁学研究，直到1829年戴维去世。如果不是因为浪费了好几年的时间，法拉第可能先于亨利发现电磁感应现象。不过在接下来是法拉第硕果累累的十年，他提出了"磁场的改变产生电场"的理论，并且将它提炼成法拉第电磁感应定律。为了方便后人理解磁场，法拉第提出了磁力线的概念。法拉第还发现，电磁力不仅存在于导体中，而且存在于导体附近的空间里，不过这个想法当时并不被世人所接受。

由于法拉第没有受过很高的教育，他的数学能力相对薄弱，虽然他很聪明，并且是很好的实验科学家，在表达上也清晰而有条理，但是他在做理论总结上尚有所欠缺，这一点跟牛顿等人远远无法相比。他的实验成果后来被麦克斯韦应用，从而建立起了现代的电磁学理论。麦克斯韦用数学公理化的方法将安培、法拉第和亨利等人的电磁学理论系统化，把电、磁和光用一组方程式，即麦克斯韦方程组统一起来。这项成就被誉为继牛顿力学之后，物理学的第二次大统一。爱因斯坦称赞麦克斯韦是对20世纪最有影响力的19世纪物理学家。

虽然在亨利和法拉第奠定了发电机和电动机的理论基础之前，一些发明家已经开始根据经验研制电动机了，但是由于缺乏理论指导，同时没有足够的电力供应，因此这些电动机都无法进入实用。在这些发明家中，美国铁匠托马斯·达文波特（Thomas Davenport，1802—1851）是世界上第一位制作电动机驱动小车的发明家，但是因为动力来源于电池，这在当时成本极高而无法商品化。真正研制出可以广泛使用的电动机的人，是美国著名发明家尼古拉·特斯拉（Nikola Tesla，1856—1943），1870 年他利用亨利和法拉利的电磁感应原理发明了交流感应电动机，才使得电成为工业上一种主要的动力。特斯拉对电的普及还有很多贡献，我们后面会提到。

在电学和电气工程的发展过程中，实验和理论要先于实践，这和人类在过去几千年里认识事物的方法不同。在近代以前，人类是通过经验改进工具，然后获得技术，从技术中提炼科学。而从近代以来，人类对电的认识是通过假说来解释自然现象（富兰克林时代），继而通过实验来筛选假说，去伪存真（笛卡尔的方法论），然后从实验直接上升到理论（如安培、亨利、法拉第和麦克斯韦等人的工作），最后在理论的指导下做出产品（如达文波特、西门子、爱迪生和特斯拉等人的发明）。

第二节　电的普及和使用

说到电的使用和普及，不能不提三个人——爱迪生、西屋和特斯拉。

在很多励志的故事中，爱迪生（Thomas Alva Edison，1847—1931）被说成是一个没有机会受教育，而靠自己自学成才和努力工作成就一番事业的发明家。这种说法有一定根据，不过爱迪生的父母并不是缺少教育的下层人，他的父亲曾经是位商人，但是不成功，他的母亲当过小学教师。爱迪生小时候得过猩红热，可能因为长时间的高烧导致了耳聋。爱迪生 8 岁上学，但只读了三个月，就被老师斥为"低能儿"而撵出校门，按照今天的标准，爱迪生是输在起跑线上了。退学以后，他的母亲决定自己教儿子读书，并教育他要诚实和仁爱。母亲应该是一位不错的老师，她培养了爱迪生一生喜欢学习的习惯。爱迪生非常聪明，据说他过目不忘，很小就能阅读英国作家包括莎士比亚和狄更斯的著作，9 岁多就开始阅读自然科学的书籍。爱迪生从小好学好问，喜欢做实验来证实自己不确定的事情。对世界的好奇心无疑是他后来获得上千项专利的原因。不过按照今天大学录取的标准，除非特招，否则爱迪生是无法进入名牌大学的。

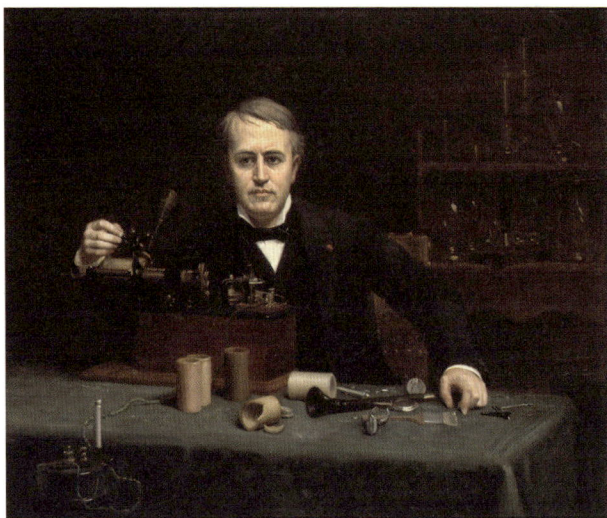

图 14.5　爱迪生在研制留声机（收藏在美国国家肖像馆）

爱迪生早年的工作是铁路上的报务员，那时候，一般工人的工作时间都非常长，每天在十个小时以上。值夜班时，铁路公司为了防止值班人员睡觉，要求每个人每小时发报一下，表示自己还在坚守岗位。爱迪生发明了一种自动发报机，总是每小时准时发报一次，然后他就去睡觉了。后来他的老板发现了正在睡觉的爱迪生和自动发报的机器，在赞叹他的创造力的同时，还是炒了他的鱿鱼。20 岁以前，爱迪生在美国好几个城市当过铁路报务员，没有固定的住所，这和今天大学一毕业就要买房的年轻人不同。年轻人一旦被房子拴住，自由发展的空间就小了。在当报务员期间，爱迪生学会了修理各种机械，并且成为一个小有名气的机械师，有些主顾就开始找他修理机械，于是他就辞职创办了机械加工和修理公司。

爱迪生很早就有许多的发明，他总是想，要是能把这件事情自动化，可以省很多人力啊。这是典型的美国企业家（和发明家）的思维方式，他们总是想发明各种机器，让机器去干活，今天依然如此。不过也有例外的时候，自动化并非总是好的。爱迪生获得的第一项专利是自动投票机，这样可以加快议会投票的过程。他带着这项专利来到国会时，议员们告诉他这东西没有用，因为出于公平的考虑，要给少数派时间来说服其他人，因此出于决策流程的考虑，国会投票过程并不需要加快。这次碰壁以后，爱迪生懂得了一个道理，这个世界不仅需要技术，而且技术需要市场，从此，爱迪生一生没有再做任何没有市场的发明了。从打这以后爱迪生的行事方式可以看出，爱迪生不是一个书呆子式的发明家，而是极具商业头脑的实干家，这种品性和他后来在电的使用和普及上做出巨大贡献有紧密的联系，这也是他和其他很多发明家不同的地方。

爱迪生一生的发明很多，但是最重要的贡献是发明电灯和各种电器以及在美国建设民用电网。

爱迪生发明电灯的故事可谓家喻户晓，这也成为众多励志读物的内容。通常大家强调的是爱迪生勤奋的一面，这里不再赘述，我倒想换一个角度，从爱迪生解决问题的思路来讲述发明白炽灯的故事。

19 世纪初，欧洲和美国人使用瓦斯灯，靠管道供应煤气。19 世纪，上海租界也曾有过煤气灯。不过由于管道容易堵塞或者泄露，经常出事，于是就有人想到用电来照明，电灯在爱迪生之前就已经有了，但是还处在实验室阶段。当时人们已经懂得电流通过电阻会发热，当电阻的温度达到一千多度后就会发光，但是大部分金属在这个温度下已经融化或者迅速氧化了，因此这些处于研究阶段的电灯，不仅价格昂贵，而且用不了几小时就烧毁了。爱迪生虽然不是第一个发明电灯的，但却是第一个发明能够真正商业化的白炽灯的发明家。爱迪生的天才之处在于他能很快意识到那些在实验室里的白炽灯面临的最大问题——灯丝的问题，因为将灯丝加热到一千多度而不被烧断可不容易。因此，爱迪生首要考虑的是耐热问题。为了改进灯丝，他和同事们先后尝试了一千六百多种耐热材料，他们较早实验过碳丝，但是当时没有考虑高温时容易氧化的因素，因此没有获得成功。他们还实验了贵重金属铂金，它几乎不会氧化，而且熔点很高（1773度），但是铂金非常昂贵，这样的灯泡根本无法商业化。不过在大量的实验过程中，他们发现将灯泡抽成真空后，可以防止灯丝的氧化[1]。这标志着爱迪生等人找到了灯丝被烧断的另一个重要的原因。而他的聪明之处在

1

这项发现其他的一些发明家更早地就知道了，但是爱迪生和他的助手们是通过自己的实验了解到这一点的。

于，当灯丝工作的环境改变后（从有大气到真空），他能够回过头来重新分析过去实验失败的原因。在这之后，他们的实验又重新回到曾经被放弃的碳丝上，爱迪生发现竹子纤维在高温下会被碳化成碳丝，碳本身可以导电，而且可以经受两千度以上的高温。这样他们研制出第一个便宜的电灯泡，爱迪生看着这个碳丝灯泡工作了 40 多个小时。但是竹碳丝容易断裂，这样制作出来的灯泡娇气得很，于是爱迪生再次改进，最后他们找到了更合适的钨丝。钨的熔点高达三千四百多度，而且不容易氧化，加上钨丝的延展性很好，不容易断裂，是制作灯丝的理想材料。他们推出了可以使用1000 小时以上的钨丝灯泡，这很像我们今天使用的白炽灯了。在发明白炽灯的整个过程中，爱迪生不是蛮干，而是不断总结失败的原因，不断改进自己的设计。在科研中，不乏勤奋的人，但是更需要爱动脑筋的人。爱迪生就是这样的人。

图 14.6 爱迪生研制出的早期白炽灯

有了电灯泡而没有电，也用不起来。在发明了可商用化的电灯后，爱迪生制定了一个当时看似不可能完成的计划——建设一套供电系统。为此，他在 1879 年创办了"爱迪生电力照明公司"，第二年，白炽灯上市销售，同时他修建电厂，铺设电路到千家万户。当时人们对电还不是很接受，加上触电的事故时有发生，不少居民反对使用电灯，甚至有人破坏电路，爱迪生不得不组织护线队巡逻保护电路。随着人们逐渐认识到电灯的好处，爱迪生的电灯开始大受欢迎。在 1880 年到 1890 年的十年间，爱迪生还发明了很多和电有关的产品，1890 年，他将其各种业务组建成为"爱迪生通用电气公司"。1891 年，爱迪生取得了两项重要的专利，一项是细灯丝、高真空白炽灯泡（就是今天的白炽灯）的专利，另一项是他在两年前发明的电影的专利。1892 年，在 J.P. 摩根的撮合下，爱迪生通用电气公司和汤姆·休斯顿公司（Thomson-Houston Electric Company）合并成立了通用电气公司，J.P. 摩根也成了这家公司的大股东，在接下来的一百多年里，通用电气几度成为全球最大的公司，并且一直是美国工业的标志。

在人类开始使用电力的早期，电气公司真正的对手只有一个，那就是西屋电气公司（Westinghouse Electric Company）。今天全世界最著名的青少年发明奖英特尔奖在过去的许多年里，是由西屋公司主持的，被称为西屋奖。虽然今天以发电为主的强电企业已经被列入传统行业了，但是在历史上这家公司曾经是美国科技和工业的骄傲。西屋电气的成功要归结于两个人，创始人西屋（George Westinghouse, Jr., 1846—1914）和美籍奥匈帝国发明家特斯拉。

图 14.7　交流供电系统照亮了芝加哥世博会（收藏于芝加哥历史博物馆）

特斯拉是一个超越时代的人，他的很多超前的想法比如无线传输电力，直到今天才被人实现。特斯拉小时候随父母移民美国，1884 年，他开始为爱迪生工作，但很快就找到了投资人，辞职创办了自己的公司。按照特斯拉的说法，他离开爱迪生是因为后者的一次食言。1885 年，爱迪生让特斯拉改进直流发电机，并且许诺只要做到就奖励五万美元，这在当时是很大一笔钱，而特斯拉的工资一年还不到一千美金，而爱迪生的公司也没有这么多现金。后来特斯拉真的做到了，但是当他向爱迪生要奖金时，爱迪生却说，"哦，我那是开玩笑，你知道，这是美国式的幽默。"不过爱迪生将特斯拉的周薪从 18 美元增加到 28 美元，特斯拉很生气，便离开了爱迪生。后来特斯拉在回忆录中对这段经历有生动的描述。公平地讲，这件事理亏的是爱迪生，这也导致了二人一辈子的敌对。

特斯拉一生有无数的发明，他靠转让专利赚的钱比办公司多得多。在所有的发明中，最重要的发明是交流电和相应的发电机、电动机等。1887 年，31 岁的特斯拉办起了自己的小公司，并且根据电磁感应原理很快发明了交流发电机，这种发电机比直流电机效率高，而且不需要电刷，也就避免了在电机转动时产生电火花。接下来他又发明了交流输电，由于交流电容易变压，交流高压输电可以减少在输电过程中电能的损耗。1888 年，特斯拉在向美国电气工程师协会（现 IEEE 的前身）演示交流电系统时，被西屋电气公司的一些工程师看到，然后报告给了西屋本人。西屋公司正在和爱迪生的公司竞争，对这种新技术很感兴趣，最后经过谈判，西屋公司同意从特斯拉的公司引进这些技术，一次性支付 6 万美元的专利费，同时每发一度电再付给对方 2 美元的专利费（今天，美国一度电的发电成本不过 0.1 美元）。此外，西屋还聘用特斯拉做顾问，额外支付一笔丰厚的薪酬。在这之后，特斯拉和西屋统一了今天美国的交流

图 14.8　著名发明家特斯拉

电标准——60Hz，120V 的交流电[2]。

发明交流电为特斯拉赢得了巨大的声誉，1892 年，特斯拉担任了 IEEE 的副主席。同时，也为西屋公司在竞争中赢得了优势。1893 年，为了庆祝哥伦布到达美洲 400 周年，当时美国第二大城市芝加哥举行了世界博览会，向世界展示了以电的使用为中心的第二次工业革命成果。晚上，由西屋电气公司提供交流电照明系统将万盏华灯点亮，整个会场如同白昼一般。交流输电的优点第一次展示在全世界面前。同年，该公司在和通用电气公司竞标尼亚加拉大瀑布水电站中胜出，这是交流输电在商业上的一次巨大成功，它为世界的电气化树立了标准。也就是在此前后，美国超过了英国，成为世界最大的经济体。

西屋和特斯拉在交流电上所获得的成功，并没有让爱迪生和通用电气公司放弃直流电，而是开始了很长时间的直流电和交流电之争。交流电在传输和电机上的优势是显而易见，它可以在几乎不损失什么电量的前提下传输几百公里，而直流输电的传输距离只有几公里，否则在线路上损失的电量会高过实际使用的电量。这么明显的输电效率差距，使得通用电气公司在竞争中落在下风。

那么为什么爱迪生不采用交流输电呢？不少书籍提到，那是因为爱迪生到了"晚年"开始变得保守而固执，不愿意接受新事物，其主要的依据是爱迪生曾经激烈地批评过交流电的副作用。不过实际情况远不是这么简单。1887 年，爱迪生只有四十岁，远没有到"晚年"，这位长寿的发明家活了84 岁，四十岁正是他新发明不断涌现的年头。到了 1930 年，爱迪生还发明了实用的电动火车，因此说他那时就思想保守是说不通的。爱迪生不采用交流电除了他偏爱直流电外，还有一些更重要的原因。

首先，交流发电不是爱迪生想采用就可以采用的，因为西屋和特斯拉的交流输电、发电和交流发电机技术是受到专利保护的，西屋采用了特斯拉的技术，为此支付了高额的专利费，差点因此而破产，这个我们后面要提到。特斯拉和爱迪生一生交恶，怎么能指望特斯拉让爱迪生低价使用专利

2

最初爱迪生的直流电标准为110V，特斯拉的交流电为220V，60Hz，后来西屋说服了特斯拉将电压降低到更安全的 120V。今天美国交流电标准为120V，60Hz，但是实际测量到的电压平均为 117V。

呢？从商业的角度考虑，如果专利的成本比发电成本还高（当时西屋面临的情况就是如此），任何人在爱迪生的位置上一定是宁可在电路上损失掉一半的电量，也不愿支付高额的专利费。

其次，爱迪生的通用电气和西屋电气的竞争是商业竞争，为了在商业上打败对方，爱迪生诋毁交流电，不等于他真的相信他自己的那些鬼话。美国的专利保护期一般是 17 年，爱迪生要做的就是在这 17 年里不要输掉，而他采用的方法就是在商业上压垮对方。

最后，也是非常重要的，在资本主义社会永远不能忘记资本的力量，在爱迪生的背后是 J.P. 摩根等人，大家都很清楚，直流电和交流电之争，除了是技术的竞争，还有资本的较量，谁笑到最后，谁就赢者通吃了。

上述原因说到底是一个"利"字，作为一个企业家，爱迪生必须让自己的企业活下来，然后才能有所发展，而不是说"哦，交流电好，大家用交流电吧，我的企业生死无关紧要。"在这样的前提下，爱迪生和通用电气公司坚持使用直流输电。在和西屋电气的竞争中，通用电气公司也有自己的优势。首先它有来自爱迪生本人巨大的影响力，其次它占了率先起步的便宜，在 1887 年，也就是特斯拉在美国电气工程师协会展示交流电之前，通用电气公司在美国已经建立了一百多家电站。由于两边各有优势，这场龙争虎斗便一时间难解难分。在直流交流之争中，爱迪生不断地寻找交流输电的缺点，他找了几个理由，比如高压交流输电太危险（高压输电电压可以高达 70 万伏），60Hz 的电压变化对人体有害（直到今天也没有找到这种说法的根据），这些没有根据的说法在客观上损害了爱迪生作为著名发明家的名誉。不过，我们在前面提到，爱迪生也有苦衷。在特斯拉的专利到期之后，美国在相当长的时间里，采用了交流输电和直流输电并存的方式，即在城际之间长途输电采用交流高压输电，在城市内部采用低压直流输电。按照《纽约时报》的说法，纽约市最后一批使用直流电的用户一直将直流电用到了 2005 年 [3]。

这场龙争虎斗的结果是爱迪生通用电气公司和西屋电器公司两败俱伤，都

3
2007 年 11 月 14 日
《纽约时报》Off
Goes the Power
Current Started by
Thomas Edison.

面临破产的困境，这时，资本的力量显现出来了。J.P. 摩根早就看到了电在不久的将来会引发一场改变世界的革命，他在爱迪生办公司时就和范德比尔特家族的一些人给予了爱迪生支持，现在，他趁着爱迪生通用电气公司财务上的困境，大量注资该公司，并且通过并购其他的电气公司组成新的通用电气公司。在进行了股权重组之后，摩根成为了通用电气公司最大的股东。有了钱，一切就好办了，通用电气公司活了下来。而与此同时，西屋电气则遇到了财务危机。根据以前和特斯拉的协议，西屋电气公司已经为专利支付给特斯拉等人 20 万美元了，换算下来，相当于每度电 2.5 美元。如果这样继续每度电两美元专利费地支付下去，西屋电气公司就只有关门了。最后经过与特斯拉等人的协商，西屋电气以一个合理的价钱（近 22 万美元）买断了他们的专利，从此公司算是活过来了，并使交流电在全世界得以普及和推广。

除了在电力上的贡献，西屋还建立了通过煤气管道长距离输送煤气的系统，从而使煤气灶和煤气炉在美国开始普及。遗憾的是，西屋本人的命运却颇为凄惨，后来由于经营不善，他失去了对西屋电气公司的控制。1912 年他与公司脱离关系，两年后他在贫病交加中于纽约州去世。不过历史并没有忘记西屋的贡献，1955 年，他被选入美国名人堂。

特斯拉和他的两个助手从西屋电气获得了几十万的专利费，他又把这些钱都投到了发明创造中，其中最大的投入就是在 1900 年建立的瓦登克莱弗塔（Wardenclyffe Tower）。这其实是一个大功率的无线发射塔，按照特斯拉的设想，它可以向大西洋对岸传送电话、广播，甚至无线输电。这个想法实在太超前，到今天也没有实现，不过在当时它可是很吸引投资人的概念。特斯拉很快筹集了 15 万美元（相当于今天大约 300－400 万美元），其中一多半来自 J.P. 摩根。一年后特斯拉就没钱了，然后他又去问摩根要，摩根非常诧异这么多钱都去哪里了。特斯拉说："钱都在 1901 年的金融危机中化为了泡影。"这个解释当然让摩根很不满意，他回绝了特斯拉继续投钱的请求。没有了钱，特斯拉的项目将面临还没开工就关门的命运，因此他先后给摩根写了 50 多封信要钱，上了一次当的摩根到死都没有再

图 14.9　特斯拉的瓦登克莱弗塔，该项目于 1917 年终止

给过特斯拉一分钱。特斯拉这个超越时代至少一个世纪的项目，一直在为融资而发愁，直到 1917 年第一次世界大战期间因为经费不济而关闭。

特斯拉后来还搞了很多发明，想法都非常超前，但是都没有实用性，或许在接下来的一个世纪里他的这些想法可以实现。特斯拉一生从各种专利上挣了不少钱，但他不是一个精明的实业家，钱来得快去得也快，还经常拖欠房钱。1943 年，86 岁高龄的特斯拉在纽约去世，当时已经没有多少人还在关注这个曾经改变了世界的大发明家了。

爱迪生的晚年相比之下则是风光无限，除了电灯，爱迪生一生还有很多重要发明，包括留声机、改进的电报机、电影放映机和电影摄像机等等，并且他于 1903 年拍制了第一部故事片电影。这些我们在后面还会讲到，相比特斯拉，爱迪生的发明要实用得多，事实上他的这些发明改变了世界，作为发明家，爱迪生在改变世界上无疑贡献更大。

1929 年 10 月 21 日，在电灯发明 50 周年的时候，人们为爱迪生举办了盛大的庆祝会，爱因斯坦和居里夫人等著名科学家纷纷发电报向他祝贺。不幸的是，就在这次庆祝大会上，当爱迪生致答谢辞时，由于过分激动，当场昏厥过去。从此，他的身体每况愈下，并在两年后去世。为了纪念爱迪生，美国全国停电一分钟，在这一分钟里，从美国东海岸到加利福尼亚陷入了一片黑暗；一分钟后，整个北美大陆又灯火通明。爱迪生是现代的普罗米修斯，为人类带来了光明，他向历史宣告人类电的时代到来了。

第三节 第二次工业革命

在全世界历史上 75 个最富有的人中，居然有三分之一出生在同一个国家，并且诞生在前后 10 年时间里。洛克菲勒、卡内基……这些人们熟知的工业大王们都是在 1830—1840 年之间出生于美国。从统计上讲，如果背后没有一种冥冥的力量在控制，这种事情绝对不可能发生，因为它发生的概率只有大约 10^{-35}。因此这里面必然存在着一些根本的原因，那就是美国社会的相对公平性，以及他们在自己年富力强时赶上了 1870—1890 年的美国工业革命，也称为人类第二次工业革命。

在 19 世纪以前的两次产业革命都首先源自动力革命。农业革命是通过畜力代替人力，大大提高了耕作的效率。在奴隶社会，一匹马可以换到三个奴隶，说明动力在当时的重要性。其后，水力和风力的使用帮助英国开始了工业化。在英国发生的第一次工业革命，其核心是蒸汽动力取代畜力和水力，机械代替人工。动力的革命使得英国在经济和科技水平上一下子拉大了与欧洲其他国家的差距。而当电力作为工业的主要动力登上了历史的舞台时，便引发了美国的工业革命，也称为人类第二次工业革命。

蒸汽机虽然提供了人类历史上第一种人工产生的自动动力，但是它有很大的局限性。比如蒸汽机体积都很大，虽然能提供很大的功率，但是机器的转速相对比较慢。这些特点决定了蒸汽机适用于大中型的工厂、矿山和运输设备（比如火车）。但是由于体积的原因，它无法用于小车间和工作室，比如用来驱动一个小的钻床和牙医的工作台。其次，蒸汽机的转速不可能很快，瓦特万能蒸汽机早期的转速每分钟不到 10 次，虽然可以通过齿轮和皮带的组合提高转速，但是提高的幅度有限，这样一来，很多事情（比如驱动高铁）就做不了。再有，蒸汽机启动和关闭都比较慢，因此它适合一次启动后工作较长时间，比如驱动抽水机不断抽取矿井里的水，但是蒸汽机做不到即开即停，不能作为大楼的升降梯的动力源。除此之外，蒸汽机要不断地加煤加水，使用不便。电动机能克服上述不足。它可以做成各种形状、各种功率以及转速，适用于各种场合。它的启停都非常快，随时可以使用。相比蒸汽机，电动机更加灵活、方便。

电动机的一大特点是转速快，它可以比蒸汽机快一到两个数量级，这导致了更多发明的出现。比如现代的车床就因此而诞生，车床的出现使得金属的加工变得精密而容易，不仅制造出各种器械，而且发明了各种枪炮武器。大功率高转速的电动机（马达）还带来了铁路的电气化，可以说没有电就没有今天的高铁。

到了 19 世纪末和 20 世纪初，电成为了工业化国家重要的动力来源，作为动力，它不仅仅是提高转速、使用方便那么简单，而是通过单点的突破带动了城市化的进程，这个突破就是电梯。电梯的出现使得人们可以把楼建高，从此建筑业得到了很大的发展。20 世纪初，在美国纽约和芝加哥等大城市，摩天大楼开始雨后春笋般地出现，就如同从 20 世纪末到今天人们在中国沿海城市看到的那样。有了电，有轨电车和地铁相继出现，带来了城市公共交通的发展。这两点结合在一起产生了世界上的超级大都市，西方各国的大都市都是在 19 世纪末 20 世纪初形成的，从某种意义上讲，大都市化完全是第二次工业革命的成果。

电本身还有一些特殊的性质，如正负极性，利用这些性质可以让物质发生化学变化，比如将化合物变成另一种化合物或者单质。这样，电的使用就催生了很多新的产业出现以及传统产业的革命，比如电彻底改变了冶金业。冶金业是人类最古老的行业之一，但是在没有电之前，人类只能生产很少几种金属（金、银、铜、铁、锡和铅等）和合金（青铜），而且一般都很难做到精纯。法国皇帝拿破仑三世沉迷奢华，常常大摆宴席。在宴会上，客人的餐具是用银制成的，而他自己却用铝制品，因为当时冶炼铝十分困难，铝的价格比黄金要高得多。有了电之后，人们发明了电解铝的制造方法，铝的价格就跌到了现在所谓的白菜价，也正因为如此，铝才得以广泛地用于各行各业。即使是人类最早使用的金属铜，在过去的几千年里，人类使用的都是粗铜，如果用来做导线，电阻比较大而且容易折断。而真正的精铜，也需要靠电解才能获得。至于其他各种金属和合金的制造，则更离不开电了。有了这些合金，才有了后来的航天和航空工业的发展。

电也是化学工业的催化剂。在 19 世纪，化学有了突飞猛进的发展，但是几乎所有的成就都是在实验室里取得的，人类还无法大规模地生产化工产品。电的使用，让化学从实验室走向产业化。从化肥到农药，从人造纤维到各种生活用品，从建筑和装修材料，再到油漆涂料，没有电，今天我们使用的大部分化工产品就都制造不出来。电的使用创造出了一个今天产值高达 3 万亿美元[4] 的化工产业。

4
http://t.cn/8sDA8yS

电对于美国工业革命的另一个巨大影响是各种电器的发明，它们不仅形成了新的产业，而且改变了社会生活。在这些产业中，以电话为核心的通信产业成为了今天全球最大的产业之一，而且大大地方便了人类的生活，提高了社会的效率。这些我们在第十三章"缩短的距离 —— 交通和通信的进步"一章中已经介绍过了。在早期的电器中，除了电灯和电话外，具有代表性的还有留声机和电影，以及后来的收音机，这些发明导致了娱乐产业的出现。

发明早期留声机和早期电影的还是爱迪生，但是将它们形成产业的却是靠很多人的努力。1877 年，爱迪生发现电可以将机械振动和声音振动相互转换，进而发明了留声机，这样人类就第一次可以储存声音了。但是，爱迪生最初发明的留声机是以

图 14.10　早期的留声机，靠锡箔滚筒记录声音

锡箔制滚筒，钢针播放，每个滚筒只播放几次便耗损了，因此很难商业化。

真正发明了我们所见到的留声机的，是美国德裔工程师埃米尔·伯林纳（Emile Berliner，1851—1929）。1887年，他研制出一种叫Gramophone（根据希腊语"字"和"音"而得名）的唱盘式留声机，这种留声机使用圆形涂蜡（后来用虫胶）锌版作为播放和录音的媒体，同时也可制成铜板镀金的母版，然后进行复制。这种虫胶的唱盘使用寿命要比锡纸滚筒长很多，这样就使得唱片商业化成为可能，并成为了今日唱片的始祖。1895年，伯林纳说服了一些商人给他投资两万五千美元，成立了世界上第一家碟式唱机和唱盘公司——伯林纳留声机公司。

留声机的出现开创了世界音乐市场，并且改变了人们欣赏音乐的方式。以后技术含量更高的录音机（包括便随身听）和激光唱机取代了留声机，先后成为个人音乐市场的主要电子产品。这些产品使得音乐开始广为传播。1999年，各种音乐制品（激光唱片，录音带等）的市场量达到顶峰，仅美国市场规模就达146亿美元。不过，随着互联网的普及和各种数字化音乐播放器（比如iPod）的出现，传统唱片市场迅速萎缩，到了2009年，美国的市场规模只剩下63亿。不过即使如此，这个市场依然比电灯泡的市场大。

留声机和后来各种家庭（和个人）电子音乐设备的出现，给音乐这个最古老的娱乐和艺术带来了革命性的变化。直到近代，听音乐还只能到音乐厅（在中国是戏园子）或者将表演者请到家里，这样就只有少数人有机会享受世界上最高水平的表演。在欧洲听过肖邦钢琴演奏的恐怕只有数百人而已，听过李斯特钢琴演奏的也不会超过数万人。同样，在中国清代，听过最好的京剧演出的人也只能在万这个数量级。这样一方面大众无法享受到一流的表演，另一方面却为二流甚至三流音乐从业人员提供了生存空间。但是，当留声机等产品，尤其是激光唱机和高保真音响出现后，普通百姓在家就能欣赏到20世纪最好的钢琴家鲁宾斯坦演奏的肖邦的《波罗乃兹舞曲》和《练习曲》[5]，或者京剧大师梅兰芳唱的《贵妃醉酒》。这一方面

5
练习曲不能按字面理解，它不是给学生练习使用的简单曲目，而是专门训练技巧的音乐作品，常常成为很多钢琴家和小提琴家炫耀技巧的作品，因此难度常常很大。

使得优秀的文化得以快速传播，从此有了一个新的行业——娱乐传媒业，另一方面使得二流和三流的艺术家生计成了问题。和很多产业一样，电的出现引发了赢者通吃的马太效应。

电对传媒的影响远不止在音乐上，到了 19 世纪末 20 世纪初，电影开始出现并得到了蓬勃的发展。我们在前面讲过，爱迪生发明了早期的电影，但是如果你去问法国人谁发明的电影，他们则会说是卢米埃尔兄弟。那么谁才是电影真正的发明者呢？答案是两者都是！这一切要从电影发明的过程说起。

1886 年，乔治·伊士曼（George Eastman，1854—1932，伊士曼柯达公司的创始人）发明了连续的卷式底片，两年后推出了柯达相机（柯达是相机的名字，不是发明家的名字）。伊士曼的口号是："你只需按动快门，剩下的交给我们来做。"爱迪生很早就打算制作能够播放连续影像的机器，1888 年 2 月他发明了留声机后，一直想同步播放影像和声音。他从柯达相机中受到启发，立刻将底片买回来，请他的助手威廉·狄金森（William K.L. Dickson，1860—1935）研究，很快他们研制出一种旋转式幻灯机，能够让马在屏幕上跑起来。爱迪生等人还将它和留声机同步起来，但是当时一来留声机声音很小，无法让很多人听清楚，二来同步经常出问题，听起来很滑稽可笑，因此，爱迪生等人放弃了在早期的电影中加入声音。

狄金森在研制出这种旋转式幻灯机后，继续进行更深入的研究，最终想到把电影胶片卷到两个圆盘上，一个圆盘转动并且通过赛璐珞的胶卷带动另一个转盘。这种电影机在整个 20 世纪都一直使用，直到 20 世纪末被数字化的播放机取代。

有了电影机后，爱迪生又创造

图 14.11　早期旋转式幻灯机

图 14.12 伊士曼（左）和爱迪生（右）

图 14.13 最早的银幕投影电影《工厂的大门》

出了世界上最早的摄影棚，开始了电影的拍摄。他将摄制的胶片影像在纽约公映，但他的电影每次仅能供一人观赏，观看者趴在一个小窗口外观看，这样就吸引来周围很多好奇的人，一下子便引起了轰动，这种一个人看的电影在清朝末年已经传入中国，被称为西洋景。

将电影搬上"大"屏幕，并且让观众坐在电影院看电影的是法国发明家奥古斯特·卢米埃尔（Auguste Marie Lumiere，1862—1954）和路易·卢米埃尔（Louis Jean Lumiere，1864—1948）兄弟，他们在爱迪生的电影播放机和自行研制的连续摄影机的基础上，成功研制出集摄影、冲印和放映三种功能于一体的电影机。它以每秒16帧的速度拍摄和放映电影，图像清晰而稳定。1895年，他们在巴黎法国科技大会上首放影片《工厂的大门》获得成功。虽然这部短片只有46秒钟（在YouTube上可以看到），而且画面上除了工人走出工厂，不再有任何情节，但是这部短片却宣告了现代电影的诞生——从此，人们可以坐在电影院里一起看电影了。因此，电影界也将卢米埃尔兄弟称为电影之父。

电影是第二次工业革命的成果。有意思的是，电影发展速度最快的时期恰恰是1929—1933年全球经济大萧条期间，好莱坞从那时开始在全世界闻名。当大家吃不饱肚子的时候，反而愿意去看电影，这倒是一件怪事。到了2008—2009年金融危机时，电影院的票房再次开始增长，而租赁电影的人也增加了很多。一些经济学家认为，电影相对其

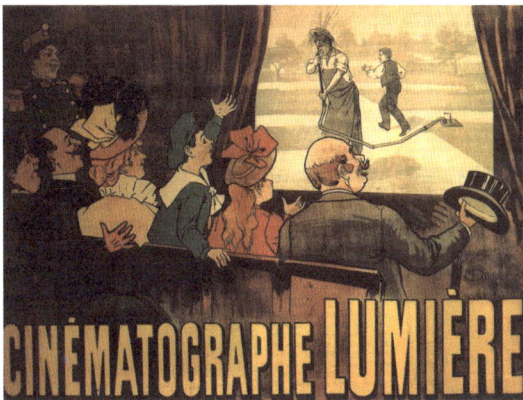

图14.14　卢米埃尔兄弟公司早期电影的海报。

他娱乐是最便宜的。2013年，全球主要国家（11个）的电影票房总收入为360亿美元[6]左右，已经是一个不小的产业。更重要的是，电影让人们的生活丰富了很多。当然这一切都要归功于电。

到了上个世纪20年代，各种电器相继被发明出来，电视机、洗衣机、电冰箱、微波炉、空调等等，这些电器不仅大大地方便了我们的生活，提高了生活质量，更重要的是改变了我们生活的方式，并且加快了社会的节奏。就在电器行业成为全球最大产业的同时，它也成为了全球现代化的先锋。

当然，在所有用电的机器中，对社会改变最大的当属在二战后出现的电子计算机。从此，人类开始步入信息时代。关于计算机对社会的影响，我们在本系列第三册会有专门的章节讲述。

第四节　电的产生

早在19世纪中期，焦耳就指出能量不可能凭空产生，只能从一种形式转换成另一种形式。电也是如此，从其他能源转换而来，俗称发电。

最早使用的电来自于电池（莱顿瓶的电量少得微乎其微），它是将化学能转换成电能。早期的电报使用的就是串联起来的电池，但是由于成本太

6

数据来源：美国电影协会（Motion Picture Association of America），官方网站 http://www.mpaa.org

高，它无法作为工业的动力。1847 年，德国工程师维尔纳·冯·西门子（Werner Siemens，1816—1892）创立了著名的西门子公司。1866 年，他根据电磁感应原理发明了发电机。发电机的诞生使大规模、低成本（相比电池）发电成为现实。

早期的发电机效率依然很低，英国的工程师查尔斯·帕森斯（Sir Charles Algernon Parsons，1854—1931，后来被封为爵士）在研究了轮船引擎和鱼雷的原理后，发明了蒸汽涡轮机并取得专利，大大提升了发电效率。1889 年，帕森斯在泰恩河畔的纽卡斯尔建立了 C.A. 帕森斯公司，生产涡轮机并销往世界各地。帕森斯的首批涡轮机在 1890 年问世，当时的输出功率为 75 千瓦，大约相当于今天一辆本田思域或者大众帕萨特的输出功率。这样的功率现在看来实在是太小，但是在当时已经非常了不起了。帕森斯恐怕没有想到，他发明的蒸汽涡轮机后来成为将蒸汽的热能转换成电能的主要发电设备。随着世界各地越来越多的公司开始研发涡轮机，涡轮机取得了迅速发展。1931 年帕森斯去世时，一台基于他的最初构想设计的蒸汽涡轮机可发电 70 兆瓦（7000 万瓦），几乎是帕森斯设计的第一批涡轮机发电量的 1 千倍。自从可以大规模、稳定供电后，小至灯泡，大到工业设备，很多人工产品都依靠电力提供能量。1900 年，电力仅满足美国制造业 5% 的能源需求，而到了 1950 年，这一比例上升至 70%。廉价、便捷、大规模的发电方式对世界的发展产生了巨大影响。

早期的发电机靠火力（蒸汽）和水力发电。19 世纪末，世界上很多国家都建立了非常小型的发电站，比如 1875 年巴黎在火车站建成的电厂，专门为火车站供电。1879 年，第一个商业化的电厂在旧金山市建成，使用的是布鲁什（Charles Brush，1849—1929）设计的发电机和弧光灯照明系统。1880 年，爱迪生建起了他的第一个电厂，同年，美国在密歇根州建成了第一个水力发电站，给当地的戏院供电。1881 年，美国在美加边境的尼亚加拉大瀑布地区开始尝试建水电站，并于第二年开始发电，虽然这家水电站两年后就破产了，但是在大瀑布旁同时建造的另一个水电站却用了几十年。后来美国和加拿大又在大瀑布周围分流，建立了很多小规模的水电站，但是没有动这个落差高达 58 米的大瀑布本身。

早期的电站不仅输出的电力很少，而且大多是专为火车站或剧院照明而建，并不是专门为了出售电力而建设的。世界上第一个建立商业电厂的还是爱迪生。1882 年爱迪生在纽约市内的珍珠街建起了一家电厂并开始向市民供电，发电机是爱迪生自己设计的，以煤为燃料。当时，由于采用直流输电，电力传输距离很短，因此电厂必须修建在闹市区。在采用了交流高压输电后，电厂就可以建到市郊了，这样既可以建设大规模的电厂以提高发电效率，也有利于保护城市的环境。

图 14.15　尼亚加拉水电站是在湖底修隧道将水从地下引入下游，发电机在隧道中，不破坏原有景观和环境

中国发电的历史和美国几乎是同步的，1882 年上海的英商上海电光公司建起了中国第一家发电厂，为南京路照明供电。夜幕下的弧光灯明亮晃眼，当时人们从未见过如此亮的路灯（此前上海的租界里已经有了煤气灯），给它起了个大俗大雅的名字"赛明月"，这个电厂这也是世界上最早的发电厂之一，只比法国晚七年，比日本还早了好几年。

直到第二次世界大战，世界上的发电能源几乎全都依靠燃煤和水电。煤的污染大，而水电除了一次性投入大以外，在最近的几十年也引发了对地球环境和地质变化的忧虑，争议也很大。因此，人类一直在寻找利用其他能源发电的方法。二战后核电异军突起，成为发达国家电力的主要来源之一。对于核电安全性的担忧，我们在后面的章节会提到，不过在这里我们可以先给出一句结论：在今天的技术条件下，核电是成本低、相对安全、温室气体排放少的首选能源。

在注重环保的今天，人类开始研究如何使用水能之外的其他可再生能源发电，这包括我们熟悉的太阳能、风能、地热和相对陌生的生物质能。不过这些能源目前占世界发电量的 3% 不到，而且有各种各样的局限性，比如利用光伏太阳能板发电，发电本身没有污染了，但是制造这种基于硅的太阳能板却是高污染的。我们在后面的章节中会分析，太阳能发电成本非常高，而且短期内降不下来。风能发电虽然成本较低，但是发电量非常不稳定，这样的电力是电网最不愿意接受的，因为它们很难利用好。下表是国际能源机构提供的 2008 年世界各种能源发电量的占比，从表中可以看出，煤仍然是全世界最主要的电力来源，而除了水能以外的各种可再生能源对电力的贡献只有 3%，人类寻找清洁能源依然任重道远。

表 14.1　电力的来源（2008 年，国际能源机构 IEA 提供数据）

	煤	石油	天然气	核能	水能	其他	总量
发电量（10 亿度 / 年）	8,263	1,111	4,301	2,731	3,288	568	20,261
发电功率（10 亿瓦）	942.6	126.7	490.7	311.6	375.1	64.8	2311.4
比例	41%	5%	21%	13%	16%	3%	100%

第五节　核聚变发电

其实，地球上有比现在更多、更清洁的能源可以利用，但是碍于技术的原因，人类现在却无法利用。如果能实现核聚变发电，人类就有取之不尽、用之不竭的能源了。核聚变所需的材料氘和氚在海水中大量存在，一升水中的氘和氚如果完全发生核聚变反应，释放的能量等于三百升汽油燃烧所释放的能量。

核聚变的原理和太阳发光的原理相同，它是将原子量小的元素（在元素周期表中必须排在铁前面，比如氢）快速碰撞，变成原子量较大的元素（比如氦），在这个反应中，会有质量的损失，而根据爱因斯坦的质能转换原理，损失的质量会变成巨大的能量。

人们很早就知道了可以通过核聚变获得大量能量。1928 年，著名的美籍俄罗斯物理学家乔治·伽莫夫（George Gamow，1904—1968）推导出现在被物理学界称为伽莫夫因子的量子力学模型。伽莫夫虽然没有获得诺贝尔奖，却有很多重大发现。除了核聚变，伽莫夫还是曼哈顿计划的主要成员之一，他提出了宇宙大爆炸学说，并且最早提出了遗传密码，同时他还是著名的科普作家，写过《从一到无穷大》等畅销书。我们在后面的章节里会经常看到这个名字。对于核聚变，伽莫夫认为，两个核子足够接近时，强作用力可以克服静电力（也称为库仑障壁）结合到一起。一年后，英国物理学家罗伯特·阿特金森（Robert d'Escourt Atkinson，1898—1982）和德国物理学家弗里茨·豪特曼斯（Fritz Houtermans，1903—1966）根据伽莫夫的这个理论预见了当两个轻原子核中高速度下碰撞时，可能会形成一个更重的原子核并且释放出大量的能量。1933 年英国科学家马克·奥利芬特（Mark Oliphant，1901—2000）发现用氢的同位素重氢和超重氢（卢瑟福把它们称为氘和氚）的原子核发生反应，可以获得巨大的能量[7]，这甚至是在迈特纳（Lise Meitner，1878—1968）和哈恩（Otto Hahn，1879—1968）成功地进行核裂变实验之前。

7
一个重氢原子氘和一个超重氢原子氚反应，可生成一个氦原子和一个中子，同时释放 17.6MeV 的能量。

在二战之前，伽莫夫和美籍匈牙利科学家爱德华·泰勒（Edward Teller，1908—2003）推导出进行核聚变反应所必需的条件，尤其是原子核运动的速率，他们由此相信恒星内部温度极高。在曼哈顿计划开始时，利用核聚变制造武器的研究也在进行，但是在没有原子弹之前，人类根本无法达到核聚变所必需的高温，因此这项研究一直没有进展。直到原子弹试爆成功后，人们才有可能从原子弹爆炸中获得核聚变所需的高温，核聚变的研究才开始有了突破性进展。由于原子弹之父奥本海默和很多科学家不愿意制造大规模杀伤性武器，氢弹的研究便交给了奥本海默的助手泰勒，直到 1951 年才取得突破，1952 年第一颗氢弹试爆成功。人们发现氢弹释放的能量是同样质量的原子弹的几十倍。

但是用原子弹引爆的核聚变反应不可控，释放的能量无法利用。要想利用核聚变产生的能量，就必须实现可控制的反应。不过这并不容易，因为

核聚变反应需要几百万度的高温。在这样的温度下，没有任何容器可以
"盛"参加反应的物质，这也是人类知道地球上最多的能量所在，却无法
利用的原因。

在科学上，只要提出问题，就会有解决办法。虽然现有看得见的容器盛不
了那么"烫"的反应物质，但是看不见的"容器"还是有可能做这一点的，
这个容器就是磁场。大家可能会问，磁场怎么"盛"物质？这就要从物质
的基本形态说起了。

8
根据电磁感应原理，
电流会在其周围空
间建立磁场，使得
相互平行的载电导
体或者带点粒子束
相互吸引。若载流
导体是液体或等离
子体时，则由于离
子的运动所产生的
磁场可使导体产生
收缩。犹如其表面
受到外来力，向内
的压力。导体的这
种收缩称为箍缩效
应。

9
1958 年诺贝尔物理
学奖得主，前苏联
氢弹的主要设计者
之一。

10
著名物理学家，前
苏联氢弹之父，同
时也是持不同政见
者，因呼吁美苏核
裁军而获得诺贝尔
和平奖。

我们都知道物质有三态：固态、液态和气态，其实当物质的温度高到一定
程度后，它还有第四种状态 —— 等离子态。在等离子态，电子基本上和原
子核分开了，处于游离状态，原子核之间就可以互相接近。如果有办法让
这些高温等离子体的物质悬在空中，不接触容器壁，那么目的就达到了。
事实上在氢弹爆炸之前，英国物理学家、诺贝尔奖得主汤姆逊 (George
Paget Thomson，1892—1975) 就于 1946 年提出，利用箍缩效应 [8] 使等离
子体离开容器壁，并加热到热核反应所需温度来实现可控核聚变反应。不
过二战后英国科研经费短缺，这项研究也就搁浅了。同期前苏联也开展了
类似的研究，著名物理学家塔姆 (Igor. E. Tamm，1895—1971) [9] 和萨哈罗
夫 (Andrei. D. Sakharov，1921—1989) [10] 提出，在环形等离子体中通以大
电流，所产生的强大的极向磁场和环向磁场一起形成一个虚拟的容器，可
以将等离子体约束在磁场内部。这个磁场的容器，有一个学术的名称，叫
做磁场位形 (magnetic configuration)。基于这个原理，物理学家发明了
一种称为托卡马克 (Tokamak) 的可控核聚变装置。Tokamak 一词是几
个俄文单词环形 (тороидальная)、空腔 (камера)、磁 (магнитными)
和线圈 (катушками) 四个字的缩写，因为它最初是由前苏联阿齐莫维
齐等人发明的。

托卡马克的中央是一个环形的真空室，外面缠绕着线圈。通电时，托卡马
克内部会产生巨大的螺旋型磁场，将加热到高温的等离子体约束在一定的
空间内，以达到核聚变的目的。这个原理虽然简单，但是要做到可持续的
核聚变却并不容易。在冷战期间，苏、美、英三国在可控核聚变研究上最

领先，他们原以为氢弹爆炸后，很快就能实现可控核聚变，就如同当年费米在核裂变实现不久就很顺利地制造出人类第一个可控反应堆那样，于是他们彼此保密。但是事实证明，他们把问题想得太容易了。经过十多年的努力，三国的研究都陷入停滞，科学家们这才意识到，可控核聚变比预想的难很多，很快建成聚变反应堆的想法不切实际，再保密下去就不利于研究工作的进展了，于是三国科学家开始了互访交流。1958 年在瑞士日内瓦举行的第二届和平利用原子能国际会议上，三国展出了各自核聚变实验装置，并达成协议，互相公开研究计划和成果。这次会议以后，受控热核聚变研究的重点逐步转移到高温等离子体等基础问题上。

1968 年，在前苏联召开的第三届会议上，各国科学家报告了各类装置的实验和研究进展。前苏联科学家阿齐莫维奇公布了他们在托卡马克 T–3 上氘 - 氘反应取得的结果。电子的温度能达到 1keV（千电子伏），大约相当于一千万度，离子温度达到 0.5keV，大约相当于几百万度。会上有些科学家对此结果表示怀疑。第二年，英国卡拉姆实验室（Culham Laboratory）的主任皮斯（R. S. Pease）在征得阿齐莫维奇同意后，派了一个专家组，核实了 T–3 的电子温度无误。从此，各国掀起了建造托卡马克的热潮。很快美国普林斯顿等离子体物理实验室建成了托卡马克 ST，并且验证了 T–3 的实验结果。法国建成了 TFR 托卡马克，并且在上个世纪 70 年代领先于世界。前苏联也将 T3 升级到 T4，电子温度更是达到了 3keV，同时强磁场可以约束等离子体 10 毫秒。

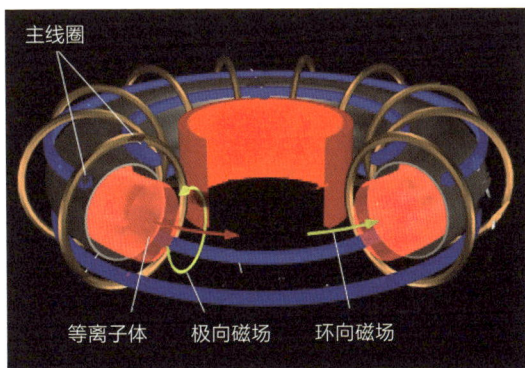

图 14.16 可控和聚变托卡马克装置的示意图

到了 20 世纪 80 年代，核聚变研究的热点转向了经济上可行的可持续核聚变上。要产生强磁场，就要有大电流，超导开始用于托卡马克，这样就可以形成足够强大的磁场，将高温等离子体约束在磁场中。在托卡马克强磁场的约束下，高温的氘氚等离子体发生核聚变反应，释放出巨大的能量，并且能持续反应几秒钟。当然，这么大的电流（上百万安培）需要消耗巨大的能量，而且比反应堆产生的能量还多，这显然不可行。因此，各国核聚变研究的重点就放在如何提高输出能量和输入能量之比（也称为能量增益），也就是科学家们常说的 Q 值。当然，不同的反应物释放的能量不同，为了便于比较，大家在计算 Q 值时，以氘氚反应为准，如果进行的不是氘氚核聚变而是其他元素的核聚变，则将获得的能量增益转换成相应氘氚反应的对应值。经过各国科学家的努力，从上个世纪 80 年代开始，这个值从大约 0.2 开始不断提升。

到了 20 世纪 90 年代，更多国家加入可控核聚变的行列。1997 年 12 月，日本方面宣布，在 JT－60 上成功进行了氘 - 氘反应（注意：不是氘氚反应）实验，得到的 Q 值应该在 0.2 到 0.25 之间。由于两个氘原子反应释放的能量只有氘氚反应的五分之一到四分之一，因此日本方面假定如果能在此条件下进行氘 - 氚反应，那么释放的能量要高得多，所以他们将自己的试验结果对应到氘 - 氚反应上，宣布 Q 值达到 1.00。1998 年，Q 值又超过了 1.25，也是采用氘氚反应后放大的结果。但是这件事无法证实，因为在法国人的 JET（欧洲联合环体 Joint European Torus 的首字母缩写）上没有得到同样的结果。之后日本人又在 JT-60U（JT：日本环体 Japan Torus 的缩写）上获得了更高的等效能量增益因子，Q > 1.3，当然它也是从氘 - 氚实验得出的结果外推后算出的。这虽然是各国公布的效率最高的核聚变结果，但是距离实用差得还太远。在核聚变反应中，可利用的能量大约只有 1/5，因此如果释放的热能可以百分之百地用于发电和产生磁场，那么 Q 必须大于 5，消耗的能量和获得的能量才平衡。再考虑到热能转成电能，电能再转换成磁场有损失，国际上公认的能量收支平衡点 Q 必须做到 10 以上，而要使得核聚变发电具有竞争力，则 Q 值需要达到 30，因此目前试验阶段的核聚变和实用相去甚远，乐观的估计还需要 30 到 40 年的时间。

中国从 1990 年起，建设了大型超导托卡马克装置。中国成为世界上俄、法、日（俄罗斯的 T-15，法国的 Tore-Supra，日本的 JT-60U）之后第四个拥有同类大型装置的国家。从 1998 年到 2006 年，中国建成了世界上最先进的托卡马克装置 EAST（原名 HT-7U），电磁场全部靠超导产生。在 2006 年初 EAST 进行了第一次成功的实验。到 2013 年，该装置能够持续工作 1000 秒，创造了工作时间最长的世界纪录，这标志着中国在全超导核聚变实验装置领域走在了世界前列。中国有可能在可控核聚变上最早达到实用化，如果这个目标能够实现，这将是中国自农业文明以来对世界最大的贡献。到时候全球将不再有能源危机，电力供应将是无穷无尽的。

图 14.17　中国的超级核聚变装置 EAST

除了通过强磁场实现可控核聚变外，还可以通过激光实现可控核聚变，它也称为惯性约束核聚变。激光可控核聚变的原理比托卡马克更简单，它将强大的激光束打在一个固态氢球形靶丸上。这个过程极其短暂，仅持续五十亿分之一秒。强大的激光束产生强烈的冲击波，以每小时上百万公里的速度压碎靶丸，同时产生一亿摄氏度左右的高温。氢原子将发生聚变反应而生成氦原子，并释放出大量能量。目前这项研究已经获得了突破性进展，2014 年 2 月，美国劳伦斯—利弗莫尔（Lawrence Livermore）国家实验室的科学家们宣布，经过数十年的研究，他们在激光可控核聚变方面取得了重大突破，聚变产生的能量第一次超过了激发聚变所需的能量。当然这项技术距离实用还有非常大的距离。比如目前的成本高得难以接受，除了仪器设备造价高昂之外，原料的成本也很高，就拿固态重氢或者超重

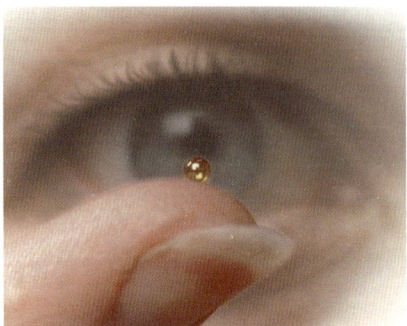

图 14.18　激光核聚变的靶球

氢靶球来说，因为要求绝对圆，一个直径两毫米的靶球造价就高达百万美元 [11]，不过劳伦斯—利弗莫尔实验室的成功至少让人类看到了利用可控核聚变获得能量的希望。

无论是采用强磁场还是激光实现可控核聚变，核聚变的实用化过程都要走四步。

第一步是成功点火，这一步各国都做到了。

第二步是产生足够的能量，即前面所说的 $Q > 30$ 的能量增益，这一点各国还都在努力。

第三步是工业化，也就是说这样的反应堆可以比较便宜地制造，重氢等核燃料可以比较便宜地获得。这一步为时尚早。

第四步才是商业化，要考虑很多因素，包括安全性、可靠性、易维护性（不能三天两头出故障），当然还有发电的成本，这又是更遥远的事情了。

概括起来讲，核聚变是目前已知的唯一一个没有污染、取之不尽用之不竭的能量来源，我希望在自己有生之年能看到核聚变发电实现商业化。

结束语

电的发现和应用极大地节省了人类的体力，并且延伸了人类的脑力。电对人类生活的影响是方方面面的，但是可以概括成三个方面，首先是作为动力或者能量，这是我们这一章所讲的核心；其次是靠电的特殊属性，催生出一大批新工业，包括化工、材料、冶金和建筑业等；最后，电是今天最有活力的信息产业的基本条件，计算机和通信产业都离不开电，这将是我们在第三册的几个章节中要介绍的重点。电的发现和使用可以媲美人类早期火的使用。火的使用促进了人类的进化和文明的发展，而电的使用让我们从黑暗走向光明。

附录　有关电的大事记

前 7—6 世纪，古希腊人记载了静电的发现

1706，　英国人霍克斯比发明手摇发电机

1729，　英国科学家格雷发现绝缘体和导体的区别

1732，　美国科学家富兰克林提出电流的学说

1745，　德国科学家冯·克莱斯特和荷兰科学家马森布洛克独立发明了存储电荷的莱顿瓶

1750，　富兰克林进行了风筝实验，证明闪电和电是一回事

1752，　富兰克林发明并在建筑上安装了避雷针

1800，　意大利科学家伏特发明了电池

1820，　丹麦科学家奥斯特发现电磁现象

1820—1827，法国科学家安培进行了大量电磁学实验，并且将他的研究成果发表在《电动力学现象的数学理论》一书中。书中记述了安培定律和电磁学方面的安培法则

1830，　美国科学家亨利发现电磁感应现象

1836，　美国画家莫尔斯等人发明电报

1866，　德国工程师西门子利用电磁感应现象发明发电机

1875，　贝尔和他的助手沃特森发明了可实用的电话

1879，　爱迪生改进了碳丝电灯，使得电灯的使用和普及成为可能

1887，　特斯拉发明交流电动机

1891，　爱迪生发明电影

1895，　法国发明家卢米埃尔兄弟发明现代投影播放的电影

参考文献

1　Jan Adkins. 爱迪生传（*DK Biography: Thomas Edison*）.DK CHILDREN，2009.

2　尼古拉·特斯拉. 被世界遗忘的天才：特斯拉回忆录. 王晓佳，译. 法律出版社，2010.

3　Sean Patrick. 特斯拉传（*Nikola Tesla: Imagination and the Man That Invented the 20th Century*）. 亚马逊免费电子书 .http://t.cn/8sD2wPv

第十五章　打开潘多拉的盒子

原子能的使用

1994 年 5 月，国际纯粹化学与应用化学联合会（IUPAC）建议把第 109 号元素命名为 Meitnerium，并于 1997 年正式命名，以纪念奥地利裔瑞典女科学家莉泽·迈特纳（Lise Meitner，1878—1968），并表彰她在发现核裂变上的贡献。在核物理方面，迈特纳的贡献堪与居里夫人相比，但是长期以来因为性别的歧视，她总是被忽视，而科研成果又常常被她的男性上司和同事们侵占。第一次世界大战期间，她发现了第 91 号元素 Pa，但是成果却被她的老板奥托·哈恩（Otto Hahn，1879—1968）以第一作者的名义发表[1]。1944 年关于核裂变的诺贝尔化学奖也只给了哈恩一人，虽然今天大家认为按照贡献大小，次序应该是迈特纳、哈恩、斯特拉斯曼（Fritz Strassmann，1902—1980）和弗里施（Otto Robert Frisch，1904—1979）。后来迈特纳获得过三次诺贝尔奖提名，但最终仍未得到诺贝尔奖。

图 15.1　德国邮票上的迈特纳

1

哈恩当时其实正在战场上打仗。

在迈特纳诸多可能获得诺贝尔物理学奖和诺贝尔化学奖的工作中，最重要的贡献在原子核裂变方面。这项发现无论是在过去、现在还是未来，对世界的影响都是巨大的。而和很多发现一样，核裂变的发现也多少有点偶然。

第一节　一分为二的液珠

宇宙中有几乎无数种分子，但是构成它们的基本元素只有一百多种，其中还有不少元素是极不稳定的。同一种元素有着相同的质子数（也称为原子数），从 1 排到 119 为止 [2]。在 20 世纪 30 年代，人类已知的原子数最多的元素是 92 号元素铀。既然不同元素的差异仅仅是在质子数上，如果给原子数少的原子增加一些质子，就应能得到原子数更大的原子。科学家们用质子束（或者其他粒子束，比如 α - 粒子束）轰击原子，一些质子会撞击到被轰击元素的原子核，并粘在上面，从而产生原子数更大的元素。对于某些元素，这样通过增加质子而得到其他元素的做法确实行得通，于是科学家们就在想，如果给当时已知原子数最大的铀增加一些质子，岂不就能创造出新的元素了？德国的迈特纳、哈恩和意大利的恩里克·费米（Enrico Fermi，1901—1954）等人都想到了这一点。1934年，费米宣布实验成功，他发现了第 93、94 号元素，并获得了 1938 年诺贝尔物理学奖 [3]。但是也有人质疑费米发现的是否为新元素。迈特纳和哈恩决定重复费米的工作。在前面关于科学的方法一章中，我们讲到重复别人的实验是新的研究工作的起点。但是一年多来他们做了上百次的实验却一直未能成功，而他们回过头来对原子数较低的元素做类似的试验却能够成功。后来证明费米发现的并不是新的 93 号元素镎。不过，也没人能解释为什么到了铀这里，原子数就加不上去了。

到了 1938 年，哈恩和迈特纳想到了一种可能性，会不会是铀衰变成了原子数更小的一种放射性元素镭 [4]？如果是这样的话，就能解释为什么得不到比铀原子数更大的元素。于是，他们决定监测具有放射性的镭的存在。可是，还没等他们开始实验，希特勒就开始迫害和驱除犹太人，具有犹

2

这是今天元素的数量，以后还可能造出新的元素。

3

因为"证明了可由中子辐照而产生的新放射性元素的存在，以及有关慢中子（delayed neutron，透过核分裂产物（fission products）衰变所释放的中子，并非直接来自铀燃料）引发的核反应的发现"，荣获 1938年诺贝尔物理学奖。

4

第 88 号元素，由居里夫妇发现，当时人们已经发现铀会衰变成镭。

太血统的迈特纳只好逃往瑞典。哈恩只得独自进行他们伟大的实验了。

迈特纳到了瑞典后，那里不仅实验条件和德国无法相比，而且她的新主管曼内·西格巴恩（Manne Siegbahn，1886—1978）[5]对她也不是很感冒，她基本上无事可做。哈恩在德国的实验也不顺利，他给莉泽·迈特纳寄去一封长信，其中记述了他实验失败的过程。原来哈恩用一束中子流去轰击铀，连镭的影子也没见到，却探测到了很多钡（Ba，原子序数56）——一种原子数相对较小的非放射性元素。他希望迈特纳能帮他解释这其中的原因。

这时正值圣诞节期间，迈特纳的外甥奥托·罗伯特·弗里施（Otto Robert Frisch，1904—1979）来到斯德哥尔摩和她一起过圣诞节。弗里施发现迈特纳正在读哈恩寄来的信，信中描述了用中子轰击铀却发现了钡这件怪事，于是便和迈特纳一起思考这件事。弗里施的第一反应是哈恩搞错了，因为钡原子的质量只有铀的 60% 左右。虽然当时物理学家和化学家都知道具有放射性的"大"原子会丢掉几个质子和中子衰变成"小一点"的原子，但是从来没见过一个原子一下子"小了"40%。但是迈特纳深知哈恩的化学功底深厚，绝不会犯这样低级的错误。看着窗外从房顶冰柱上滴下来的水滴，忽然她想到了伽莫夫[6]和玻尔（Niels Henrik David Bohr，1885—1962）的一种不成熟猜想，"或许原子并不是一个坚硬的粒子，而更像一滴水"，一个念头从她心中一闪而过，或许原子这滴液珠一分为二变成更小的液珠了。

迈特纳和弗里施马上做试验，果然证实铀原子在中子的轰击下变成了两个小得多的原子"钡"和"氪"（Kr，原子序数36），同时还释放出了三个中子。这是个了不起的发现，基本证实了迈特纳的想法。但是当他们清点实验生成物时又发现了新的问题，钡和氪加上三个中子的质量比原来的一个中子加上铀（U235）[7]的质量少了一点。对于一个凡事"差不多就行"的人来讲，很可能不去追究少掉的这点质量。但是迈特纳是一个非常严谨的科学家，不肯放过任何一个细节，因此她必须找出质量丢失

5

1924 年诺贝尔物理学奖获得者。

6

《从一到无穷大》的作者。

7

铀元素有三种同位素，根据它们的原子量分别是 U235，U238 和 U239，哈恩和迈特纳做实验用的是 U235。

的原因。这时她想到了爱因斯坦狭义相对论里面那个著名的方程。爱因斯坦预测质量和能量可以相互转换。那些丢失的质量会不会真的转换成了能量？她按照爱因斯坦的公式计算出丢失的质量产生的能量应该为 200兆电子伏特（MeV）。接下来她再次做实验，这次不是为了证实原子核可以裂变，而是为了测定能量。真的是 200 兆电子伏特！这和爱因斯坦预测的完全吻合，迈特纳兴奋不已。就这样她证实了核裂变的存在。

迈特纳和弗里施对哈恩的实验结果做出了理论解释，并以通讯的形式 [8] 发表在 1939 年 1 月的《自然》杂志上，在这篇著名的文章里，迈特纳和弗里施一起提出了一个物理学上的新概念：核裂变。他们之所以用裂变这个词，是借用生物学中细胞分裂这个形象的比喻。这篇小论文一共只有两页，却有划时代的意义。在后面的章节中，我们还会看到，很多重大的发现，论文都特别短。

[8] 在一些学术期刊上，较详细的以长篇论文的形式发布，较短较新的发现以几页纸的通讯形式发表。

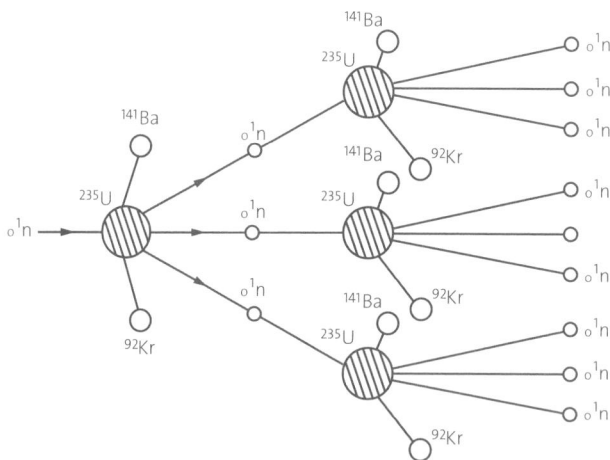

图 15.2　铀裂变示意图

第二节　科学家的责任感

爱因斯坦预言了世界上最强大的能量所在，而迈特纳和哈恩找到了它们。从上面铀 235 裂变示意图来看，一个中子撞击到铀的原子核后，释放出了巨大的能量，还可以产生出三个中子，如果这三个中子再撞击到其他铀原子核上，就能释放出三倍的能量和 9 个中子。这样一来就有可能产生连锁的反应，物理学上称为链式反应，并释放出难以想象的巨大能量。这能量有多大呢？如果 50 千克的铀只要有一千克参与链式反应，而这一千克中只要有一克质量转换成了能量，这些能量就相当于 1.5 万吨 TNT 烈性炸药所产生的能量。这大约就是后来投掷到广岛的原子弹的当量。

早在 1939 年 4 月，也就是迈特纳和弗里施的论文发表仅仅三个月后，德国就将几名世界级物理学家找到柏林，探讨利用铀裂变释放的巨大能量的可能性。同年夏天，德国开始控制捷克斯洛伐克[9]的铀矿石，同时不再发布任何关于核研究的成果。但是德国第一次的核计划只持续了几个月便终止了，原因是在 1939 年 9 月入侵波兰时，很多科学家都应征入伍了。在历史上，一个国家穷兵黩武到如此程度，离灭亡的日子就不远了。但是没过多长时间，德国人的第二次核计划就开始了。领导这项计划的包括恩里克·舒曼（Enrich Schumann，1898—1985，著名作曲家罗伯特·舒曼的孙子）和德伯纳（Kurt Diebner，1905—1964），当然参加计划的还包括著名的物理学家海森堡（Werner Heisenberg，1901—1976）等人。但是到了 1942 年，德国人再次放缓脚步，原因是德国军方并不认为这项研究有助于迅速赢得战争。虽然德国这方面的研究一直持续到二战结束，但是进展并不快。其中的原因很多，我们后面会仔细讲述。

德国成功地实现了核裂变，并且研究原子能武器的消息很快便传到了美国。至于这个消息是如何传到美国的，历史学家大多认为这要归功于丹麦物理学家玻尔。1939 年初，玻尔到美国普林斯顿大学访问，并且在美国首都华盛顿做了一个学术报告，介绍了核裂变成功的消息。当时参加报告会的有大约 50 名科学家，他们很多来自于离华盛顿不远的约翰·霍普金斯大学，听到这个消息后，很多科学家下午赶回了在霍普金斯的实验室，连夜做了核裂变的实验，并且获得了成功。另一种说法是，听报告的两个年轻科学家得到这个消息后，马上驱车几小时，跑到三百多公

9
当时已经被德国占领。

里外的纽约哥伦比亚大学，把这个消息告诉当时流亡到美国的著名科学家恩里克·费米。费米立即做了核裂变的实验。

其实这个消息不需要玻尔传播，美国的科学家们很快也会了解到这个划时代的发现。因为迈纳特等人的论文是公开发表在英国《自然》杂志上的，而在美国，一些物理学家一直在关注着核裂变链式反应的可能性。而这些科学家中，最关注这件事，并且后来产生了重大影响的人物是雷欧·西拉德（Leo Szilard，1898—1964）。西拉德是犹太人，美籍匈牙利物理学家，他最早设想通过链式反应从原子核中获得能量。早在1936年，他就向英国专利局提交了一份利用中子轰击原子核形成链式反应而获取能量的专利。这个专利中的想法无疑是正确的，但方法并不可行，因为他使用的元素无法形成核裂变。而这个时间比哈恩和迈纳特等人成功进行核裂变实验要早两年。1938年，受到纳粹迫害的西拉德到了美国，在哥伦比亚大学任教。很快他的老朋友、著名物理学家费米也因为希特勒迫害犹太人[10]而来到美国，两个人成了同一所大学的同事。

10
费米的太太是犹太人。

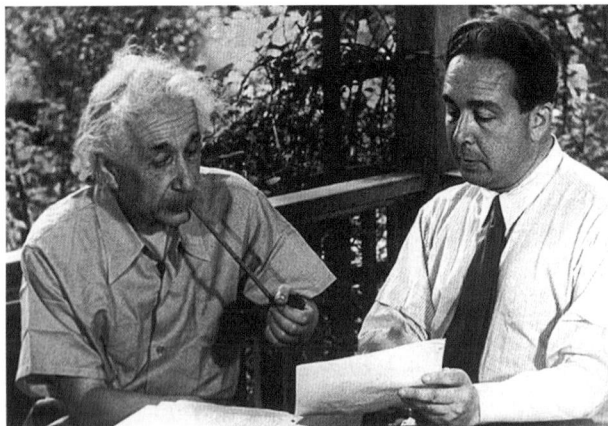

图 15.3　西拉德和爱因斯坦在讨论问题

不管美国人是如何得到这个消息的，费米和西拉德马上进行了同样的实验，证实了核裂变的可能性，而且和迈特纳一样，测量到铀裂变所释放的巨大能量。美国的物理学家们对这件事的反应可以用"震惊"两个字来形容，因为他们明白如果这种技术用在军事上，将具有超级的威力。要是战争狂人希特勒首先拥有原子能武器，后果将是非常可怕的。出于科学家的责任感以及对纳粹的痛恨，西拉德起草了一封给罗斯福总统的密信，想要告诉总统先生三个要点：第一，这种武器一旦制造出来，威力是非常可怕的[11]；第二，德国人正在研究这种武器；第三，美国应该有一个计划，以便抢在德国人之前拥有这种武器。西拉德觉得光是自己一个人份量还不够，于是说服他的老师爱因斯坦在他起草的信件上签名。爱因斯坦早在 20 世纪 20 年代就指导过西拉德的论文，对他的才华颇为赞赏。作为一名受到纳粹德国迫害的犹太科学家，爱因斯坦无疑是支持美国研究核武器的，于是他毫不犹豫地签了字。但是这封信通过什么人转交给罗斯福却是个问题。

11
事实上，原子弹的威力比西拉德等人预想的还可怕。

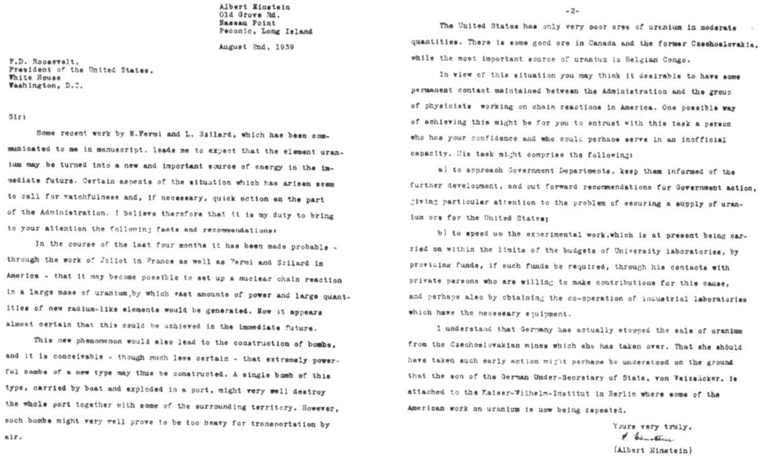

Albert Einstein
Old Grove Rd.
Nassau Point
Peconic, Long Island

August 2nd, 1939

F.D. Roosevelt,
President of the United States,
White House
Washington, D.C.

Sir:

Some recent work by E.Fermi and L. Szilard, which has been communicated to me in manuscript, leads me to expect that the element uranium may be turned into a new and important source of energy in the immediate future. Certain aspects of the situation which has arisen seem to call for watchfulness and, if necessary, quick action on the part of the Administration. I believe therefore that it is my duty to bring to your attention the following facts and recommendations:

In the course of the last four months it has been made probable - through the work of Joliot in France as well as Fermi and Szilard in America - that it may become possible to set up a nuclear chain reaction in a large mass of uranium,by which vast amounts of power and large quantities of new radium-like elements would be generated. Now it appears almost certain that this could be achieved in the immediate future.

This new phenomenon would also lead to the construction of bombs, and it is conceivable - though much less certain - that extremely powerful bombs of a new type may thus be constructed. A single bomb of this type, carried by boat and exploded in a port, might very well destroy the whole port together with some of the surrounding territory. However, such bombs might very well prove to be too heavy for transportation by air.

-2-

The United States has only very poor ores of uranium in moderate quantities. There is some good ore in Canada and the former Czechoslovakia, while the most important source of uranium is Belgian Congo.

In view of this situation you may think it desirable to have some permanent contact maintained between the Administration and the group of physicists working on chain reactions in America. One possible way of achieving this might be for you to entrust with this task a person who has your confidence and who could perhaps serve in an inofficial capacity. His task might comprise the following:

a) to approach Government Departments, keep them informed of the further development, and put forward recommendations for Government action, giving particular attention to the problem of securing a supply of uranium ore for the United States;

b) to speed up the experimental work,which is at present being carried on within the limits of the budgets of University laboratories, by providing funds, if such funds be required, through his contacts with private persons who are willing to make contributions for this cause, and perhaps also by obtaining the co-operation of industrial laboratories which have the necessary equipment.

I understand that Germany has actually stopped the sale of uranium from the Czechoslovakian mines which she has taken over. That she should have taken such early action might perhaps be understood on the ground that the son of the German Under-Secretary of State, von Weizsäcker, is attached to the Kaiser-Wilhelm-Institut in Berlin where some of the American work on uranium is now being repeated.

Yours very truly,

(Albert Einstein)

图 15.4 西拉德和爱因斯坦给罗斯福的信

在此之前，虽然科学家们已不断向美国政府和军方传达核武器的威力以及德国人一旦掌握核武器的灾难性后果，但是在那个年代，一般人并不了解核裂变可能释放出的巨大能量。如果按照一般的常识判断，有人宣称有一种炸弹，只有脸盆粗细，一米来高，威力顶得上几十万颗同样大小的常规炸弹，谁也不会相信。因此，爱因斯坦需要找一个人，这个人既能接近总统，又能把新技术讲清楚，他最后想到了经济学家亚历山大·萨克斯（Alexander Sachs, 1893—1973）。萨克斯是当时颇有名气的经济学家和银行家，从 1933 年罗斯福的第一个总统任期时就担任总统经济顾问。但是萨克斯在历史上出名，既不靠作为罗斯福的经济顾问，更不靠作为银行家，而是靠帮助爱因斯坦和西拉德给罗斯福传递了这封信。历史就是这样有趣，很多人刻意做的事情它记不住，而一些人偶尔为之的事情却载入史册。

1939 年 8 月初，爱因斯坦将这封被史学家称为"西拉德 - 爱因斯坦信函"的重要信件交给了萨克斯，但是后者一直没有机会约到罗斯福的时间。这样就从 8 月拖到了 9 月，而 9 月 1 日，德国入侵波兰，第二次世界大战爆发了，虽然美国没有被卷入战争，但是罗斯福总统变得更加繁忙了，自然没有时间听萨克斯讲关于原子弹的事情。这件事就一拖再拖，一直拖到 10 月 11 日。虽然前一天萨克斯见到了罗斯福，但是忙碌了一天的总统先生此时已累得疲惫不堪，于是他建议萨克斯第二天一早来。这一夜萨克斯是否像小说家们描述的那样彻夜未眠，我们不得而知，但是他确实在这天晚上想到了一个可以说服罗斯福的简单的比喻。

有些时候，讲故事比讲道理更能说服人。萨克斯讲了这样一件西方人都熟知的史实。19 世纪初，拿破仑领导的法国虽然多次打败英国支持下的反法同盟，但是一直无法从根本上消除欧洲各国对法国的威胁。拿破仑知道这一切的根源在于英国，因此希望建造一支强大的舰队入侵英国。但是，要挑战英国这个传统的海上霸主并非易事，何况当时英国还有海军名将纳尔逊在，几年前纳尔逊就在地中海完胜了法国海军。这时美国发明家富尔顿（Robert Fulton, 1765—1815）通过美国驻法大使见到了拿破仑，建议他建造一支蒸汽轮的舰队，而当时各国的战舰还是帆船。拿破仑对富尔顿有所耳闻，几年前他还让富尔顿帮助法国建造世界上最早的潜艇。但是拿破仑却并未理睬富尔顿的建议，当时这项技术还不成熟，他觉得这种没有帆却能快速行进的军舰是天方夜谭。到了 1805 年，法国和西班牙的联合舰队在特拉法加海战中，被纳尔逊率领的英国舰队打得惨败，从此拿破仑入侵英国的设想终成泡影，并被反法同盟在莱比锡和滑铁卢两次打败而被迫下野。萨克斯讲，如果拿破仑当年采纳富尔顿的建议，欧洲的历史或许会改写。罗斯福听到这里早已领会萨克斯的意思，于是说，"我不会成为另一个拿破仑的"。之后不久，罗斯福就成立了铀研究委员会，并且给爱因斯坦回了信。

很多人认为这是曼哈顿计划的开始，其实这时离曼哈顿计划还早着呢。当时美国政府虽然批准了对铀裂变的研究，但是只给了区区 6000 美元的经费，相当于德国同时期的二十分之一左右。要知道最后曼哈顿计划耗费的可是 200 亿美元。这个规模不大的铀研究计划由著名物理学家费米负责，地点选在了芝加哥大学。后来核计划的首倡者西拉德也来到芝加哥，加入了这个计划。

读到这里，大家可能会有一个疑问，既然罗斯福说了"不会成为另一个拿破仑"，那么为什么美国对原子能的研究却还是这样不冷不热呢。因为在 1939 年，虽然世界局势已经非常紧张并且在 9 月份爆发了世界大战，但是美国并未卷入战争，还在努力避免被卷入。换句话说，罗斯福还幻想着美国能独善其身。但是两年后，这一切都改变了。

1941 年 12 月 7 日，星期天，日本联合舰队袭击了美国在太平洋的海军基地珍珠港。日本以极小的代价击沉了几乎整个美国太平洋舰队 —— 全部八艘战列舰，四艘被击沉，三艘被重创，一艘搁浅。另外日本还击毁了美国多艘巡洋舰和驱逐舰以及几百架飞机 [12]。在这之后，美国马上对日本，继而是对德、意宣战，这都是大家熟知的史实了。这时，罗斯福总统开始过问铀裂变研究的进展了。美国一旦被人用刀架到脖子上，就会动员出巨大的战争能力，这一点在历史上被所有美国的敌人低估了。12 月 18 日，铀研究委员会召开了第一次会议，讨论使用核裂变做武器的可能性。当时大部分学者在加州大学，因此这次会议就在第一所加州大学所在地伯克利举行了。这次会议聚集了美国物理学界很多大名鼎鼎的人物，包括劳伦斯（Ernest Lawrence，1901—1958，1939 年诺贝尔奖获得

12

社会上流传着罗斯福明知日本可能偷袭珍珠港却故意不防范，通过苦肉计让国会通过了对日宣战的说法。这种说法没有足够的根据，只要稍微了解一些美国社会的特点就会知道：罗斯福如果知情而不防范，以两千多将士的生命换取国会参战，那么他会被认定有失职之罪而失去总统的职位。这种指责最初来源于罗斯福的政敌，但是并没有根据，因此显得无力。一些小说家，剧作家和阴谋论者认为当时美国的三艘航空母舰不在港内，幸免被击沉的命运，说明罗斯福是知情的。但是在当时无论是美国还是日本都更看重的是具有重炮的战列舰，而不是没有在战场上使用过的航空母舰。实际上，日本联合舰队司令山本五十六当时知道美军的航空母舰不在港内，但是依然发动了袭击，因为他没有把这三艘母舰看得很重。另一个罗斯福不可能知情的重要证据是，当时日本联合舰队莫名其妙地放弃了对珍珠港的第三次攻击而返航了，以至

于美国海军在珍珠港的储油罐没有爆炸，如果日本发动了第三次攻击，那么美国的珍珠港基地将完全被夷为平地，美国只能退守离珍珠港几千公里以外的圣地亚哥基地了，这样在几年内也很难在太平洋和日本进行战争。因此，罗斯福再使用苦肉计也不能冒着失去在整个太平洋上基地的危险。

图 15.5 美国原子能计划的早期科学家参加伯克利会议（从左到右：劳伦斯、阿瑟·康普顿、布什、康纳特、卡尔·康普顿和卢米）

者，著名的劳伦斯实验室就是以他的名字命名的）、阿瑟·康普顿（Arthur Holly Compton，1892—1962，海森堡的同事，1927 年诺贝尔奖获得者）、卡尔·康普顿（Karl Compton，1887—1954，阿瑟·康普顿的哥哥，麻省理工学院的校长）、万尼瓦尔·布什（Vannevar Bush，1890—1974，美国国家科学奖获得者）、康纳特（James Bryant Conant，1893—1978，哈佛大学校长）。在会上，大家认识到研制核武器的紧迫性，并且对主要的课题进行了分工。但是由于与会者主要是学者，大家的讨论还是偏学术，并未涉及制造真正可用于战争的原子弹这个工程问题。直到 1942 年 5 月，这个委员会的专家们才正式提交了研究核武器五项关键技术的建议书，并且提出了 5400 万美元的预算，这比两年半前给费米的第一笔经费增加了近一万倍。罗斯福总统收到报告后大笔一挥就同意了，他在报告书上只写了两个词 "OK，FDR"，其中后一个是他名字 Franklin Delano Roosevelt 的首字母缩写。

第三节　难以完成的使命

但是，真正研制并制造出核武器，可远没有在实验室里实现一次核裂变反应那么简单。这是一件天大的难事，有很多关键性的问题，既包括理论性问题，也包括工程性的问题，从来没有人遇到过，更不用说解决了。原子弹的原理很简单，就是前面说的链式反应，但是如何确保链式反应真的能够进行下去就是个大问题。虽说一个快中子可以撞开一个铀原子核，并且释放出三个快中子，但是因为原子核的直径只有原子直径的万分之一左右，中子撞到原子核的概率，就相当于一个盲人往高尔夫球场上随便开一枪，恰巧命中了一个小拇指粗细的标准杆的概率。当然，如果铀金属足够"厚"，一个中子可以穿透很多铀原子，那么它撞上原子核的概率就大得多了。假如一个中子在速度衰减下来之前，有机会穿过一万层原子，那么撞到原子核的几率就上升为63%，这样链式反应就能进行下去了。因此原子弹中铀的体积必须足够大，或者说质量足够大。达到某个质量，链式反应就会自行进行下去了，达不到这个质量，则中子撞到原子核的几率很小，链式反应进行一会儿就停止了。这个质量在物理学上称为临界质量。至于这个"临界"是多大，没有人知道，这既不能猜，也不是多多益善，更遗憾的是，它也无法通过实验来解决，毕竟不能把一堆纯铀堆在一起，看看堆到什么时候爆炸。因此，唯一的办法就是通过理论计算出来。为了解决这个问题，接下来美国研制原子弹最关键的人物罗伯特·奥本海默（Julius Robert Oppenheimer，1904—1967）登场了。他日后被称为"原子弹之父"，而后又成为了麦卡锡主义的牺牲品。而在这时，他还只是加州大学伯克利分校的理论物理学教授，当时由阿瑟·康普顿推荐，他负责解决原子弹中最重要的理论计算问题（快中子计算）。

至此，美国原子能计划从倡导到实施都是由科学家们在推动，他们不懂政治，更不懂军事，他们只知道要抢在战争狂人希特勒之前拥有这种武器。他们中间很多人是犹太科学家或犹太人的亲属，包括爱因斯坦、费米、奥本海默和西拉德等人，他们倡导和参与研制原子能武器完全是出于科学家的良知和责任感。

即使理论计算出链式反应能进行下去，也还需要大量的试验去证实，最好的试验办法就是建立一个"可控"的原子反应堆。为了实现可控，就得让反应堆里面的中子速度降下来，只有快中子撞击铀原子核时才会发生核裂变，速度较慢的中子撞击原子核是不会导致核裂变的，这样就能避免不可控的核爆炸。降低中子速度的物质被称为减速剂，而最佳的减速剂材料是重水或纯石墨。不过，制造大量的重水和纯石墨并不简单，纳粹德国后来就是因为没有重水做试验而影响了核计划的进度。建造验证链式反应的核反应堆的任务交给了费米和康普顿，他们经过研究，决定采用纯石墨作减速剂，并开始研制世界上第一个原子反应堆。根据费米的设计，可以通过铀棒插入石墨块的深浅来控制这个反应堆中铀燃料的链式反应大小。这个反应堆和我们今天想象的核电站反应堆不同，它的输出功率非常小，只有 0.5 瓦，目的只是为了验证可控制的链式反应。但是建造这样的一个小反应堆成本却很惊人。别的不说，光是作为减速剂的纯石墨就用了 40000 块，每块大约 10 公斤，即总重量 400 吨左右。要知道纳粹德国制造的减速剂重水，最多的时候也不过一吨多。石墨虽然便宜，纯石墨却非常昂贵，对比美国和德国核研究使用的减速剂数量，就可见美国原子弹工程的规模之大。顺便提一句，这些石墨不仅昂贵，就连当时搬运它们都是个问题。因为搬运石墨的机械非常复杂，当时还没有机械，只能用手搬，而它们的纯度非常高，石墨的粉尘会渗入人的皮肤，据当时的技术员讲"这些粉尘很难洗掉，洗完澡半个小时后，毛孔里又会渗出可恶的石墨粉尘"。这些工作大部分都是由大学的技术员和研究生完成的。

经过一段时间没日没夜的工作，到了 1942 年 12 月 2 日，距珍珠港事件近一周年，人类第一个核反应堆终于建成并开始工作了。费米亲自操控反应堆，这是人类第一次通过原子核裂变获得能量，虽然它当时的目的是为了证实原子弹中链式反应的可行性，但却是今天所有核电站反应堆的鼻祖，为日后人类和平利用原子能奠定了基础。

除了理论和实验的问题，制造原子能武器

图 15.6　费米主持设计建造的世界上第一个原子反应堆

还有很多工程和生产的问题需要解决。首先，地球上天然的铀元素大部分都是无法进行链式反应的铀238，只有不到1%的铀是可用于制造原子弹的铀235。如果在原子弹中尽是铀238，那么中子在撞到铀235的原子核之前可能先撞在不会发生核裂变的铀238上了，这样链式反应就进行不下去，因此原子弹中需要非常"纯"的铀235。有关伊朗核问题的新闻里经常提到"浓缩铀"一词就是这个原因。由于铀238和铀235是同一种元素的同位素，化学性质一样，无法通过化学方法分离。在工程上，它们的分离是制造核武器的一大难题。当然，这个问题还是有办法解决的，我们后面再讲。

讲了这么多问题，是要说明制造原子弹在当时难度很大。而上述这些问题，不是把最优秀的科学家们集中在实验室里做试验就能解决的，因为它取决于一个国家的工程水平和工业水平。用当时玻尔的话讲"这（指原子弹）绝不能实现，除非将美国变成一个巨型工厂"。但是玻尔忘了，第二次世界时美国就是一个大工厂，连IBM都能制造机枪，还有什么不能做的。

为了把美国变成研制原子弹的"巨型工厂"，罗斯福和美国军方决定成立一个新的计划来研制核武器。这项计划最初的办公室在纽约曼哈顿的百老汇街，故被称为曼哈顿计划。考虑到研制核武器需要在一个保密而安全的地方进行，要搞很多基础建设，美国军方最终决定让一位会搞工程的将军担任总负责人。而后来的事实证明，这个人找对了。

第四节　曼哈顿计划

如果没有曼哈顿计划，人们记得格罗夫斯（Leslie Groves，1896—1970）这个人的唯一原因就是他监督建设了美国国防部的五角大楼，当然前提是有人好奇五角大楼的监工是谁。而美国军方选中格罗夫斯来领导曼哈顿计划，恰恰是看中了他会搞基建这一点。但是格罗夫斯很快证明他不光会搞基建，而且识人有术、眼光长远。

格罗夫斯在上任前只是一名上校，职务是美国陆军工程局副局长，相当于中国的工程兵副司令。为了日后便于管理那么多世界顶级的科学家，格罗夫斯要求将他的军衔提升为准将。军方也批准了。这样格罗夫斯准将就上任了。

虽然原子弹还没有设计出来，格罗夫斯知道无论是研究还是制造原子弹都不能缺少铀矿石。于是他就在第一时间将放在纽约港的两千罐（1250吨）富铀矿石买了下来。大家可能很奇怪，纽约港怎么恰巧有这些宝贝呢？原来，在德国占领比利时前夕，比利时商人森杰尔（Edgar Sengier，1879—1963）就把他在刚果的富铀矿开采出来的铀矿石抢运到了美国，因为英国科学家们告诉他这些铀矿石最终会被用来制造消灭纳粹的武器。但是这批宝贝在仓库里一躺就是两年多，无人理会，现在它的买主终于来了。森杰尔很干脆，以400万美元的超低价把铀矿石卖给了格罗夫斯。

图15.7 上了《生活》周刊封面的美国原子弹之父奥本海默博士

有了铀，也有了钱，接下来的关键是要找到人。在美国几乎全部获得过诺贝尔物理学奖和化学奖的科学家都已上阵了，只有爱因斯坦是例外，爱因斯坦当时在从事另一项军工研究——弹道轨迹的研究。大部分科学家的精力都用在了分离和制造可用于原子弹的核材料上。费米在此之前已经开始负责建造用于研究铀特性的反应堆，后来他和康普顿又接受了一项新的重要任务，制造核材料钚 239。劳伦斯负责建立大型加速器分离铀 235 和铀 238。但是现在还缺一个研制原子弹本身的技术总负责人。

格罗夫斯选定了颇有争议的物理学家奥本海默。奥本海默当时非常年轻，而且没有得过诺贝尔奖，但是在物理学界的名气却不小。他是一位公认的天才，精通八种语言，被认为是少有的在物理学各个领域都有非凡造诣的人。从技术水平来讲，奥本海默足以胜任这一职位。但是他之前并没有管理经验，更让一些人不放心的是，他有明显的共产主义倾向，他的诸多亲戚，包括他哥哥和前女友都是共产党员。曼哈顿计划当年在美国是超级机密，了解其全貌的人少之又少，因为美国当时非常害怕核计划泄露出去，尤其害怕技术被苏联人掌握。即使在罗斯福的内阁，也只有陆军部长史汀森和罗斯福本人知道，连后来的副总统杜鲁门都所知甚少。如果将这样一个绝密而且事关今后国家安全的计划交给一个政治上可能靠不住的人，确实有很大的风险。另外，奥本海默我行我素，早年在剑桥大学读书时，就爱闯祸[13]。而且他在领导曼哈顿计划后，还跑去见了他那位共产党员前女友。因此，联邦调查局一直在监视他。当时，陆军情报部门反对将这项最保密也是最重要的任务交给奥本海默，但是格罗夫斯还是力排众议，任命他为曼哈顿计划的副主任。

奥本海默建议，要想在德国人之前研制出原子弹，必须将所有科学家集中在一起工作，而不是像先前那样分别在各自的大学做研究。格罗夫斯采纳了他的建议，并且按照奥本海默的提议，将实验室建在了新墨西哥沙漠中一个偏远的小镇洛斯阿拉莫斯。这里既安全保密，又便于将来进行核试验。奥本海默之所以知道有这么一个大家都没听说过的小镇，是因为他曾在那里养过病。从这件事上看，格罗夫斯对奥本海默可谓言听计从。

洛斯阿拉莫斯这个小镇一下子热闹了起来，世界上最优秀的科学家包括费米等陆续来到了这里。但是一支军队光有将没有兵是不行的，可这支部队招兵却很难，因为他们在招聘时不告诉人家做什么，而且要搬到沙漠中

14
实际上大部分科学家和工程师猜到了要从事什么工作。

图 15.8 藏在美国山沟里的洛斯阿拉莫斯实验室

的不毛之地去。不过，奥本海默利用实验室里这些大牌科学家的名气，还是招到了近千名科学家和工程师[14]，外加 3000 名工程兵，但是这些人依然不够用。格罗夫斯和奥本海默得感谢希特勒不断地把欧洲富有正义感的科学家往外推，这些人辗转来美国后，不少人都加入了曼哈顿计划。

但是，美国军方和联邦调查局对奥本海默的监视和审查一直没有停止过。由于不被信任，奥本海默甚至接触不到一些机密文件。这让他非常痛苦，但是奥本海默选择了忍受，继续忘我地工作着。支持他的信念是，自己的工作将从希特勒武力下解救无数的生命。奥本海默本人是第二代犹太移民，出生在美国，但是他的很多亲属、朋友和过去的同学依然在欧洲，受到希特勒和纳粹的迫害。虽然他不是共产党员，但是他有强烈的左派自由主义倾向。他反对法西斯主义，在资金上支持过西班牙共和国反对独裁者佛朗哥。他做这一切显然不是为了钱，因为他一辈子的工资还不如他们家一幅藏画值钱[15]。从后来他和助手爱德华泰勒在研制氢弹问题上的争论看，他也不是一个追逐名利的人。唯一支撑他忘我工作的原因，就是要在纳粹德国之前研制出原子弹。

15
奥本海默出生于一个非常富有的家庭，他们家族除了在美国有相当可观的生意外，光是收藏品就价值不菲，至少有三幅梵高的作品，大量印象派的作品和毕加索等人的作品。

在奥本海默处境艰难的时候，格罗夫斯给予了他充分的信任。格罗夫斯怀疑过其他科学家，但是从未怀疑过奥本海默，而且他一直坚信只有奥本海默才能领导科学家们最终做出原子弹。作为军方的工程人员，格罗夫斯深知武器的研制不比一般的科学研究，它不仅要求领导者有实际的设计能力和一般意义上广博的知识，而且需要对化学、金属学、武器和工程制造有全面的了解。除了奥本海默，很难找到这样的人，另外，奥本海默身上具有一种其他科学家不具备的优点，就是超出凡人的雄心以及不达目的绝不罢休的韧劲。

奥本海默的同事和下属对他的评价也非常高，他们都认为他是最好的实验室主任，了解实验室的几乎每一项发明。他的同事，也是他在德国哥廷根大学的师兄弟、著名物理学家韦斯科普夫（Victor Weisskopf，1908－2002）曾经这样介绍奥本海默在洛斯阿拉莫斯的工作："奥本海默亲自指导着从理论到实验的各项工作，他能迅速把握各项任务的关键所在，他不是在办公室里发号施令，而是亲临现场做决策。他从实验室到会议室评估和决策每一个想法。有些时候他是方案的提出者，有些时候他不是，但他依然影响着这些方案。他几乎无处不在，让人感觉他在直接指导每一位下属的工作。他用自己的表率作用营造了实验室高昂的士气。"就这样，在格罗夫斯的支持和所有人的努力下，洛斯阿拉莫斯实验室的工作进展迅速。其间奥本海默也在不断调整原子弹的设计方案，直到 1945 年初才最终确定下来。

就在奥本海默等人夜以继日地研制原子弹时，为原子弹提炼核材料的工作也紧锣密鼓地进行着。经过对比各种方案和前期试验，曼哈顿计划最终确定了两条腿走路的方案。第一方案是用电磁离心分离机（一个大型的回旋加速器）分离铀 235 和铀 238，这项工作由劳伦斯等人负责，电磁分离的方法成本非常高，但是比较有把握，同时美国还尝试了另外两种分离铀 235 的方法。第二方案是用中子轰击铀 238 产生一种新的放射性元素钚 239，由费米等人负责，这种方法效率较高，但是需要建造大型的反应堆。我们今天建设一个加速器或者核反应堆都需要很多年，而在当时根本没有建设这些工程的经验，却要在很短时间里完成，难度可想而知。格罗夫斯深知除非动员全美国的力量，否则这项工程无法完成。他除了把很多大学和研究所圈进曼哈顿计划，还把很多大公司也拉了进来，它们包括著名的贝尔电话公司（AT&T 的前身）、标准石油公司（Standard Oil）[16] 和杜邦公司等等。

16
今天埃克森美孚石油公司的前身。

曼哈顿计划的耗费超出一般人的想象。格罗夫斯当年的工资是每月 600

图 15.9　劳伦斯（左）向奥本海默（右）演示控制加速器

多美元，每天却要花掉上百万美元，这还不包括非经常性的巨额花销。为了建造大型的回旋加速器，需要一个巨大的磁场线圈。劳伦斯设计的这个线圈每个高达 80 米，要用到大量的铜。而当时美国已经几乎把所有的铜都用到军工上了，再也无法提供这么大量的纯铜。劳伦斯想尽了办法也无法解决这个问题。最后他想出了一个很疯狂的点子，采用比铜导电性能更好的纯银做线圈的导线。劳伦斯将这个疯狂的想法告诉格罗夫斯，后者马上安排他的助手尼古拉斯去和财政部商量。尼古拉斯找到财政部副部长贝尔，说明来意，却拒绝透露用途，只是强调这是战争需要。"要多少？"贝尔问，"6000 吨。"尼古拉斯答道。我不知道当贝尔听到这个数字时是什么反应。他用略带不满的口气讲"年轻人，你要知道国库是使用盎司（两）来计算银子的"。尼古拉斯保证战后这些白银会如数归还。当时美国国库一共只有 47000 吨纯银能动用，而曼哈顿计划最终用掉了 14700 吨白银。这些白银直到 1970 年才全部归还国库。

为了知己知彼，格罗夫斯也在不断了解德国人的进展。在二战后期，美国派出了一个代号为阿尔索斯的情报小组，追踪德国人的核计划和核基地（因为在盟军的打击下，德国的核基地经常搬家）。最后，同盟国的特工在德国的一个小镇海格尔洛赫找到了德国人的地下核试验室，结果令他们大失所望。原来，这不过是简陋的地下室，只有三间房，里面有个"很土"的反应堆。一共只有作为减速剂的半吨重水，和几十根绳子拴着的几百块小铀块。和美国浩大的曼哈顿工程比，这只能算是小孩搭的玩具。根据被俘德国科学家的介绍，他们的核计划还完全停留在探索阶段，而第一个目标只是利用核反应为能源日益短缺的德国提供能源，至于制造核武器，那还差得远呢。

德国是最早发现核裂变的国家，也是最早开始核计划的国家，他们有包括海森堡等人在内的世界上最优秀的科学家，在 1944 年以前他们占据着欧洲大片领土并且控制着铀矿在内的大量资源。那么为什么他们不仅没有造出原子弹，而且离这个目标非常遥远呢？

第五节　德国的核计划

20 世纪初，德国在物理学上曾遥遥领先，在二战之前，他们拥有世界上最多的诺贝尔奖获得者，特别是在核物理研究方面拥有像海森堡、盖革（Johannes Wilhelm Geiger，1882—1945）、博特（Walther Wilhelm Georg Bothe，1891–1957）和哈恩这样的优秀人才。作为首先发现核裂变并且拥有大量铀资源的国家，作为一个具有良好的组织传统并且全民对科学研究都有兴趣的国家，德国却未能在世界上首先制造出原子弹，其中的原因非常复杂。这也是历史学家和剧作家们喜欢谈论的话题，总结一下最流行的观点，有这样几个：

　第一，希特勒对这种需要长期投入而不能预见结果的研究没有耐心；

　第二，英国人成功地炸掉了纳粹德国在挪威的重水工厂；

　第三，海森堡等科学家有非常高的道德水准，有意拖延；

　第四，德国没有像美国那样搞一个专门的工程（曼哈顿计划），而是让科学家们各自为战。

我们先不做评论，而是看看德国核计划具体实施的过程。

纳粹德国在入侵波兰以后，马上开始了第二次核计划，并且由陆军直接领导。它的参加者都是些大名鼎鼎的人物，包括哈恩、瓦尔特·博特（Walther Bothe，1891—1957，诺贝尔奖获得者）、霍夫曼（Gerhard

图 15.10 德国著名物理学家海森堡曾经参与德国核计划

Hoffmann，1880—1945）和海森堡等人。但是德国人从来没有美国人那样的紧迫感，这或许和他们早期在欧洲战场上进展太顺利有关。在战争开始不久，古德里安（Heinz Wilhelm Guderian，1888—1954）的坦克部队就按照曼施坦因（Erich von Manstein，1887—1973）制定的计划横扫西欧，很快打败了被希特勒评价为具有欧洲第一陆军美称的法国。1941年6月，他们移师苏联，在半年内让苏联损失了近300万兵力。但是有些时候塞翁得马，焉知非祸。

德国陆军相信他们的铁甲部队可以很快结束战争，对那还八字没一撇的原子能武器不感兴趣。于是在 1942 年放弃了对核计划的控制，任由科学家们自由发展。到这时为止，整个德国只有几十名科学家全时参与核计划，加上几十名半时人员，他们分成了几个课题，独自进行研究。而此时，美国的核计划已经聚集了几百人，正在紧锣密鼓地进行着。

到了 1942 年的 6 月，德国的核计划又转由戈林的空军领导，事实证明这个决定大错特错。戈林其人非常短视，除非马上能用于战场的东西，他都不投入力量搞研究。更要命的是，核计划的目标是制造武器还是为德国提供能源也没有搞清楚。核计划的主要领导者是核物理学家德伯勒和舒曼。其中舒曼又是政府官员，他的作用相当于曼哈顿计划中的格罗夫斯。但是这位著名作曲家的孙子和他爷爷一样酷爱音乐，物理学家们嘲笑他只会奏"军事音乐"，盖世太保也发现了他的不胜任和科学家们对他的不信任，但并未采取任何措施。

虽然遇到了种种困难，不过科学家们还是在自觉开展核研究，尽管一直停留在实验阶段。1942 年 5 月，海森堡的小组在一个实验反应堆上测到的中子强度比其放在反应堆中间的中子源强度提高了 3%，证明"产生的中子比吸收的中子要多"，但它并不是真正的链式反应堆，和同期费米等人在美国的工作相距甚远。而就是这个反应堆还在不久之后的一次事故中毁掉了。

和美国的核计划得到了世界上很多科学家鼎力相助不同，德国的核计划成为欧洲抵抗力量要摧毁的目标。纳粹在欧洲的暴行激起了各国人民的反抗，有道是失道寡助，这很快就在纳粹德国身上应验了。在德国占领挪威之后，很多不愿意做亡国奴的挪威人流亡到了英国，并且参加了反抗德国人的各种行动。德国核计划中用作减速剂的重水恰巧就在挪威的一个水电站制造。英国特工部门军情五处（MI5）为了破坏德国的核计划，招募挪威流亡人士组成敢死队，潜回挪威，在 1943 年初以极大的代价炸毁了重水工厂和已提炼出来的宝贵的重水。当德国人将它修复后，美国空军于 1943 年 12 月又将它炸毁，而正运往德国的重水也被英国情报部门再次炸毁。这一段故事后来被搬上了银幕，1965 年由安东尼·曼导演，柯克·道格拉斯等人主演的《雪地英雄》再现了当时这惊心动魄的一幕。后来，德国在本土建设重水工厂的计划也落了空，致使核研究失去了重水来源。

到了 1944 年，德国本土到处是盟军的轰炸目标，1944 年 2 月，哈恩在柏林的化学研究所遭空袭破坏。为了避开空袭，当局下令将科研机构全面从大城市撤退，在德国南部建立一个新的科研基地。哈恩的化学研究所搬到了美因茨（Mainz）；海森堡的物理研究所搬到了赫津根（Hechingen），并在附近的海哥劳赫（Haigerloch）开始了新的反应堆实验；而化学家哈特克（Paul Harteck, 1902—1985）曾在气体离心分离法方面取得一些进展，并造出了几台原型机，但是为了躲避空袭，这些研究小组不得不经常搬迁，根本无法大规模地生产离心机来提炼核材料。

图 15.11　海森堡简陋的核装置

德国的科学家们对外界的情况几乎一无所知。在战争末期，为了破坏德国人可能的核设施和防止核科学家落入前苏联人手里，美国的阿尔索斯情报组深入德国展开仔细搜寻，找到了一些德国科学家以及核设施的痕迹，事实表明德国的核研究离实用还差得很远。但是美国人还不放心，他们坚持一定要找到海森堡。最后他们如愿以偿，找到了海森堡，并确信海森堡等人的研究工作离原子弹还相差甚远。而令他们吃惊的是，海森堡还以为德国的工作远远领先于美国。

二战后，许多当事人与历史学家对此都作了分析和反思，提出了很多不同的看法。例如海森堡认为失败有两个原因：德国的短期军事研究的影响，以及原子核研究超出了德国科学技术研究的能力。而阿尔索斯行动的一些参与者则认为有这样几个原因：其一，德国物理学家骄傲自满；其二，纳粹迫害非日耳曼裔的科学家，严重损害了科学研究；其三，纳粹对科学组织的严密控制，使得科学家之间各自为战；其四，过分地依赖"大科学家"们，使得研究过于理论化。但是这些当事人所说的问题同样也应该适用于德国火箭的研究，而事实上冯·布劳恩（Wernher von Braun，1912—1977，德国火箭之父，他的故事我们后面还会仔细讲）等人在战时的工作却远远领先于同期的美国人和苏联人。因此，除了这些原因，还有更深层的因素。

第一是综合国力的比拼，德国远不如美国。

这其实不用多讲了，我们在前面介绍曼哈顿工程多么浩大、开销多么大就知道了。美国本土除夏威夷外在二战时没有受到任何攻击，美国本身的资源又非常丰富。它的战时机器一旦被动员起来，潜力超过当时所有国家的想象。在二战期间，美国是唯一在太平洋和大西洋战场同时投入重兵的国家，但是这期间制造和改建了 100 多艘航空母舰，建造的军舰总吨位达 3300 万吨，还制造了 32 万架飞机，10 万辆坦克。美国的钢铁产量几乎抵得上世界其他国家的总和，而原油产量超过世界所有其他国家总和的三倍[17]。

在人类第一次研制原子弹时，很多问题的答案都是未知的，比如说怎么浓缩铀，用什么作减速剂。美国的做法是各种可行的方法统统试验一遍，这实际上就是拿人力、资源和金钱换时间，因此在战争期间，只有美国承担得起研制原子弹这样庞大的工程。后来在美苏太空竞赛中，美国也是采用类似的方法，通过人力、物力和财力赢得了竞赛。

第二是得道多助，失道寡助，缺乏足够多的专业人士。

美国的曼哈顿计划，得到了全世界很多科学家的帮助，包括很多从欧洲甚至德国来到美国的科学家，比如费米、西拉德和泰勒等人的帮助。曼哈顿计划实际上还是一个庞大的国际合作项目，英国和加拿大也积极参与其中。而德国方面，由于纳粹对犹太科学家的迫害，大量优秀科学家只得逃离德国甚至欧洲，导致核研究方面人才匮乏。在希特勒 1933 年上台后，爱因斯坦等科学家被迫离开德国，这一年共有 20 名诺贝尔奖获得者离开德国。到了第二次世界大战前夕，有大约四成的大学教授失去了他们的职务，而这些职务大多数却落到了不学无术的纳粹分子手里。

另外，纳粹的暴行在欧洲激起了民众的反感，在它占领荷兰、法国和丹麦等国家后，这些国家还有相当一部分优秀的科学家，但是他们不仅不愿意参与德国的核计划，还把自己的研究成果送给盟国。法国著名核物理专家弗雷德里克·约里奥 - 居里（Jean Frédéric Joliot-Curie，1900—1958）和伊莲娜·约里奥 - 居里（Irene Joliot-Curie，1897—1956）夫妇，就是典型的例子。这一对居里夫妇是著名物理学家居里夫人的女婿和长

18
约里奥·居里在二
战后担任世界和平
大会的主席，主张
全面销毁大规模杀
伤性武器。

女，他们获得过 1935 年诺贝尔化学奖，并且两次和诺贝尔物理学奖失之交臂（中子和正电子的发现），是当时欧洲顶级的核物理专家。他们在法国参与链式反应和核反应条件的研究，成功利用铀和重水实现可控核裂变的核反应产生能量。爱因斯坦称他为链式反应的主导科学家之一。但是弗雷德里克·约里奥 - 居里是一位和平主义者 [18]，他不仅没有帮助纳粹，而且还加入了法国抵抗运动，不断向盟国提供情报。

研制原子弹是一项规模庞大而复杂的科学研究，不但需要有高质量的科学家，而且需要有足够数量的研究人员。德国虽然有一个很小的由顶尖科学家组成的核心群体，但是缺乏一个由足够数量科学家组成的梯队，尤其是精力旺盛的年轻人。在美国参加曼哈顿计划的大部分年轻人来自于大学。在德国，二战前很多大学相比美国毫不逊色，在著名物理学家阿诺·索末菲（Arnold Sommerfeld，1868—1951，海森堡的老师）领导下，慕尼黑大学是当时出色的原子研究中心。1935 年，索末菲准备退休，他和其他学者都想让海森堡作为接班人，但是遭到纳粹的拒绝，并且最终这个职位交给了一个纳粹分子，从而断送了这个研究中心。在大学里，纳粹党最热衷于在青年学生中进行煽动和征兵，他们成功地鼓动了大批德国年轻的研究人员和学生到战场上扛枪打仗，后方的科学研究当然也就开展不起来了。

到 1945 年，美国的曼哈顿计划聚集了几千名科学家和工程师，而德国因为没有人帮忙，能投入的人力连十分之一都不到。不仅如此，德国的核计划还遭到了欧洲抵抗组织的破坏。挪威人帮助破坏德国的重水工厂就是很好的例子。这样一来，德国的核计划就变得遥遥无期了。

第三是纳粹对核研究工作的组织工作不得力。

德国没有像美国那样搞一个目标明确、集中管理甚至集中工作的核计划，而是把任务分配给主管科学家，让他们各自进行。这些科研小组之间的联系也比较少。曼哈顿计划的总负责人格罗夫斯是一位讲究效率的军人，他从一开始就按照做工程的方式，而不是搞研究的方式管理这个计划，并最终制造出了核武器。德国的核研究是靠一种对科学的爱好（科学家们）和没有基础的政治狂热（纳粹分子们）而开展起来的。负责人舒曼除了物理学外，兴趣全在"军事音乐"上。另一位负责人埃索开始时对核研究很热情，后来觉得细菌武器可能见效更快，在1942年以后，就转到细菌战的研究上了。在最高决策者的支持上，德国也远不如美国，希特勒喜欢大规模杀伤性武器，但是没有耐心，希望六个月就能用于战场（这根本不可能）。后来直接主管核计划的戈林，在支持飞弹研制上可圈可点，对核研究却没有真正的兴趣。有人认为，如果德国及早由军需部长斯皮尔领导核研究的话，进展不至于如此缓慢。

著名物理学家杨振宁教授就物理学家个人对核计划的影响问题，曾经说过这样的话："我觉得哈恩与海森堡都是大学者，可是他们的能力和兴趣与解决设计原子弹所需的能力和兴趣是不相同的。而费米、培尔斯、泰勒、贝特、西拉德等人的能力和兴趣，对解决设计原子弹过程中的问题却特别起作用。"从这点来看，说明美国把科学家的兴趣和实际的原子弹研制结合得更好，而德国人没有做到这一点。

纳粹德国在战争初期进展顺利，认为胜利会马上到来，于是将大部分生产和科研转到直接为战争服务的轨道上，没有做好长期战争的准备。在战争后期，战事不利，又希望能靠新武器扭转战局，但德国的工业却再也负担不起反应堆的建造和原子弹的研制任务了。整个战争期间，全德国只有一台回旋加速器，在战争快要结束时，才在海德堡的医学研究所开始运转。由于试验相当不充分，海森堡计算出的原子弹所需的临界体积比奥本海默的计算结果（实际的数据）大很多。这种失误让德国人误以为原子武器不可实现，转而研究利用原子能提供能源。

第四是科学家们的思想混乱、心理矛盾。

这是一些历史学家和大量剧作家最爱找的原因，认为包括海森堡在内的大量德国科学家在研究原子弹方面其实是在消极怠工。其中在1941年底发生的一件事情让历史学家和剧作家产生了无限的遐想。那次，海森堡受玻尔的邀请来到已被德国占领的丹麦。玻尔邀请海森堡访问哥本哈根的目的和后来证明的实际情况都是做学术报告。但是由于海森堡敏感的身份，以及玻尔在后来对推动曼哈顿计划的作用，很多历史学家都认为他们谈到了原子弹，有些剧作家甚至把海森堡描绘成道德水准超群的科学家，并在暗中帮助盟国。BBC曾经拍过一部电视剧，在剧中海森堡将一个写了字的小纸条悄悄交给玻尔，暗示德国在搞原子弹。而在所有戏剧中，获奖作品《哥本哈根》的影响最大，在剧中两个顶级科学家讨论了核反应堆、铀裂变等等，还谈论了战争时期个人为国家履行的责任和义务等等。而事实上，根据两位科学家后人公开的材料看，他们当时可能除了学术，什么都没谈，毕竟他们的会面是在纳粹的严密监视之下进行的。而至于海森堡，他并不觉得为纳粹德国进行核研究有什么不对。

海森堡等人一方面或多或少地受到原子弹的道德问题的困扰，并且怀着对希特勒和具体组织者的不信任，另一方面却努力工作，希望自己能最早造出这种武器。一些科学家还很自信地认为，如果德国造不出原子弹，其他国家就更没有希望。1943年12月16日，盖拉赫在给希特勒的助手的一份报告中写道："我确信，尽管我们得到了比美国人较少的帮助，我们目前在研究和发展方面还是比美国人领先很多。"

当美国宣布它成功地在日本投下了原子弹时，德国参与核研究的重要科学家们的反应是极为复杂的，有反省、悔恨，也含有自我安慰。哈恩听到这个消息后，居然神志十分不清。他说，他感到自己对这次几十万人的死亡负有责任，因为有了他最初的科学发现，原子弹才有可能被制造出来。他还对迈特纳说，当他最初看出自己的科学发现的全部潜在可能性时，他曾经想要自杀。现在这些可能性都已成为事实，他感到自己应该受到责备。对于许多战时参与过核研究的德国科学家来说，在知道别人已经成功地完成了他们没做成的工作之后，痛苦的心情总是自觉或不自觉地困扰着他们。海森堡悲叹自己没有为德国的核计划贡献出像冯·布劳恩贡献给V-1和V-2火箭一样多的力量，他说："如果我们这些进行过这方面工作的教授，连他们是怎样获得成功的都搞不清楚，我认为这是耻辱。"就是在这样非常矛盾的心理状态下，德国科学家们度过了他们的二战时光。而同时期在美国的科学家，都一致认为他们是在为终结希特勒这个独裁者的崇高目标而工作的，两边的士气和积极性立见高下。

在二战期间，原子弹这种人类历史上最厉害的武器研制在两个敌对的阵营内独立进行着，并以德国的失败和美国的成功而告终。这对德国的科学家们来说可能是一个耻辱，但对于整个世界来说，则是一大幸事。

第六节　潘多拉的盒子被打开了

虽然爱因斯坦很早就预见了世界上最大的能量所在，而且德国人和美国人都证实了这一点，但是没有人知道利用原子核裂变的质量损失产生的能量毁灭性到底有多大。直到 1945 年 7 月 16 日这一天。

头一天早上，奥本海默像往常一样离开家，他显得很平静，只是和她妻子讲，"如果成功了，我就打电话告诉你把床单换了"。他来到新墨西哥州沙漠中的白沙试验场[19]，距第一颗原子弹试爆点大约 9 公里处。几天前，他亲自监督了世界上第一颗原子弹（代号"三位一体"，Trinity）的组装，现在它被架在了三十多米高的铁塔上。原子弹本来预定在凌晨 4 点引爆，但是临近引爆时，忽

图 15.12　世界上第一颗原子弹（代号"三位一体"）爆炸

19
现已改名为白沙导弹实验场，但是当时美国还没有导弹。

然风雨大作，而且风是向几十公里外的居民区刮去的，核爆试验只好推迟到五点半。

曼哈顿计划的负责人格罗夫斯和众多科学家包括费米则在离核爆地点 16 公里外的观测点等候。没有人知道它能否成功，威力如何。科学家们打起赌来，他们猜测这个原子弹的威力从 α（完全失败）到 4.5 万吨 TNT 当量不等。5 点 29 分，一位物理学家引爆了这颗原子弹。刹那间，黎明的天空顿时闪亮无比。"比一千颗太阳还要亮"，这是当时在场的人们的描述，日后也成了记述关于曼哈顿计划传记的标题。在场的每个人对当时的描述都不尽相同，这些描述可以从任何关于核爆炸的描述中找到，但是大家有一点感触是相同的，就是它爆炸的威力超出了所有人的想象。奥本海默当时讲"我们都成了婊子养的"、"我成了死神"，远在十几公里外的费米扬起了一些纸片，最早估算出其爆炸当量在 1 万吨 TNT 以上。很快，精确的结果出来了，爆炸当量近 2 万吨 TNT。

图 15.13　费米用纸片估算第一颗原子弹所释放的能量

科学家们知道他们打开了潘多拉的盒子，而这种武器的威力可能毁灭人类自身。于是他们对原子弹的态度来了一百八十度转弯，建议美国政府不要使用这种武器。西拉德和玻尔这些当年倡导原子弹计划的科学家成了最坚决反对使用原子弹的人。但是政治家和军人们的心思却不同。

到了 1945 年夏天，日本不仅没有一点投降的迹象，而且还在做"一亿国民总玉碎"的垂死挣扎。别无选择，盟国只好准备进攻日本本土，并且为此已经制定出落日行动（Operation Downfall）。落日行动包括两个部分：奥林匹克行动（Operation Olympic）和小王冠行动（Operation

Coronet）。奥林匹克行动计划于 1945 年 10 月实施，目标是占领九州岛南部三分之一左右的领土，使之与已经占领的冲绳成为下一步进攻的主要基地。小王冠行动则计划于 1946 年春天实施，目标直指迫近东京的关东平原。日本军部对于入侵的可能方向也作出了精确的判断，并相应地谋划了本土防御作战计划——"决号作战"，欲倾日本最后之全部国力，而不打算为任何可能的后续作战计划留存余裕。虽然对日决战最终没有付诸实施，但倘若果真实施，参战双方必将付出巨大伤亡。视日本一般民众的抵抗程度如何，盟军的伤亡估计约数百万，而日本军民死伤则可能逾千万。注意，这些伤亡的估计是在雅尔塔协议之后，考虑到苏联出兵的因素。

1945 年初，美国做好了决战日本的准备，并且决定了在必要时由麦克阿瑟统一指挥全部盟军的部队。美国对这次决战的艰巨性有充分认识，准备一直打到 1947—1948 年。考虑到伤亡数量将是惊人的，美国事先制作了 50 万枚紫心勋章，准备授予伤亡的军人。事实上这些勋章至今还没有发完。

但是有了原子弹，情况就不同了。这种超级武器不仅可以让美军伤亡降到极低，而且可以震慑日本国民。要知道，当时日本国民几乎都支持战争。自从第一颗原子弹试验成功，当时的美国总统杜鲁门在和军方磋商后就决定用在日本战场上，以便尽快结束战争。

美军选定了几个尚未被轰炸过的城市作为原子弹的投掷目标，它们分别是广岛、小仓、长崎等。投弹的任务交给了空军第 509 混成大队。为了确保万无一失，这个飞行大队在很多天里就练习一个动作，带一颗大炸弹飞到日本城市的上空，扔下去，飞回来。8 月 6 日，真正的任务开始了，参加轰炸的 7 架飞机，1 架为原子弹载机，由大队长蒂贝茨（Paul Warfield Tibbets, Jr., 1915—2007）亲自驾驶。那天天气很好，广岛上空的能见度很高，509 飞行大队没有遇到任何炮火的袭击就将代号为"小男孩"的原子弹成功投到了广岛市区。原子弹爆炸的惨象就不必描述了，它的爆炸当量是 2 万吨 TNT，相当于东京大轰炸的八倍，造成了 7 万多人死亡和 10 多万人受伤。第二天，苏联就在东北出兵了。

广岛的毁灭给日本朝野带来极大震动，以东乡外相为首的几名内阁成员，建议日本接受《波茨坦公告》投降（他们自己称为终战）。但是日本军方却激烈反对，认为日本军队士气高昂，数百万军队渴望决一死战，而即使政府宣布停战，日军也可能拒绝投降。两派意见相持不下，美国不得不投下了第二颗原子弹。这次投掷原本的目标是小仓，但是投掷的过程非常不顺利，先是油箱故障，部分燃油无法使用，接下来遇到天气问题和地面炮火攻击的问题，509 航空队不得不临时决定将原子弹"胖子"投到了备选城市长崎。这颗原子弹当量更大，但是好在长崎三面环山，损失来得比广岛小些。

就在长崎遭受原子弹袭击的同时，日本在中国东北的几十万关东军，也被前苏联的百万铁甲军碾成了齑粉，迫于各方压力，日本天皇决定无条件投降。日本国民（不仅仅是军人）在这次战争中给全世界很多国家带来了无穷的灾难，最后也使广岛和长崎遭受了可怕的原子弹袭击。

对于当时是否应该使用原子弹，从一开始就有争议。科学家们的态度就不用讲了，即使是历史上被日本侵略的一些国家，日后受意识形态的影响，都一度甚至至今仍谴责美国使用核武器。今天，当第二次世界大战日渐久远，而被侵略国家经历过二战痛苦的当事人渐渐死去的时候，舆论更加倾向于美国在二战末期不应该使用原子弹。不知道是什么原因，或许是日本人很有效的宣传，全世界对广岛和长崎原子弹的受害者的同情远远超过了对被侵略国家无辜死难的平民的同情。从 1945 年到 2006 年蒂贝茨去世前，不断有记者问这位当年投下第一颗原子弹的机长是否良心有所不安。蒂贝茨每次回答得都很干脆"使用原子弹的决定是正确的"，"我每天晚上都睡得很好"。我想，如果记者们用这个问题去采访参加过太平洋上硫磺岛之战 [20] 的美国老兵们，他们得到的答案会是相同的。

在当时，无论从军事还是政治上考虑，使用原子弹都是将参战双方的死

20
美国在太平洋战争时期进行的最惨烈的一场夺岛战争，美军死亡 6821 人，伤 19217 人，超过了日方的死伤人数。

亡人数降到最低的方案。但是从更长的历史时期来看，人类打开了潘多拉的盒子毕竟不是一件好事，核武器从此成了政治家和独裁者们互相讹诈的工具，而人类从此生活在恐惧中。或许从更长远的角度来看，当时科学家们坚决反对使用核武器的理由是对的。当然，他们没有最终的决策权。他们那一代人，一直对原子弹带来的灾难感到不安。爱因斯坦自认为倡导研制原子弹是他一生犯下的最大错误，后来签署了呼吁不使用核武器的罗素－爱因斯坦宣言。玻尔心灰意冷回到了丹麦，西拉德等一大批物理学家干脆改行研究生物去了，这导致了后来生物学的快速进步。

从客观上讲，原子弹没有改变二战的结果，但是加快了它的结束。科学家们的建议在当时无疑是正确的。因为没有人预见得到德国的核计划搞得那么失败，以至于美国其实并不需要搞。当时，哪怕是最乐观的美国人和苏联人也想不到在战争初期横行一时的德国和日本到了 1943 年就开始走下坡路了，倡导美国研制原子弹，无疑是科学家们根据当时的信息做出的最正确的判断，而杜鲁门同意使用原子弹，在当时也是正确的。要知道，战争每延长一年，中国的军民就会死亡 250 万人，是广岛和长崎死亡人数的 15 倍左右。

介绍曼哈顿工程和第一颗原子弹的书籍非常多，最有名的一本当属《比一千个太阳还亮》，非常好看，不过遗憾的是，这本书更像小说而不是史籍，里头错误很多。另外一本是当事人格罗夫斯的回忆录《现在可以说了》，里面介绍了曼哈顿计划的很多细节。

第七节　原子能的和平使用

爱因斯坦指出了人类最大的能量所在，迈特纳和哈恩发现了核裂变，费米等人通过可控核裂变获得了能量。原子能本身是客观存在的东西，利用它造福人类还是毁灭人类，这都要看人类自己了。

爱因斯坦等人其实为人类找到了迄今为止能够实现的最清洁、最便宜和最安全的能源。从长远来看核聚变是最清洁而且取之不尽的能源，虽然在近期内人类还无法利用好这种能源。核能也是至今唯一能够全面取代传统能源的新能源，太阳能、风能和生物质能这些可再生能源都不具有这个能力。

当然，我的这种说法可能和大家想象的核能相差甚远。在很多人眼里，核能很危险（不安全），有核辐射（不清洁），核燃料很贵（也不便宜），因此，我们还是用数据说话。

先说安全性。从 1950 年世界上第一个核电站投入使用至今，世界上已有 31 个国家建立了原子能发电站。到 2012 年 4 月为止，共有 430 个核反应堆在使用。这还不包括 240 个用于各种研究的核反应堆。到目前为止，这些核反应堆一共出过三次大的核事故。它们分别是 1979 年美国的三哩岛核电站的核泄漏事故（简称三哩岛事件），1986 年前苏联的切尔诺贝利的核电站事故和 2011 年日本因海啸引起的福岛核电站的核泄漏事故。这三次核事故的经过、原因和后果说来话长，我们放在了这一章的附录中。这里我们只对它们造成的危害做一个总结。

　1. 三次核事故一共有 56 人死亡，两人失踪。死亡均是在切尔诺贝利核电站事故中造成的，两人失踪是在福岛核电站事故中造成的。三哩岛事件没有任何死伤。在今后最终可能有大约 4000 多人（切尔诺贝利事故可能有 4000 人受到严重辐射，福岛核事故可能有 100 人受到较大剂量的辐射）受到核辐射伤害而死亡。切尔诺贝利核电站之所以造成那么大的危害，是因为前苏联没有考虑安全性，核反应堆根本就没有装安全壳，这在西方、日本和中国的核反应堆建设中是不允许的。

　2. 三次核事故中，只有福岛核电站的事故主要原因来自外部（地震）。三次事故都有一个共同的特点，就是诸多的人为因素造成了最后的灾难。三哩岛事件主要是人为疏忽所致，当然也有早期核电站的很多控制和监控不够人性化的因素。福岛核电站的关键问题是长期管理混乱，不正视经常暴露出来的小问题，欺上瞒下，在安全方面图侥幸。切尔诺贝利核事故和前苏联多起航天、潜艇事故非常相似。首先是设计和工艺粗糙，不注重安全（比如切尔诺贝利核电站连安全壳也没有），一旦出了事故，因为政治的原因，隐瞒实情，致使小事故变成无法收场的大事故。这些事故对生命和环境的影响各不相同，其差别在于有无最后一道保护措施——安全壳（见附录）。

三次核事故造成的人员伤亡即使在几十年后达到数千人，也比煤矿矿难死伤人数要少得多。煤矿的瓦斯爆炸和塌方是很难避免的灾难，即使在美国，每年的矿难也要死亡几十人。在过去的二十年，美国发生的矿难大约每年要死亡 60—100 人，只有 2009 年和 2012 年情况较好，这两年每年死亡 35 人。而煤矿矿难占全部矿难的一半。今天，中国的矿难情况比美国更加严重，中国出产世界上 35% 的煤，但是采煤死亡人数却占了全世界的 80%。中国矿难具体的死亡人数，官方公布的和各种机构统计的相差巨大，不过即使是官方的数字，死亡人数也相当惊人，以 2006 年为例，中国煤矿矿难死亡人数为 4749 人 [21,22]，已经超过所有核事故几十年后的上限死亡人数。美国在 20 世纪早期（生产条件和今天的中国差不多的时期），每年的矿难死亡上千人。水电也并非安全，虽然我们无法得知全世界水电站建设（大多在条件恶劣的山区）的死亡人数，但是就公布的一些数字看，工程的死亡人数常常超出一般人的想象，比如美国上世纪 30 年代在修建胡佛水坝时有 112 名工人死亡。而一旦水电站的库坝决堤，后果不堪设想（1975 年中国河南驻马店地区水库决堤，造成十几万人死亡 [23]）。这样仔细对比起来，核能还是相当安全的。上述三个核电站用的都是第一代核反应堆，安全性比现在大量运营的第二代反应堆要差很多，比现在正在建设的第三代反应堆就差得更多了。现在使用的第二代核反应堆安全系数为"重大事故的可能性平均是每十万核反应堆一年一次"（以全球 430 个核反应堆算，每 250 年可能有一个会出问题），而现在新建设的第三代核电站，安全系数为每 160 万核反应堆一年一次，如果几十年后全球有 1000 个核反应堆，大约每 1600 年会有一个出问题。在这 1600 年间，出现战争的可能性都比核反应堆出事的可能性大得多。

21
http://dwz.cn/i70GW

22
China sees coal mine deaths fall, but outlook grim, 11 January 2007, Reuters

23
被洪水冲走丧生的就超过 10 万人，受灾人口超过 1000 万人，1100 万亩农田受到毁灭性的灾害，京广线被冲毁 102 公里，中断行车 18 天。

因此，核能本身不像公众想象的那么可怕。

那么为什么很多人还是谈核变色呢？主要原因至少有以下两点：

首先是对核辐射和核电站缺乏了解。人类的天性是对偶发性大范围的灾难比经常性的小规模灾难更害怕。比如很多人怕坐飞机，而选择其实安全性比飞机要差很多的汽车。由于广岛和长崎原子弹造成了巨大的伤亡，切尔诺贝利核电站事故造成了对环境长期的破坏，因此很多人对核能产生了恐惧。毕竟大部分人的判断是依据新闻而非统计数据（核事故是记者们喜欢报道的话题，也非常吸引眼球，而人类历史上三次核事故造成的死伤抵不上每年煤矿的矿难死亡人数这个事实常常被人们忽略）。

第二个原因是有关政府消息不透明。比如日本国内民众对福岛核事故最不满意的还不是由于地震造成了核泄漏，而是东京电力公司在历史上多次隐瞒问题，2011年出事故后仍试图隐瞒真相，而国民不知情，只能往最坏的地方去想。这应了那句电影台词"没有最坏，只有更坏"。在这三次核事故中，三哩岛事件透明度最高，因此并没有让美国民众产生什么恐惧。而在切尔诺贝利事故中，前苏联当局最爱遮遮掩掩，在历史上谎言不断，搞得欧洲周边国家的民众都忧心忡忡。

在人类文明史上，民众对于新发明的恐惧并非第一次。在远古时代，火的发明和使用是人类进化的转折点。人类因此可以取暖，加工食物，更重要的是有了对付野兽的"超级武器"。但是，从人类早期，直到今天，火带来的灾难并不少。一个村落、一个城市因为人为疏忽引起的大火而焚毁，这种事例数不胜数，可要比核事故可怕得多。但是人类并没有因此而放弃使用火，虽然在很长的时间里人类对火都很恐惧。

一百多年前，人们对电的恐惧丝毫不亚于今天人们对核能的恐惧。那时候人们对电的了解也不多，甚至没完全弄清楚什么东西会导电，什么东西绝缘性能好，也不知道电线的绝缘层会老化，经常出现火灾和人畜被电的事故。一些市民把灾难归罪于电本身而破坏供电设施（主要是电线），发明家和企业家爱迪生不得不派人经常巡逻保护这些设施。而爱迪生为了与特斯拉和西屋电气公司竞争，居然也利用人们对电的恐慌，散布高压交流输电危险的言论。可是，人类依然没有因为恐惧而放弃使用电，反而是越用越广。相信随着人们对核电愈加了解后，恐惧心理会渐渐消除。

为什么说核能是最清洁的能源之一呢？我们还是用数据说话。下表是用各种能源每发一度电产生的二氧化碳排放量。

表15.1　不同发电方式的二氧化碳排放

发电方式	二氧化碳排放 （克 CO_2/ 度电）
水电	4
风能	12
核能	16
生物质能（垃圾）	18
地热	45
光伏太阳能	46
天然气	469
煤	1001

可以看到，以不同能源根据其在发电时二氧化碳的排放，自然地分成了两组，最后两排红颜色表示的是传统的化石燃料，包括煤和天然气；表中蓝颜色表示的是可再生能源和核能。两组的二氧化碳排放量相差了1—2个数量级，采用表中蓝颜色表示的任何能源发电，都可以大大降低地球的温室效应。用第二组能源发电本身应该不产生二氧化碳，但是在建设电站的过程中，制造建筑材料和施工会产生二氧化碳，这些二氧化碳的排放根据电站的寿命，折算到了每一度电中，当然比传统能源要小很多[25]。在第二组中，核能的数据来自第二代核电站（福岛核电站）而不是现在建设的第三代核电站，但是依然比太阳能好不少。而第三代核电站又比第二代要清洁得多。唯一可以和核能媲美的是水电和风力发电，但是

25
用生物质能发电本身会产生很多二氧化碳气体，但是这些垃圾或者树叶、农作物的枝叶如果不用来发电而是腐烂掉，会产生同样多的二氧化碳。表中给出的排放量，是建设生物质能电站消耗的能源材料按照电站发电量折算下来的结果。

水电对环境的影响很大，风力无法在较小的区域内提供较多的能量，可见核能是已知的对地球生态环境破坏最小的能源。

当然什么事情都要考虑成本。松下幸之助讲，任何一种好的生意必须是能够盈利的，否则就是对人类的犯罪，因为有限的资源本可以用到其他地方。同样，一个好的产业也是如此，而不是长期靠政府补贴。事实上我们没有看到哪个靠政府补贴的产业能够持久。之所以世界上很多发达国家还保留了传统的火电，一个重要原因就是成本低。因此，强调环保和低碳发电的同时必须做到成本不至于太高，才会最终受到全世界的接纳。当然，计算发电的成本也并非易事，比如资源国（澳大利亚、中东）采用常规能源发电成本就比日本这种靠长距离海运进口煤和石油的国家要低。下面分别是澳大利亚、日本、欧盟和美国用各种能源发电的数据。

我们先来看看澳大利亚的数据。那是一个幅员辽阔的资源大国，不仅火电成本最低，而且日照时间长，有利于太阳能的应用。从下表可以看出现有核能发电成本和传统能源相当，而新核能则很有竞争力。

26
Switkowski, Z. Uranium Mining, Processing and Nuclear Energy Review UMPNER taskforce, Australian Government, 2006

表 15.2　2006 年澳大利亚各种能源发电的成本 [26]（数据来源：澳大利亚政府）

发电方式	成本（澳元每度电）
新型核能	0.055
旧核能	0.090
煤（不加环保措施）	0.033
煤（加上各种环保措施）	0.085
天然气加环保	0.073
水电	0.055
风能	0.063
光伏太阳能	0.120

而日本则相反，国土窄小，缺乏资源。日本给出的数据（2011 年）见下表。在日本，核能的成本优势更加明显。

表 15.3　日本各种能源发电成本 [27]（数据来源：Japan Times）

发电方式	成本（日元每度电）
核能	5.5
风能	12
太阳能	49
煤	N/A

27
Johnston, Eric, "Son's quest for sun, wind has nuclear interests wary", Japan Times, 12 July 2011, p. 3

从资源的拥有量来讲，澳大利亚和日本是两个极端的情况，那么美国和欧盟经济规模更大，或许更有代表性。下面是欧盟的数据。

表 15.4　2010 年欧盟各种能源发电成本 [28]（数据来源：维基百科）

发电方式	发电成本（欧元每度电）
核能	0.107 — 0.124
煤	0.088 — 0.107
风能	0.05 — 0.096（陆地） 0.035 — 0.15（海洋）
水能	0.035 — 0.127
太阳能	0.284 — 0.391

28
http://t.cn/8szZiCF

在美国，按照入网的成本（不是发电的成本）计算，可再生能源比传统能源的发电成本要贵得多。

表 15.5　2011 年美国各种发电方式的成本 [29]（数据来源：经合组织原子能机构）

发电方式	发电成本（美元每度电）
核电	0.172
煤	0.107
天然气	0.054
风能（陆地）	1.63
风能（海上）	2.05
太阳能	1.48

29
http://t.cn/8sD2KVp

从欧、美数据得到的结论和从日本、澳大利亚数据得到的结论类似，均表明核能是最便宜的能源之一，和传统火电的成本差不多。而被热捧的太阳能则非常昂贵，至少近期看不到盈利的可能，完全靠政府补贴。这就是美国总统奥巴马新能源计划投入大效果差的主要原因。他的这一政策也因此饱受国民的质疑。

综合考虑成本、清洁性和安全性，公平地讲核能是最好的能源。核燃料在地球上的储量并不低，至少够人类用千百万年。当前及未来几十年里，唯一能与核能竞争的是风能（因此中国发展风能的政策是非常正确的）。但是风能受季节性影响较大，而且输电不方便，因为有利于风力发电的地方常常人迹罕至。水电站对环境影响较大，争议也越来越大，如今，全世界拆大坝（一般在发达国家）和建大坝（一般在发展中国家）的趋势并存。在短期内，最不可能取代传统能源的是炒得最热的太阳能，除了成本奇高根本无法盈利以外，太阳能占地面积非常大，或者说单位面积发电量非常有限，而且还受季节性和天气变化影响很大，很难提供稳定的电量。太阳能电池对于使用者（美国和欧盟）来讲是环保的，对制造者来讲（中国）却是非常不环保的，因此这种提倡环保的做法多少有点以邻为壑。考虑到所有的因素，只有核能有可能完全取代传统的化石燃料，成为全球电力供应的主要来源。

在本章的最后，我们必须讲讲法国人对世界原子能的贡献，因为他们为人类利用原子能作出了很好的表率。

法国科学家弗雷德里克·约里奥 - 居里和伊莲娜·约里奥 - 居里夫妇是世界上最早实现稳定的人工放射性的科学家，并因此获得 1935 年诺贝尔化学奖。之后，他们参与链式反应和核反应条件的研究，并且成功利用铀和重水实现可控核裂变的核反应产生能量。爱因斯坦称约里奥是链式反应的先驱科学家之一。二战期间，法国被德国占领，核研究被迫终止，美国和英国的核研究却在曼哈顿计划中飞速发展。苏联核计划也依靠洛斯阿拉莫斯国家实验室的间谍窃取的大量情报而快速发展起来。这就让法国在核研究方面大大落后了。二战后，戴高乐决定成立原子能委员会

（CEA）。起初他十分热衷于发展核武器，可是后来这种热情慢慢消退了。主要原因是当时法国共产主义者坚决反对核扩散的鲜明态度。而研究骨干弗雷德里克·约里奥-居里正是一名共产主义者。直到1956年，法国才成立了一个原子能军事应用委员会。1958年6月，戴高乐才确定了法国第一次核爆炸的时间，并决定加快法国的核计划步伐，并且在20世纪60年代有了核武器。

法国和平使用原子能的成就在很大程度上要归功于1973年中东战争带来的石油危机。1974年，法国政府做出了一个历史性的决定：从传统能源转向核能。当时法国建造核电站的技术还不是很成熟，早期的核反应堆是美国西屋公司帮助建设的。不过从1974年起，法国加强了核反应堆技术的研究和投入，到上个世纪八九十年代，它的第二代核反应堆技术就领先于世界了。

冷战结束后，法国核工业的发展进一步向民用倾斜，并调整了核力量的数量和结构，裁撤陆基核部队，缩小了海空基核力量的规模。对于核武器，法国人一直坚持够用就好。随着苏联的解体和冷战的结束，法国主要的外部威胁已经不复存在了。这种"够用就好"的指导思想再次发挥作用。最直接的反应是发展核计划的经费大大降低。核武器项目的投资减少了50%多。经费的减少带来了一系列的连锁反应，法国开始了全方位大规模的核裁军。

首先，法国逐一关闭所有生产核弹所需裂变材料的工厂。法国是唯一宣布并开始拆除自己核裂变设施的核国家。1992年以后法国就不再分离武器级的钚。1996年中期以来，法国停止了所有用于核武器的裂变材料的生产。

图15.14　核电站遍布法国

同样是冷战的胜利者，美国虽然也在削减核武器（主要是过期的），却没有一个像样的和平利用原子能的计划。美国依然严重依赖传统能源，而且在从 1991—2012 年的 20 多年里，为了石油打了两次海湾战争。三十多年后的结果是，美国在这些年里很少建设核反应堆，而在核电站的很多技术上也被法国超越了。

今天，法国的核电取得了举世瞩目的成就，并且在技术上保持世界领先。我们不妨看看这个只有 6500 万人的中等国家的核电成就。

- 法国的国土面积只有中国或者美国的十五分之一，却有 58 个反应堆（美国是 104 个），遍布在全法国。

30
http://t.cn/8sD2NZV

31
http://t.cn/8sD2OWv

- 法国是目前世界上核电比例最高的国家，核电占整个发电量的 78%，2011 年为 4210 亿度（千瓦时），相比之下，有法国人口五倍、人均 GDP 更高的美国，核电的发电量仅为法国的两倍而已（2010 年，8069 亿瓦时，20%）[30, 31]。

- 由于核电的成本低廉，法国成为全世界最大的电力输出国，每年电力出口的收入约 30 亿欧元。

- 法国的核电技术世界领先，率先建造了第三代核反应堆。它的核电技术、服务和核燃料是重要的出口产品。

- 法国 17% 的电量来自回收的核燃料（第一和第二代核反应堆使用过的废料）。

2010 年，国际能源组织（International Energy Agency）希望法国人担负起为全欧洲提供低成本、低碳、低污染的能源的重任。

在全世界 400 多个核反应堆中，日本有 50 个反应堆，核电占全国发电量的 30%，估计到了 2017 年，可占到 40%。这个曾经的原子弹受害国，今天得益于原子能。

原子能既能杀人，也能造福人类，就看如何使用了。人类可以制造出全世界威力最大的核武器（新地岛氢弹，当量相当于 5000 个广岛原子弹）以及能够毁灭地球几十次的核武库。也可以选择法国人的做法，和平利用原子能，造福人类。随着人类的进步，我们有理由相信整个世界对待核能的态度最终也会像法国人那样，更多地用于造福人类，而不是毁灭人类。具有讽刺意味的是，拥有全球最大核武库的前苏联（一度达

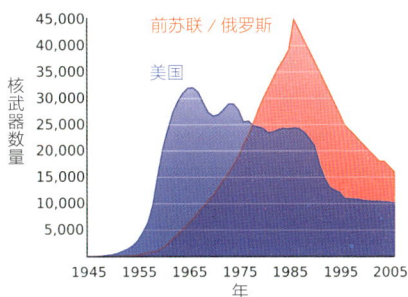

图 15.15 前苏联和美国核武库在各个年份的对比（数据来源 Robert S.Norris and Hans M.Kristensen, "Global nuclear stockpiles, 1945–2006," Bulletin of the Atomic Scientists 62, no.4（July/August 2006）, 64–66.）

45000 颗核弹），不仅没有灭掉任何一个国家，反而灭亡了自己。

结束语

核能本身是双刃剑，既能毁灭世界，也能造福人类，潘多拉盒子里的魔鬼不在于核能本身，而藏在人类自己身上。哈恩、西拉德、玻尔和爱因斯坦等人如果活到了今天，他们或许不会再有任何罪恶感，而是庆幸自己的发现。因为当全球正在为大量使用传统的化石燃料而造成了严重的污染和气候变化时，幸好有了他们的发现，有了核能，我们才有了可以全面替代传统能源的新能源。而对全人类来讲，在全面掌握了核反应、核辐射和核能的特点（包括优点和危险）之后，当这些核电站的运营变得更加透明之后，人们的核恐惧便会慢慢消除。再过几十年，等人类回首再看待原子能时，可能会觉得今天对核的恐惧是多么的可笑，就如同现在人们会觉得 19 世纪末对电的恐惧非常可笑一样。通过和平利用原子能，人类会把文明进一步向前推进。爱因斯坦、迈特纳、哈恩、玻尔和费米等科学家给人类带来的不是潘多拉的盒子，而是火种，他们是近代的普罗米修斯。原子能的发现和使用再次证明一个真理，人类的文明的推进靠的是这些在不同层面上创造文明（科学发现是最高层次）的人，而不是那些发动战争的人。

附录　三哩岛、切尔诺贝利和福岛核电站事故

一、三哩岛事件

三哩岛核泄漏事故通常又称为"三哩岛事件"。三哩岛其实并不是一个海岛，而是美国宾夕法尼亚州萨斯奎哈纳河（Susquehanna River）上一个长约两英里的江心岛。1974 年，在江心岛上建成了有两个反应堆的核电站。1979 年 3 月 28 日，核电站二号反应堆主给水泵停转，辅助给水泵按照预设的程序启动，但是由于辅助回路中隔离阀门在此前的例行检修中没有按规定打开，导致辅助回路没有正常启动。接下来的问题和后来历次核事故类似，热量在反应堆中心聚集，堆芯温度上升，待运行人员发现问题所在的时候，一半左右的堆芯燃料已经熔毁并发生泄漏，系统发出了放射性物质外漏的警报，但并未引起运行人员的注意。直到当天晚上 8 点，二号堆一二回路均恢复正常运转，但运行人员始终没有察觉堆芯的损坏和放射性物质的外漏，结果到了第三天（30 日），情况恶化，反应堆产生了大量的氢气和氧气，面临氢气爆炸的危险。当局紧急撤离了半径五英里以内的儿童和孕妇。4 月 2 日，氢气爆炸的危险解除。经过仔细检查才发现堆芯严重损坏，大量放射性物质堆积在核反应堆安全壳内，少部分放射性物质泄漏到周围环境中。根据结论报告：

1. 在以三哩岛核电站为圆心的 80 公里范围内，220 万居民中无人发生急性辐射反应。

2. 周围居民所受到的辐射相当于做一次胸部 X 光照射的辐射剂量。

3. 三哩岛核泄漏事故对于周围居民的癌症发生率没有显著影响。

4. 三哩岛附近未发现动植物异常现象。

5. 当地农作物产量未发生异常变化。

三哩岛事件是核电史上第一次重大事故。在整个事件中，运行人员的操作错误和机械故障是主要的原因。好在作为核电站最后一道安全防线的安全壳凸显了其重要作用。该核电站的二号反应堆从此关闭，一号反应

堆在关闭了 6 年后重新使用，至今仍在发电。但是，这次事故造成了几十亿美元的损失（包括善后的成本），电力公司差点因此倒闭。

二、切尔诺贝利核电站事故

切尔诺贝利核电站事故大家就很熟悉了，这是人类科技史上的一次灾难。由于缺乏透明性，这场事故的细节至今众说纷纭，但是大致的过程还是清晰的。1986 年 4 月 26 日凌晨，由于一系列连锁的故障，包括人为的失误，最终导致了 4 号核反应堆失控，功率剧增了十倍左右，导致蒸汽爆炸，反应堆顶部炸毁，核燃料芯暴露，散发出大量的放射性微粒和气体，同时导致 1700 吨的减速剂石墨燃烧，这加速了放射性粒子的泄漏。不像大多数西方的核电站在反应堆最外面都有一个安全壳，前苏联为了省钱，反应堆通常没有安全壳，于是放射性粒子随风飘到周围广大地区，甚至飘到邻国，造成了严重的核污染。切尔诺贝利核事故所释放的辐射量，相当于广岛原子弹的 400 倍，受污染地区不仅包括前苏联的乌克兰、白俄罗斯和俄罗斯地区，而且波及东欧和西欧部分地区以及斯堪的纳维亚半岛。事故之后，前苏联被迫从受灾地区转移了 33 万人。

由于前苏联刻意隐瞒了事故的严重程度和后果，按照他们的报告，整个事故死亡人数至今无法查明。2005 年，一份由国际原子能总署和世界卫生组织所提出的切尔诺贝利事故报告中指出，共有 56 人死亡（47 名救灾人员，9 名患甲状腺癌的儿童）。但是，考虑到它的受灾地区人口多达 660 万，估计已经和最终会死于核辐射的可能多达 4000 人。更重要的是，这次核泄漏对当地的生态造成了（很长时间内）不可逆的破坏。切尔诺贝利核事故最大的悲剧在于反应堆没有安全壳，致使本来不应该泄露到周围地区的放射性颗粒和气体污染了幅员广大的地区，造成了大面积灾难。

三、福岛核事故

福岛核事故发生的时间较近（2011 年日本大地震期间），来龙去脉和原因大家在新闻上应该都已经看到了。由于大地震和海啸，核电站的三个反应堆自动关闭。地震导致暂时停电，原本指望电网供电的冷却系统便无法对核反应堆进行冷却了。本来反应堆应该备有应急的常规发电机组，但是电力公司图侥幸，根本没有冗灾准备，致使反应堆较长时间内得不到有效的冷却，最终导致了小规模爆炸。部分带辐射的颗粒散到大气中，幸好季风是从日本往太平洋吹的，这些颗粒跨越太平洋到达美国时，经衰减放射性已经微不足道了。整个事故至今没有死亡的报道，不过有两名核电站工作人员失踪。据估计，最终受核辐射死亡的人数或达一百人。

虽然福岛核电站事故的直接原因是强烈的地震和海啸，但是细究起来还是人祸。首先，这个核电站的几个反应堆已经服役三十多年了，而且当时的设计对安全性就考虑不足，本该退役，但其所有者东京电力公司为了省钱，让它们超期服役。而这个核电站历史上管理混乱，可以说是小事故不断，但是东京电力公司刻意隐瞒，甚至多次篡改数据，最终酿成大祸。

参考文献

1　Ruth Lewin Sime. 迈特纳传（*Lise Meitner: A Life in Physics*）.University of California Press，1997.

2　Paul Lawrence Rose. 海森堡和纳粹原子弹计划（*Heisenberg and the Nazi Atomic Bomb Project, 1939-1945: A Study in German Culture*）.University of California Press，1998.

3　Richard Rhodes. 制造原子弹（*The Making of the Atomic Bomb: 25th Anniversary Edition*）.Simon & Schuster，2012.

4　罗伯特·容克 . 比一千个太阳还亮 . 钟毅，译 . 原子能出版社，1991.

5　莱斯利·R.格罗夫斯 . 现在可以说了——美国制造首批原子弹的故事.钟毅，译.原子能出版社，1991.

第十六章　两个人的竞赛

苏美航天发展的历程

军事的需求往往会推动科学技术的发展，而这些技术民用化之后又促进了人类文明的进步。美苏太空争霸导致了太空技术的飞速发展，而在这背后，很大程度上是两个天才的默默竞争。

第一节　寻找冯·布劳恩

1944 年 6 月 6 日，军事史上最著名的 D 日（D-Day）。这一天，艾森豪威尔将军率领的盟军在法国诺曼底成功登陆，之后盟军迅速向纳粹占领的法国纵深推进。纳粹德国离最终的失败已为期不远了，在战争中饱受德国空军袭击的伦敦人似乎可以松一口气了。然而，到了 9 月 8 日，一个庞然大物从天而降，落在伦敦西南部的奇希克（Chiswick）地区，并引起了大爆炸，炸死 3 人，炸伤 22 人。和往常不同，这次袭击没有预兆，没有警报。甚至在爆炸发生后，附近的居民才听到空气中传来的炸弹呼啸声，因为这种飞行物的速度是音速的 4 倍。伦敦的居民再次陷入恐慌。在接下来的几个月里，这种飞弹（当时德国人给它起的名字）的袭击持续不断，直到盟军摧毁了德国的飞弹基地为止。

其实英国情报部门早就得知德国在研制一种能够进行远程打击的秘密武器——飞弹，但是对它的细节一无所知。我们现在知道，这种名为 V-2 的飞弹是一种短程导弹或者说短程火箭，它能以时速 5760 公里（即 4.8 倍

图 16.1 位于伦敦奇希克地区的 V-2 落地纪念碑

音速）飞行几百公里。德国在火箭方面的技术明显领先于同盟国。

到了 1945 年，德国的败局已定。这时的同盟国想得更多的已经不是战争本身，而是如何处置战败国和建立战后新秩序。美国是一个重视人才的国度，他们看中了德国的人才，尤其是掌握火箭技术的精英。相比之下苏联人更看中德国和日本留下的机器设备，他们洗劫了德国的工业区和中国的东北。1945 年 4 月，一个特殊的美国调查团来到战争还在持续的德国，团长是陆军航空队[1]的西奥多·冯·卡门（Theodore von Kármán，1881—1963）少将。这位出生于匈牙利的将军其实并不带兵，而是一位数学和力学家，因为肩负了特殊使命，才以美军人员的身份行动。在这个几十人的调查团中，还有一位来自中国的黄皮肤黑头发的年轻人，他是冯·卡门的学生，当时的军衔是陆军航空队上校。在美军护卫下，调查团冒着战火深入德国，封存了德国的最高科技机密，并邀请德国一流科技人才为美国效劳。冯·卡门后来被誉为美国航空之父，并且在 1963 年被肯尼迪总统授予美国第一届国家科学奖。冯·卡门的这位学生后来回到了中国，成为中国的导弹之父，他就是著名科学家钱学森，在当时调查团里的职务是火箭组组长。

不过，本章故事的主角并不是冯·卡门和钱学森，而是一位比钱学森还小

一岁的年轻人——V-2
火箭的设计师冯·布
劳恩（Wernher von
Braun，1912—1977）。

1945 年 5 月的一天，
钱学森所在的美军部
队在巴伐利亚俘获
了一名叫冯·布劳恩
的火箭工程师。或许
是因为他的名字和职
业都跟美国要找的人
对上了，钱学森等人
得知后欣喜如狂，连
夜提审了他。这位
德国人得知他们的来
意后，对钱学森说：
"我想你们要找的是
我哥哥沃纳·冯·布
劳恩，我的名字是
马格努斯·冯·布
劳恩（Magnus von
Braun），我哥哥发明
了 V-2 导弹，我们都
想向你们投降。"在
马格努斯帮助下，钱

图 16.2　被美国航天局誉为世界航天史上第一人的冯·布劳恩

图 16.3　三代航天传奇人物在一起（从左到右：普朗特，钱学森，冯·卡门）

学森等人终于找到了沃纳·冯·布劳恩。冯·布劳恩见到美军调查团后说：
"我知道我们创造了一种新的战争模式。问题是现在我们不知道，应该把
我们的才智贡献给哪个战胜国。我希望人类能避免再进行一场世界大战，

我认为只有在各大国导弹技术均衡的条件下，才能维持未来的和平。"最终冯·卡门和钱学森等人让冯·布劳恩相信将火箭技术交给美国人对世界和平更有好处，于是他随冯·卡门等人来到了美国。

冯·卡门和钱学森在德国期间，还一起去了当年冯·卡门上学的哥廷根——德国的一所大学城。在那里他们会见了空气动力学的开山鼻祖，冯·卡门的导师普朗特（Ludwig Prandtl，1875—1953），三人还留下了一张合影。值得一提的是，普朗特在二战之前收了位名叫陆士嘉（原名陆秀珍，1911—1986）的中国女学生做博士生。大家可能对这个名字有点陌生，但是她在中国航空领域的地位就相当于钱学森在航天领域的地位。她也是北航的筹建者之一，算起来还是钱学森的师叔呢。说段题外话，清华和北航的老人都知道关于陆士嘉的这样一个故事。

> 在"文革"期间，中国想引进英国劳斯莱斯公司（Rolls-Royce）的飞机发动机。该公司不仅生产世界上最豪华的轿车，还生产全球最好的喷气发动机。世界上很多军用和民用飞机，包括现在最新的波音787和空中客车A380都采用它的发动机。中国和劳斯莱斯的谈判一开始非常不顺利，对方企图高价卖给中国劣质产品。在"文革"这个知识被踩在脚下的年代，中国出席谈判的人员没有足够的专业知识去向英国人争取权益。主管领导没有办法，赶紧到劳改农场把正在扫厕所的陆士嘉找了回来参加谈判。陆士嘉一到，便指出了英国给我们的发动机的问题，说得有理有据。陆士嘉还表示如果劳斯莱斯公司提供这样的发动机，公之于众将会大大影响这个知名品牌的声誉。这下子英国人不得不对这个看似村妇的老太婆刮目相看。一打听，才知道她就是陆士嘉，普朗特的学生，于是英国人的态度马上来了个大转弯，表示愿意给予中国最好的产品，并且以很低的价钱。当然条件是请陆士嘉先生原谅他们先前的行为，这样可以维护劳斯莱斯的脸面。我们民族的复兴很大程度上是依靠像陆士嘉这样有真才实学的学者。陆士嘉在"文革"之后为中国培养了大量的人才，中国航空工业的很多骨干都是她的学生。她去世时，邓颖超、习仲勋等给她送了花圈。

冯·布劳恩来到美国后的头几年，居然无事可做，因为美国当时成为了世界上唯一的超级大国，其核心任务是帮助西欧恢复经济，以避免这些国家倒向前苏联。因此，美国一直在裁减军队和军费。到了1947年，美国军队总兵力从二战后期的1200万裁撤到150万，与现在的规模大致相当，军费预算从1945年初的909亿美元裁减至1947年的103亿美元[2]。这两

年间美国并没有什么航天计划的预算。冯·布劳恩多次提出研制新火箭的
建议，都被搁置一边。事实证明他的老板既糟糕又不称职，这个 26 岁的
少校仅仅上过大学，对航天技术完全是门外汉，对冯·布劳恩的要求从不
理会。要知道，冯·布劳恩 26 岁时已经指挥上千名德国工程师工作了，
现在倒要向这个什么都不懂的毛头小伙汇报，一定非常郁闷。美国自身
也不知道要做什么，几年时间里，冯·布劳恩从波士顿搬到马里兰州，后
来又给弄到了得克萨斯州，这大致就相当于从东北搬到京郊，再给搬到
广东。在此期间，他能做的事情就是教教课，为大学和工业界做点培训，
另外，有空就把美国人从德国带回来的 V-2 火箭再重新装一装。照我想，
冯·布劳恩这些年过得实在是无聊。如果不是冷战的开始和另一个对手
的出现，冯·布劳恩说不定也就讲讲课、做做研究，直到终老。但是，上
帝还是给了他、也给了他的对手发挥其天才的机会。而他那位 26 岁的老
板，曾经有一次影响历史的机会，可惜不是这块料，最终证明还是从哪儿
来，到哪儿去。虽然从档案里我们知道这位老板名叫吉米·哈米尔（Jim
Hamill），但是没人知道他，也没有人有兴趣想了解他。关于冯·布劳恩
这段岁月，在《红色月亮升起——史泼尼克卫星和被遗忘的太空时代的对
手》（*Red Moon Rising: Sputnik and the Hidden Rivalries that Ignited the
Space Age*）一书中有详细描述。

第二节　特殊的囚徒

太空竞赛双方的主要负责人身份都很有意思，美国方面最终是由一个
（前）战俘来主持航天计划，而前苏联方面也找到了一个在身份上"门当
户对"的高手来打擂台——（前）囚犯谢尔盖·帕夫洛维奇·科罗廖夫
（Sergei Korolev，1907—1966）。科罗廖夫 1907 年出生在乌克兰，毕业于
莫斯科鲍曼高等技术学校（相当于中国的清华大学）。1932 年，25 岁的科
罗廖夫成为前苏联火箭研制小组的负责人，并取得了火箭研究和试验的许
多成果。1936 年，他成功地设计出苏联的第一代火箭飞机[3]。不幸的是，
第二年他在斯大林的大清洗中，因为莫须有的阴谋颠覆罪（不知道要颠覆

3
一种用火箭发射的
实验飞机，没有成
为实用产品。

图 16.4 前苏联航天之父谢尔盖·科罗廖夫

什么）遭到逮捕，先后在劳改营和监狱工厂做苦工。在那里科罗廖夫得了坏血病，不知这跟他后来的早逝是否有关。20 世纪 40 年代初，苏联政府知道德国在研制导弹，于是把科罗廖夫转到"4 号"特种监狱工厂，重新组织人员，开始研究军用火箭。在这家特种监狱工厂里，警卫十分森严，科罗廖夫毫无行动自由，每天工作 12 小时以上。1944 年，科罗廖夫虽被释放，但是一直受到监视，对他的指控直到斯大林死后数年的 1957 年才被撤销。

自二战结束后，科罗廖夫逐渐受到重用，一些西方史学家认为那是因为苏联人得知冯·布劳恩去了美国。不论这个理由是否成立，有一点是肯定的，科罗廖夫不仅是当时，而且也是整个苏联历史上最优秀的空气动力学和火箭设计专家。二战后，从德国缴获的大量 V-2 火箭资料被送到了科罗廖夫和同事们的手里。不少人错误地认为，美苏两国的导弹和航天成就都依靠德国的前期工作。这种看法对美国而言或许说得过去，因为他们火箭研制的中坚力量就是冯·布劳恩及其德国同事；但是对于前苏联，这种说法有失公允。虽然二战后一些德国的科学家也在为前苏联研究导弹，但是这些人以前在德国从来没有与冯·布劳恩工作过，而且前苏联领导人对他们也不信任，根本就没有让他们接触机密文件，到了 1950 年，前苏联干脆将这些德国专家送回了前东德。因此，前苏联导弹和火箭的研制，主要是靠科罗廖夫等人的努力。其实，早在二战期间，前苏联就开始了火箭技术的研究，积累不少。而在二战后前苏联在火箭方面的研究也长期领先于冯·布劳恩领导的美国团队。

虽然科罗廖夫蒙受冤狱，并长期遭受非常不公正的待遇，但是他对前苏联始终忠心耿耿，他没有像他的另一个同伴、杰出的科学家萨哈罗夫[4]那样从此成为对苏联持不同政见者。科罗廖夫的一生中多半时间里是在没有人身自由的情况下工作的，现在没有任何文件和史料记载他当时的心情，我们很难想象一个人在这样遭受监视、不信任甚至受到肉体惩罚的情况下还能安心工作，并为自己的国家、为整个人类做出卓越贡献。我常常想，相比科罗廖夫，我们有时在工作中所受的一点委屈根本算不上什么。

到 1947 年，作为前苏联导弹总设计师的科罗廖夫，照着德国人的 V-2 导弹，仿制出了苏联第一代导弹 R-1。R-1 的射程还不如 V-2，不过两年后的 1949 年，新一代 R-2 的射程就达到 V-2 的两倍了。虽然有人质疑前苏联的 R-2 多少还有点 V-2 的影子，但它是世界上第一个弹头和火箭分离的导弹，在此之前的德国人和同时期的美国人都没有做到这一点。在放弃了不是很成功的 R-3 后，科罗廖夫领导的第一试验设计局（OKB-1）于 1953 年成功发射了 R-5 弹道导弹，射程 1200 公里，可以覆盖西欧大部分地区。它的改进型 R-5M 成为了前苏联第一代可携带核弹头的弹道导弹。R-5 系列导弹的出现和部署，让西欧和美国感到了恐慌。而更让西方感到害怕的是科罗廖夫领导设计的下一代导弹 R-7。R-7 是世界上第一种洲际导弹，它采用了二级火箭，这也是世界上第一枚采用多级火箭推进的导弹，射程长达 8000 公里以上，能够打到美国本土。到此，前苏联的导弹技术已经明显领先于美国了，而且他们自行设计了近程、中程、远程和战术导弹，中程导弹在试验成功后很快就开始装备部队了。科罗廖夫团队的效率之高在世界航天史上是空前的。

现在，我们要回过头来讲讲冯·布劳恩。当科罗廖夫和他的同事们大干快上时，他还在继续被浪费光阴。但是历史终究会给有准备的人以机会，而他们也能够把握这样的机会。如果说二战后苏联人在火箭上的努力还没有唤醒沉溺在胜利喜悦中的美国人，那么 1950 年 6 月朝鲜人民军的胜利给了美国人当头一棒，把这个巨人砸醒了。6 月 25 日，朝鲜人民军跨

4

安德烈·德米特里耶维奇·萨哈罗夫（俄语：Андрей Дми́триевич Са́харов），前苏联原子物理学家，主导苏联第一枚氢弹的研发，被称为苏联氢弹之父。但他也是人权运动家和前苏联持不同政见者，曾经被流放。他在 1975 年获得诺贝尔和平奖。为了纪念他，欧洲议会把设立的欧洲最高人权奖命名为萨哈罗夫奖。

5
关于这段历史，有
兴趣的读者可以阅
读沈志华的《中苏
同盟与朝鲜战争研
究》。

过了三八线[5]。作为美国盟国的韩国，既没有坦克也没有反坦克的武器，甚至没有重炮。面对北方的坦克和重炮，毫无还手之力。到了第三天即27日，韩国政府就打算撤离汉城（离三八线很近），并且在28日就逃过了汉江。因为害怕朝鲜军队追击，韩国政府炸掉了汉江大桥，这不仅对逃亡中的平民造成了很大伤亡，而且把几千名军人丢在了汉江北面，最后让他们都成了朝鲜的俘虏。当天朝鲜军队就占领了汉城，从开战算起仅仅四天而已。韩国的表现，怎一个惨字了得！美国人发现在二战时靠自己提供援助和部分武器的前苏联，现在在很多武器装备上已经接近甚至超过了自己，于是开始加大了对军备的投入，力图在武器上全面压倒前苏联，这包括对导弹研发和装备的投入。

对无数的家庭和参战各方上百万军人来讲，朝鲜战争是个巨大的灾难，经过几年的战争，交战双方基本维持了战争前各自控制的领土。而对冯·布劳恩来讲，这是一个转折点，并从此开始了他不朽的事业。

朝鲜战争开始后，冯·布劳恩被任命为美国陆军弹道导弹局（Army Ballistic Missile Agency，简称ABMA）开发中心的主任。他和他的德国同事来到了美国偏远的阿拉巴马州的一个叫Huntsville的小城，后来在那里他一住就是20年。从1950年到1956年，冯·布劳恩和他的德国同事研制出红石火箭，它后来成为了美国第一代携带核弹头的弹道导弹。这种射程300公里的火箭，直接源于冯·布劳恩以前在德国设计的V-2，因此他们从开始设计到完成只用了两年时间。但是，从性能来讲，它仅仅超越了德国在二战末的水平，相比前苏联同期的R-5火箭（射程1200公里）有很大的差距。即使到了1956年，冯·布劳恩的团队设计的美国第二代火箭木星-C（Jupiter-C），射程也就是1000公里，而这时候，科罗廖夫已经研制出射程8000公里的洲际导弹R-7了。

科罗廖夫从昔日德国人的追赶者成了领先者，而他的对手冯·布劳恩则从领先者变成了追赶者。对冯·布劳恩来讲，二战后五年的宝贵时间白白浪费掉了，现在他必须追赶，但是，他甚至不知道要追赶的对手是谁，因为前苏联保密工作做得很好。而另一方面，科罗廖夫知道他的对手冯·布劳恩等人的存在。这是一场非常有趣的比赛。从 1947 年到 1966 年，两个顶尖的科学家同时也是设计师就这样在幕后展开了长达 20 年的竞赛。

第三节　第一回合：人造卫星，科罗廖夫胜

无论是科罗廖夫，还是冯·布劳恩，他们的兴趣都不在于用导弹将核武器打到对方领土，而是利用火箭载人进行太空旅行。不过颇具讽刺意味的是，他们和平利用太空的理想，恰恰是由两个敌对的、正在进行军备竞赛的国家帮助实现的。

前苏联领导人赫鲁晓夫笃信社会主义可以通过和平竞赛（而不是武力）战胜资本主义。当然他眼里的和平竞赛并非经济发展和老百姓生活的改善，而更多的是体现国力的"面子"工程，在这样的指导思想下，前苏联把太空竞赛从科技竞赛上升到社会制度比拼的高度，一切都要抢在美国人前面。这个艰巨的使命就落到了科罗廖夫和他所在的第一试验设计局的身上。而科罗廖夫也没有辜负前苏联对他的期望。

1957 年 10 月 4 日，美国人自朝鲜战争后又一次被震惊了，因为这一天，前苏联在拜科努尔发射场成功地发射了世界上第一颗人造地球卫星史泼尼克一号（Sputnik-1），并顺利送入预定轨道，这标志着人类从此进入了利用航天器探索外层空间的新时代。这颗卫星被赋予了太多的"第一"，无需我们赘述。《纽约时报》当时发表的评论说，该卫星的发射不亚于原始人第一次学会直立行走。这是一个极高的评价。这颗卫星是一个直径大约半米的圆球，重约 84 公斤。它有两部无线电发报机，不断向地面发回最简单的信号，表示工作正常。卫星每 96 分钟绕地球一周，在近地轨道上运行了 92 天后坠毁在大气层中。为了纪念这一天，1999 年联合国大会将 10 月 4 日—10 日定为"世界空间周"。应该讲，前苏联第一颗人造卫星的发射，是全人类的文明成果。我们今天的电视、气象和通信都离不开卫星。

科罗廖夫的成功让美国人，包括冯·布劳恩的团队非常不安。美国人的自信心和威信都受到严重打击。美国人常常很庆幸他们的国家位于两个大洋之间，东临大西洋，西靠太平洋，敌人很难跨越两个大洋攻击美国。在两次世界大战尤其是二战时，虽然美国征集了上万人的军队在东西两个战场与德国和日本两线作战，但是无论外面打得多么热火朝天，美国的本土总是安全的。美国民众从来不用像亚洲人或者欧洲人那样，担心睡觉时天上会掉下炸弹来。即使是今天，美国依然执行本土安全为重中之重的国策，并在9·11恐怖袭击后成立了本土安全部（Department of Homeland Security）。苏联卫星上天，这在外界看来，只是前苏联在航天技术上有了重大的突破，人类实现了很多的梦想，但是从军事的角度看，能将人造卫星发射上天的火箭，同样可以将核弹头打到很远的地方，这样美国本土就不再安全了。

发射卫星不是一件容易的事，因为它考验着一个国家的综合科技水平和工业水平。而其中火箭技术又是核心。火箭的推力、稳定性和准确性又都缺一不可。先说说推力，我们知道，要把一个东西投掷得远一点，出手的速度必须快。对火箭也是一样，一枚火箭速度越快，射得越远，当它的速度快到一定程度时，地球引力，也就是我们常说的重力，就不足以将它再吸引回地球表面，这样它就可以围绕地球旋转。这个速度在物理学上称为第一宇宙速度，即每秒钟7.9公里。

这个速度非常快，大约是音速的20多倍（即超过20马赫）。按照这个速度，火箭从北京飞到上海也就是两分半钟而已。当年德国V-2火箭的速度是4倍音速，现在需要5倍于V-2的速度才有可能将卫星发射上天。我们知道，火箭动能和速度的平方成正比，也就是说为了这5倍的速度，需要25倍的动能，而动能是靠燃料的热能转换过来的，在其他条件（比如发动机效率和燃料的比冲）不变的前提下，那需要准备25倍燃料。当然不能简单地将25倍的燃料灌到火箭里就完事，因为这样火箭的自重大了，速度依然上不去。这在当时是个尚未解决的难题。

为了解决这个矛盾，科罗廖夫设计了两级火箭。每一级都装有单独的发动机与燃料，每级火箭燃料用完后自动脱落，同时下一级火箭发动机开始工作，使飞行器继续加速前进。这样在一级火箭工作结束后可以抛掉不需要的质量，从而获得良好的加速性能，逐步达到预定的飞行速度。多级火箭的另一个好处是可以通过调整每一级火箭的推力和工作时间调整轨道，这样既可以把质量小的物体（比如卫星）发射得又远又高，又可以把质量大的物体（比如核弹头）送到相对近一点的目的地。事实上，发射第一颗人造卫星的火箭和发射前苏联第一颗洲际导弹用的是同一种火箭，就是我们前面提到的 R-7。今天所有大推力火箭都采用多级的结构，而全世界最早的多级火箭[6]和级数最多的火箭（N1 火箭，一共有四级）都是科罗廖夫设计的。

世界上任何事情都有两面性，多级火箭也有它的问题，它不仅结构复杂，而且火箭比较长，弯曲刚度差，不容易实现气动稳定。而发射卫星的火箭，准确性和稳定性比过去的导弹要高得多。事实上，无论是德国的 V-2，还是前苏联的 R-5，准确性都不是很好。如果大家有机会参观美国的肯尼迪航天中心，可以在那里看到很多珍贵的历史影像。从这些影像中我们可以看到，在美国火箭早期

6
有文献记载美国在 1949 年试射了多级火箭，甚至有观点认为中国 14 世纪的"火龙出水"是最早的多级火箭，但是最早可以实用的多级火箭是前苏联的 R-7。

图 16.5　前苏联的 R-7 火箭（上图，火箭在发射塔上；下图，火箭发射的一瞬间）

7
米哈伊尔·吉洪拉沃夫 (1900—1974)，前苏联火箭理论专家。

8
一般串行的多级火箭，后面每级火箭是前面的完全负担，而像 R-7 这样并行的多级火箭，所有的发动机可以一起工作，后几级火箭不再是前面的单纯负担。

9
不包括四个捆绑的火箭。

10
各级火箭的推力并不可比，因此将各级火箭每个发动机的推力加起来意义不大，但是这是唯一可以用一个数字来说明火箭推力的指标，因此我们采用了它。

11
由于 R-7 有诸多发动机，它的总推力是这样计算出来的：
$907 \times 5 + 38 \times 12 + 907 + 38 \times 2$

12
火箭的推力一般用千牛顿（简称千牛）来衡量，1 千牛的推力大约相当于 0.1 吨。

的发展历程中，稳定性是个大问题，火箭经常打偏了或者干脆直接掉下来。为了解决稳定性的问题，科罗廖夫利用吉洪拉沃夫（Mikhail Klavdievich Tikhonravov，1900—1974）[7] 的理论，设计了一枚矮胖的火箭，如图 16.5 所示。

这枚火箭和我们印象中的火箭长相大不相同。我们印象中的多级火箭应该是细长的，比如在中国的长征运载火箭。然而 R-7 却是矮胖的，火箭的中心有一个喷气发动机，而四周捆绑着四个同样大小的发动机。这种设计虽然增加了一些阻力，但是火箭的效率会高一些 [8]，能产生巨大的推力，火箭的稳定性也因此好了很多。

在 20 世纪 50 年代，前苏联在火箭技术上可以讲领先美国整整一代。下表是前苏联 R-7 火箭（早期型号）和美国同期的木星 -C 火箭的各项指标对比。

表 16.1　前苏联 R-7 火箭和美国木星 -C 火箭技术指标对比

火箭	R-7	木星 -C
级数	2	3
长度	34 米	21.2 米
直径	3.04 米 [9]	1.78 米
质量	170 吨	28.5 吨
推力 [10]	5974[11] 千牛 [12]	467[13] 千牛
负载重量	3000 千克	140 千克
射程 [14]	8000 千米	1100 千米

从这些数据中可以看到，R-7 的很多指标比木星 -C 高了一个数量级。

面对与前苏联的巨大差距，冯·布劳恩并不服输。其实在此之前，美国人已经开始积极研制和发射人造卫星了，只是失败一次接着一次。其中最惨重的一次是 1956 年底的美国第一次卫星发射试验。在苏联卫星上天两个月之后的 12 月 6 日，美国人翘首期盼的第一颗实验性人造卫星终于发射了。很多美国人都希望它能够顺利上天，遗憾的是，这个期盼几乎

在运载火箭离地的那一刹那就
终结了。运载火箭"先锋号"在
发射后离开地面仅几英尺后就
出现故障，翻起跟斗，落回到
发射台上，发生了爆炸。现场
人员因为身处拥有厚厚墙壁的
保护室里，才躲过了这场劫难。
事后调查报告显示，当火箭发
射出去两秒钟以后，第一级火
箭便丧失了推力。

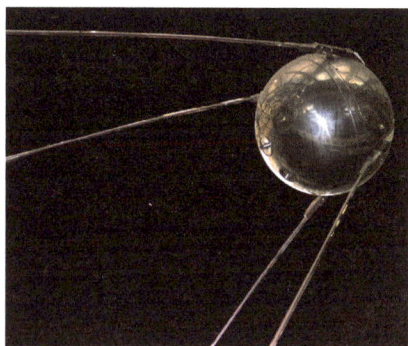

图 16.6　世界上第一颗人造卫星

13

木星 -C 比较简
单，它的总推力为
370+73+24

14

火箭的射程和负载
重量有关，表中的
射程是在上述负载
重量条件下得到
的。

这次发射失败让冯·布劳恩等人乃至整个美国航天界压力倍增。在冷战岁
月，这种压力不亚于战场上战败。当时不仅是美国人，而且包括他的德
国同胞在内的全体西方人的航天梦都寄托在他们身上。当然，如果冯·布
劳恩没有顶住这些压力，就不会成为后来的阿波罗登月之父了。到了第
二年，他终于迎来了他辉煌的一天。1958 年 1 月 29 日，朱诺一号运载火
箭（Juno I）和"探险者 1 号"卫星竖立在美国南部佛罗里达州的卡纳维
拉尔角发射场（即现在的肯尼迪发射中心）上，只待一声令下，即可点
火升空。然而，这次发射出师不利，由于高空风大，发射推迟 24 小时。
24 小时后，风速仍然在增大，发射再次被迫推迟！直到 1 月 30 日清晨，
载着"探险者 1 号"的朱诺一号火箭才在紧张的气氛中点火升空。8 分钟
后，卫星从天外传回声音 —— 发射取得完全成功！五角大楼里的将军们纷
纷抢着与冯·布劳恩握手拥抱。冯·布劳恩一言不发，只是流下两行热泪。
当晚，白宫举行盛大的庆贺仪式，艾森豪威尔总统亲自为冯·布劳恩颁
发了美国公民服务奖。

有意思的是，美国的卫星只有 9 公斤重。这一方面说明美国的火箭不如前
苏联的，另一方面说明美国的电子技术要领先于苏联。但是从航天的角度
讲，在这个回合的竞争中，科罗廖夫领导下的前苏联航天工作者取得了
完胜。

第四节 第二回合：载人航天，科罗廖夫再胜

无论是科罗廖夫还是冯·布劳恩，都志在实现人类飞出地球的太空旅行，而不在于制造导弹攻击对方[15]。因此，美苏太空竞赛的第二场就在载人航天上展开了。通过这场竞赛，双方不仅想在航天技术以及军事技术上压倒对方，而且都想借此证明自己的社会制度比对方优越。

为了实现载人航天，前苏联制定了东方计划（Vostok programme），挂帅的当然还是科罗廖夫。我们之所以用"挂帅"这个词，是因为科罗廖夫不仅仅是火箭的设计师，而且确确实实是前苏联载人航天计划的统帅。载人航天比发射卫星又复杂得多，除了火箭技术，还涉及其他相关技术，比如太空舱的设计制造。当然，还有就是宇航员的挑选和训练。事实上，科罗廖夫不仅过问一切和技术相关的事情，而且还负责制定宇航员的选择标准。我们并不打算讨论载人航天的方方面面，只是想通过火箭技术发展这"一斑"来窥视航天技术的"全豹"。

按照科罗廖夫的要求，首批宇航员必须是 25—30 岁之间的男性，身高不超过 1.75 米，体重不超过 72 公斤。挑选工作从 1959 年开始，经过海选，挑出了 200 个符合条件的候选人。在挑选过程中，前苏联严格保密，没有告知候选人这次选拔的目的。但是这些有经验的飞机飞行员们，很多其实已经猜到他们将肩负的使命。在这两百人中，科罗廖夫又精选出 20 人作为第一批参加受训的宇航员。这 20 人的姓名前苏联已经解密，可以在维基百科[16]中查到。他们中的 19 人是空军飞行员，另外一名是工程师，军衔都在中尉和少校之间。其中最为人熟知的名字就是尤里·加加林（Yuri Gagarin，1934—1968），我们后面还要提到他。在这 20 人中，有 12 人最终乘坐宇宙飞船上了天。

与此同时，美国的载人航天计划也在紧锣密鼓地进行着，美国国家航空航天局（即 NASA，以下简称为美国航天局）的第一任主管格伦南（Keith Glennan，1905—1995），于 1958 年正式批准了载人航天的水星计划（Project Mercury）。这是美国空前庞大的航天计划，发射多达 26 次，其

中前 20 次为非载人任务，中间有两次是载人亚地球轨道[16]的飞行，最后的四次是真正的载人航天飞行。挑选宇航员的方法与前苏联类似，但是规模要小些——首先要选出 110 名符合条件的飞行员，然后从中选择了 7 名作为宇航员培训。

这七个人后来被称为水星七子（Mercury Seven），虽然在他们中间包括了美国第一个上天的宇航员和第一个环地球飞行的宇航员，但即便是美国人，也没有多少人知道他们的姓名，倒是很多美国人都知道一个名叫加加林的苏联人。在这个世界上，人们往往只知道第一名，没人关心谁是第二名。

图 16.7　美国第一批宇航员——水星七子（从左到右：格里索姆 Grissom[17]、谢泼德、卡彭特 Carpenter[18]、施艾拉 Schirra[19]、斯雷顿 Slayton[20]、格兰和库珀 Cooper[21]）

美国虽然不想做第二名，但是美国人心里清楚，前苏联会抢在他们前面实现载人环球飞行，因为前苏联的运载火箭已经准备好了，而自己这边还得从头研制。我们前面讲到，前苏联的 R-7 系列火箭比同期美国的火箭领先整整一代，它的推力足以将几吨重的宇宙飞船发射上天。而美国当时的火箭推力都远远不足。

双方经过数次失败后，1961 年 4 月 12 日，全人类历史性的时刻到来了：

16
不能绕地球旋转，火箭飞出大气层后，进入失重状态，然后重返大气层。

17
美国第一个完成两次太空飞行的宇航员，在阿波罗一号爆炸中遇难。

18
美国第二个完成环绕地球飞行的宇航员。

19
阿波罗七号的机长。

20
1975 年美、苏太空飞船对接时的美方宇航员。

21
美国第一个在太空停留超过一天的宇航员。

前苏联宇航员尤里·加加林登上了耸立在拜科努尔航天发射场的"东方一号"宇宙飞船。当天上午 9 点零 7 分，火箭点火发射，飞船奔向预定的地球轨道。火箭和飞船一切正常，加加林和基地通过甚高频无线电保持着通信，他在太空的讯息（类似于电报）也很快传回了地球。但是很快，飞船飞到了地球的背面，前苏联在地球的另一面没有地面站，加加林和基地的联络暂时中断了，万一出了故障，就要全靠加加林自己随机应变了。当加加林和地面的联络中断后，发射基地的所有人只能祈祷。所幸，一切正常，很快加加林又飞了回来，并且和基地取得了通信联系。但是飞船在重返大气层时遇到了麻烦。按照设计，当飞船降落到一定高度时，降落装置（主要是反推火箭）应该和飞船分离。但不幸的是，东方一号的降落装置和飞船被一些电线给缠在了一起，两个部分绑着一起下降。这时，加加林显示出超乎常人的心理素质，为了不让发射中心担心，他当时还是报告一切正常。好在进入大气层后强烈的气流把电线扯断了，加加林才得以安全返航，但是这个意外却让降落地点比预定的偏离了 280 公里。当降落舱距离地面还有 2500 米时，加加林被弹射出降落舱，他的降落伞按时打开了。但是飞船落地时把地面砸出了个大坑。据两位目击的学生讲，一个直径两三米的大球从天而降，砸到地上，高高弹起，然后又落下。接着加加林穿着宇航服，背着降落伞从天而降。当地一位农夫和他的女儿见此情景吓了一跳，直往后退，还以为外星人来了。加加林告诉他们说，你们别怕，我和你们一样也是苏联人，说俄语。然后，加加林让他们带他到有电话的地方，因为他必须在第一时间通知总部。

加加林的整个太空旅行持续了 108 分钟，大约环绕地球一周。

图 16.8　当年加加林的宣传画

他成功的主要原因是前苏联的火箭技术领先于美国。当然，和很多成功一样，里面多少也有运气的因素。当时苏联为了抢在美国前面将人送入太空，更加敢于冒险。这种做法为后来俄罗斯航天的发展埋下了隐患，导致了后来的一些事故。科罗廖夫本人是非常反对让宇航员冒险的，但是在当时政治第一的情况下，他的建议无人理睬。

加加林在完成了史无前例的太空飞行后，前苏联为他举行了隆重的庆功仪式，并在接下来的时间里授予他无数的光荣称号。加加林成为了时代英雄，他的形象不仅出现在各种媒体和海报上，甚至上了邮票。不久，他回到大学学习，后来还通过函授获得了硕士学位。他的军衔和职务也不断提升，成为了前苏联宇航员训练局副主任。在以后的岁月里，他的时间更多地花在了培养新的宇航员上，虽然他自己依然在坚持训练，希望再次进入太空。遗憾的是，他在1968年一次例行训练中因飞机失事而丧生。

和加加林不同的是，出于保密的原因，载人飞行的幕后英雄科罗廖夫却长期不为人知。在苏联第一颗人造卫星成功发射后，瑞典皇家科学院曾经询问它的设计者是谁，赫鲁晓夫答道：“是全苏联人民”。但是科罗廖夫却从来没有因此而抱怨过，继续书写着他的传奇，创造着人类航天史上更多的第一。

世界各国对加加林上天反应不一。印度总理尼赫鲁说这是“人类战胜自然的胜利”、“和平的胜利”。英国人则担心来自太空的核打击。日本人和埃及人则希望美苏两国把太空竞赛用于和平目的。比较有意思的是西德人，或许是因为他们将最优秀的科学家送到了美国，他们认为美国应该先于苏联将人送入太空才对，因此美国是故意输的。当然，最重要的还是美国人的态度，他们外松内紧。一方面官方地对苏联的成就表示祝贺，另一方面加紧自己的载人航天计划。

继加加林之后，美国人迫不及待地将艾伦·谢泼德（Alan Shepard，1923—1998）送入太空，毕竟这在当时是两种制度的竞争。美国人当时虽然还没有能力将宇航员送入环地球轨道，但是总要做点什么鼓舞一下国民的士气，并且在冷战的盟国中树立威信。1961 年 5 月 5 日，谢泼德乘坐自由七号飞船，由红石火箭发射升空，整个飞行时间只有 15 分钟多一点，飞船只飞行了 480 多公里（303 英里），降落在大西洋里。严格地讲，谢泼德这次不是真正意义上的太空飞行，因为他并没有进入地球轨道，而只是飞了个抛物线，飞出大气层，再重返大气层，中间飞船处于失重状态的时间仅仅 5 分钟。真正实现环绕地球轨道飞行的第一个美国人是约翰·格兰（John Glenn，1921—），他在加加林环球飞行的 10 个月后也成功地乘坐水星—宇宙神 6 号进入了地球轨道。在此之前，第二名苏联宇航员提托夫（Gherman Titov，1935—2000）完成了太空飞行，他也成为全世界在太空中滞留时间超过一天的第一人。

需要一提的是，虽然冯·布劳恩设计的红石火箭系列参与了水星计划，并且把美国第一个宇航员送上太空，但是美国水星计划中大部分的发射，尤其是后面的几次载人飞行，使用的运载火箭宇宙神（Altas）却不是他研制的，而是由美籍比利时科学家卡雷尔·博萨尔特（Karel Jan Bossart，1904—1975）[22] 设计的。在阿波罗计划之前，冯·布劳恩当时还隶属于陆军，而水星计划是由美国航天局负责，双方彼此没有隶属关系。而从 20 世纪 60 年代初开始，冯·布劳恩和他的团队就把精力转到了研制下一代火箭系列——著名的土星火箭上，为今后的登月使命服务。因此，水星计划在冯·布劳恩的航天生涯中只是一个小插曲而已。对于早期载人航天的贡献，冯·布劳恩在美国的作用远不如科罗廖夫在苏联的作用大。

在 20 世纪 60 年代初，科罗廖夫继续保持着对美国的领先。1963 年，前苏联的捷列什科娃（Valentina Vladimirovna Tereshkova，1937—）成为第一位进入太空的女宇航员。6 月 16 日，她驾驶东方六号飞船进入太空，与两天前进入地球轨道的东方五号共同完成太空编队飞行。她飞行了近三天时间，绕地球 48 圈。这次飞行完成了很多生物、医学和科学技术的考察和实验，证明女性也能在太空正常开展工作。这之后，科罗廖夫又在为载多人太空飞行、长期载人太空飞行和宇宙空间站而努力。从 20 世

22
卡雷尔·博萨尔特也是一位世界级火箭专家，但是由于他主要是为美国军方工作，他的很多档案至今没有解密，外界对他的工作了解甚少。

纪 60 年代起，他的身体状况日益变差，因为他在三四十年代被囚禁时落下很多病根，但是他依然忘我地工作着。对此，我认为唯一的解释是，他热爱这项事业。他的成就包括多艘飞船编队飞行和太空对接、人类太空行走以及飞船和太空站对接。遗憾的是，他没有看到联盟号飞船和礼炮号太空站对接就与世长辞了。

回顾载人航天的历史，可以说前苏联在这个阶段依然保持着对美国的领先，这里面科罗廖夫的个人因素起了很大的作用。因此，我们说在这一回合的竞争中，科罗廖夫依然完胜。但是，急于求成和过分冒险的前苏联宇航计划为它之后的很多事故埋下了伏笔。事实上，科罗廖夫在这个阶段与前苏联的领导层已经发生严重的分歧，他反对后者不顾宇航员安全、大跃进式的航天计划，更加反对前苏联把钱花在弹道导弹而不是航天上。而这个阶段，美国做了很多脚踏实地的工作，缩短了与前苏联的差距。这些坚实的工作，为之后的阿波罗登月做好了准备。

第五节　第三回合：登月，冯·布劳恩完胜

科罗廖夫在进行载人航天的同时，开始了飞出地球的努力，当然离地球最近的月球是人类走向太空的第一个着陆目标。为了登月，需要至少三个人乘坐同一艘飞船，这样飞船的体积和重量就要比先前运载一名宇航员的东方号大很多，再加上登月的距离比环绕地球轨道航行要远得多，火箭的推力就必须比先前的 R-7 大很多。科罗廖夫对 R-7 的改进工作从 1958 年就开始了，但是由于前苏联政治动荡，导致经费不足，他的工作遇到不少麻烦。1959 年前苏联的第一艘探月飞船探月一号（Luna）的任务是接触到月球，但是最后比预定的轨道偏离了 6000 公里。好在探月二号获得了成功，成为人类第一个到达月球的飞行器，科罗廖夫又为前苏联争得了一项世界第一。第三艘更进一步，它发回了月球背面的照片。

按照科罗廖夫的规划，前苏联人的登月是早晚的事情，而且应该在美国人之前。为了适应登月的需要，科罗廖夫提出了大型火箭新的设计方案

和长远规划，这就是著名的前苏联 N1 运载火箭。N1 还有两个小兄弟 N2 和 N3，尺寸和推力逐次减小，后者用于运载洲际导弹。但是就在 N1 的设计方案刚出炉，还没有来得及实施，前苏联就陷入了优先发展洲际导弹还是载人火箭的争论。1959 年 12 月，经过主管官员和各级专家的激烈讨论，优先发展导弹的意见占了上风，既然如此，就没有必要制造 N1 这样的超大型火箭。虽然科罗廖夫也获得了一些经费继续研制登月火箭，但是前苏联的登月计划却暂时搁浅了。

而与此同时，美国白宫迎来了新主人，而美国也进入了他们的新时代。太空竞赛的天平开始向有利于美国的方向倾斜。

1961 年 1 月 20 日，白雪覆盖着美国的首都华盛顿。美国有史以来最年轻的总统，只有 43 岁的约翰·肯尼迪，在白宫前面宣誓就职。几个月前，他在大选中击败了当时的副总统尼克松，而两人在竞选中总是回避不了一个争论的主题——如何在冷战中战胜苏联。美国的努力自艾森豪威尔总统就开始了，而当时任副总统的尼克松做了很多工作。但是，年轻气盛的肯尼迪雄心比他的前任要大得多。在肯尼迪著名的就职演说中 [23]，他把探索星际的奥秘作为科学工作的第一位，放在征服沙漠和治疗疾病之前。而且他呼吁美苏在这些领域联起手来。仅仅四个月后，肯尼迪就提出了一个雄伟的航天计划——十年内登月，这个计划以太阳神的名字命名，就是著名的阿波罗计划（Apollo Program）。当时，水星计划还没有结束，阿波罗计划暂时还无法送人上天，为了做好衔接，美国还进行了一个过渡性的计划——双子星计划

23
http://t.cn/8sD2m34

图 16.9　冯·布劳恩和肯尼迪总统在一起

（Gemini）。在 20 世纪 60 年代的最初几年里，美国是三个计划（即水星计划、双子星计划和阿波罗计划）并行，这需要强大的国力支持。

阿波罗计划是人类探索太空和未知领域最庞大的计划，美国全国上下都动员起来了。有上百家的大学、研究机构和公司，两万多名科学家和 40 万人直接和间接地参与了这项航天计划。一般的航天计划，比如前苏联的东方计划和中国的神舟计划，都是这样进行的：当第一次发射成功后，再设计和制造第二次发射所需的火箭和飞船。这样每一次发现的问题在下一次都能被克服，成功率较高，不过时间也会拖得很长。据美国航天局的一位主管后来在 Google 介绍，为了确保在苏联人之前登月成功，美国在双子星和阿波罗计划中采用了高密度的流水线式的研发方式，也就是当第一号火箭发射时，第二号在测试，第三号在组装，第四号在制造，第五号在设计研制……每一枚火箭发射的间隔只有半年甚至更短。当然，这里面也存在一个问题，如果在中间某个环节，比如说在测试环节，发现前面某个环节上都出了问题怎么办。答案是已在流水线上的火箭全部报废，所有工作推倒重来。事实上，在双子星和阿波罗计划中有三枚火箭因此而报废。毫无疑问，这么做就是用钱来换时间。

阿波罗计划的关键是登月火箭的研制，众望所归的人选非冯·布劳恩莫属。在该计划即将开始之际，冯·布劳恩和他的团队从陆军转到美国航天局。冯·布劳恩担任了马歇尔太空中心主任，负责研制登月的火箭，项目代号为土星。冯·布劳恩新的工作从 1961 年开始，他在与苏联那位他不知名的对手在抢时间。

相比科罗廖夫，冯·布劳恩要幸运得多，美国在财力和人力上都比前苏联更有保障，因此美国人追赶的速度很快。1961 年，冯·布劳恩的土星一号火箭研制成功，这是美国制造出的第一枚大推力火箭，第一级火箭的推力就达 6670 千牛，超过 R-7 全部发动机的推力。由于美国综合国力比前苏联强很多，他们能负担得起更多的实验。土星一号火箭的前四次试验都只试验第一级火箭，第二和第三级虚设，火箭按照既定的轨道打到海里即算成功。这样的试验方式更容易测试和改进火箭性能，但缺点是成本很高。总体来讲，土星一号非常成功，它不仅在 1964—1965 年间，把五艘登月飞船的包括指令舱和服务舱成功送进地球轨道，而且将一些与阿波罗计划有关的人造卫星和地月之间的微波测量船（为后续登月时的通信做准备）送到预定的轨道。

图 16.10　阿波罗 11 号的三名宇航员重逢在当年的登月舱前

美国航天局原本计划在 1965—1966 年间使用土星一号再进行四次载人航天，但是后来发现该火箭的推力稍显不足，于是冯·布劳恩在 1963 年又研制出了推力更强劲的土星一 B 火箭，它的一级火箭推力比土星一号提高了百分之十左右，而二级火箭的推力更是增加了不止一倍（890 千牛对400 千牛），至此，美国在火箭技术上已经超过了前苏联，在其他登月的准备上也遥遥领先。除了火箭技术外，登月需要的尖端技术非常多，让我们来看看在几项最关键的技术上，美国人做的准备工作。

首先是着陆和离开月球的技术。让宇航员安全着陆月球并不是一件容易的事情。在地球上，因为有大气和海洋的帮助，可以通过降落伞给即将着陆的太空舱减速，为了防止太空舱和地面撞击，还可以降落在海洋上。月球和地球不同，既没有大气，也没有海洋，因此在地球上着陆的这些办法在月球都用不上，唯一的办法就是用反推火箭让登月舱减速，缓缓落下，就像我们在电影《星球大战》和各种科幻片中看到的那样。但是在现实中，这么做非常困难，火箭喷速和角度都必须控制得非常好。

当然，宇航员既不是嫦娥，也不是吴刚，无法在月球上长期生活，还需要离开月球返回地球。在阿波罗计划一开始，美国宇航局就提出了四种返回方案。

第一种方案是随登陆舱一起带一枚大火箭到月球上，然后直接发射返回地球，这样登月设备的总重量就非常大，需要从地球上发射一枚比阿波罗计划实际使用的土星五号大得多的巨型运载火箭，但这种方法最为简单。

第二种方案是在地球轨道上组装一枚火箭和一艘飞船飞往月球，同时迎接从月球返航的火箭，这需要用多个火箭将各个部件运到地球轨道，更需要卓越的空间对接技术，但是可以适当降低登月总设备的重量。顺便提一句，前苏联一开始考虑的就是这种方案。虽然前苏联没有能成功登月，却按照这个方案研制出著名的联盟号宇宙飞船。

第三种方案和第二种类似，差别是在环月球轨道对接，然后一起返回地球。这种方法需要的总设备重量最小。

第四种方案是发射两枚火箭到月球上，一枚运载登月舱，另一枚运载从月球返回地球的火箭，然后在月球上组装。这种办法的缺点是如果两枚火箭的轨迹出现一点偏差，登月舱和返航火箭的着陆点就会差出百八十公里甚至更多，宇航员就回不来了。

大部分专家倾向于第一种方案，因为它简单。当时大多数专家对于空中对接都没有把握。事实上冯·布劳恩也是支持这个方案的，并且已经打算设计一种比土星五号更大的新星火箭（Nova）来完成这个使命。但是，有一个叫约翰·侯博尔特（John Houbolt，1919—2014）的科学家坚持认为登月设备的总重量越轻越好，并想方设法说服了大多数人，于是，包

24
"Without NASA's adoption of this stubbornly held minority opinion in 1962, the United States may still have reached the Moon, but almost certainly it would not have been accomplished by the end of the 1960s, President Kennedy's target date."

括冯·布劳恩领导的马歇尔空间中心的专家们接受了第三种方案。阿波罗计划最终采用了这种方案并获得成功。美国历史学家认为，如果不是因为美国航天局最终采用了少数人的意见，就不可能在 20 世纪 60 年代末登月，尽管最终美国人能够登月[24]。

当然这个计划的难点之一是对接，为此阿波罗 9 号在环地球轨道进行了对接试验，试验获得了成功，美国人这才继续往前走。

其次是登月飞船的技术，登月的飞船包括指令和服务舱（Command and Service Module，简称 CSM）和登月舱（Lunar Module，简称 LM）。如下图所示：

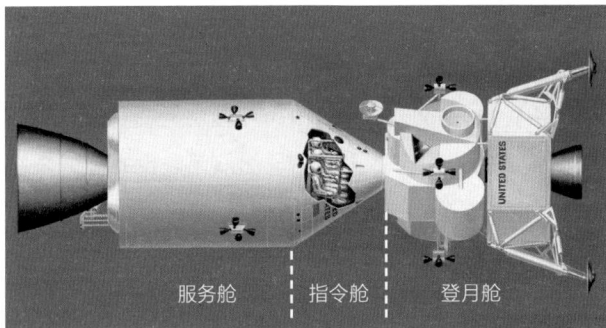

图 16.11 阿波罗 11 号的三个部分，从左到右分别为服务舱、指令舱和登月舱

指令舱是往返途中宇航员的栖身之所。它不仅要把宇航员从地球上送到月球轨道，并且接回，而且也是唯一重返大气层将宇航员送到地表的部分，因此阿波罗计划中对它所做的试验最多。这个模块的直径大约三米半，近四米高，有 5.5 吨重。服务舱（SM）和指令舱（CM，新闻中有时也称之为太空舱）相连，直径也和指令舱差不多，但长达七米。它运输登月所需的各种物资，包括液态燃料和各种设备，重达 24 吨。服务舱和指令舱相连，一同飞往月球，但是在飞船重返地球大气层时会被抛掉。大部分时候服务舱和指令舱的试验一起进行。登月部分包括登月时降落所需的反推火箭和离开月球的火箭，以及登月舱。尽管设计时已经尽可能地降低这部分的重量，但是仍重达 15 吨。

再接下来是控制技术。这里面最关键的一项技术就是自动控制中的卡尔曼滤波。这种滤波方法由美籍匈牙利数学家鲁道夫·卡尔曼（Rudolph E. Kalman，1930－）等人发明。在卡尔曼提出这种控制理论之初，它的实用性颇受怀疑，以至于他并未在电子工程和自动控制的杂志上发表这个成果，而是将它发表在数学期刊上。1960 年的一天，卡尔曼去拜访在美国航天局工作的斯坦利·施密特（Stanley Schmidt，1926－），发现他的方法对于解决阿波罗计划中轨道预测的难题很有用，于是就将它传授给施密特。后者成为了世界上实现卡尔曼滤波器的第一人，并对卡尔曼的工作进行了进一步的扩展。卡尔曼滤波器不仅用于阿波罗飞船的导航和控制，而且在雷达、计算机视觉、航天飞机和潜艇上都有广泛的应用。

最后还有地月之间通信的难题。月球距地球有 38 万公里，是地球周长的近 10 倍。这么长距离的双向通信，以前人类没有进行过。信号的衰减是否会让通信中断？另外无线电波往返地球和月球之间一次也需要两秒多钟，如何消除该延时对控制的影响？这里面有诸多问题需要一一试验才能确定。为此，美国发射了一些航天器，专门测试地月之间的通信情况。最后，由摩托罗拉公司提供了月球和地球之间的对讲设备。遗憾的是，这家伟大的公司今天已不再独立存在了。

在登月竞赛中，前苏联除了火箭技术和美国略有一比，其余关键技术都远远落后于美国。

当然，最后一切都要回到火箭上，因为整个登月飞船几部分加起来重量超过 45 吨，这使得制造大推力火箭又成了整个计划的瓶颈。冯·布劳恩的团队需要设计推力比土星一 B 大得多的火箭。之前的十几次各种发射试验，无疑为他们后来研制新火箭提供了丰富的技术积累。1967 年，冯·布劳恩的杰作土星五号诞生了。

2002 年，笔者有幸参观了肯尼迪航天中心并且看到了冯·布劳恩设计的土星五号火箭。看到它的尺寸，任何人都会感到震撼。这个庞然大物长度超过一个足球场，直径超过一个排球场的宽度。它被水平地安放在展示大厅里，人们从下面走过，只感觉到个人的渺小。

土星五号一级火箭的推力就高达 33400 千牛，是土星一 B 的四倍多。

现在美国航天局对阿波罗计划所有的细节都考虑周全了，任务也落实了，各项工作也在按计划展开，一切进展顺利。从 1966 年 2 月到 8 月短短的半年里，美国航天局进行了三次代号为 AS201、AS203 和 AS202 的（无人）发射试验。代号 AS 是阿波罗和土星的首字母缩写，分别测试火箭和飞船的各种性能。之后的试验，代号更名为阿波罗。

但是 1967 年 1 月，阿波罗一号还没有发射就出事了，在一次地面的试验中，氧气舱爆炸，飞船着火，三名宇航员全部罹难。这次事故没有动摇美国人的决心，反而帮助美国人发现了很多问题，做了大量改进，大到飞船的设计、小到宇航服。其中有些改进，让后来的阿波罗 13 号受益匪浅，避免了新的悲剧。虽然阿波罗计划因此稍有延迟，但是到了 11 月，阿波罗四号[25]成功发射，这是土星五号火箭的第一次试验。在之后的半年里，美国又进行了两次试验，在无人状态下把登月所需的各个环节测试了一遍。又经过了半年的准备，从 1968 年的 10 月起，美国开始使用载人飞船（阿波罗七号）进行模拟实验。在短短的 7 个月里，美国进行了多达四次试验，有 12 名宇航员进入太空。其中阿波罗八号首次载人进入月球轨道，三名宇航员围绕月球转了 10 圈，阿波罗十号测试了飞船到月球的降落过程，降落到离月球表面只有 15000 米的高度，这个高度只比现在商用飞机的巡航高度略高。

接下来的任务就是要降落在月球上，并让宇航员们踏上月球的表面。对于人类首次登月之旅，美国宇航局做了充分的准备。前期多次实验发射，把能想到的都试验了一遍。余下的就是确定执行首次登月任务的人选了，经过多重考虑，最后确定了由尼尔·阿姆斯特朗（Neil A. Armstrong，1930—2012）、巴兹·奥尔德林（Edwin E. Aldrin，1930—）和迈克尔·科林斯（Michael Collins，1930—）三人执行这次具有历史意义的任务。当然，为了保险起见，美国航天局还准备了一套对应的后备团队。即使选

25
为了纪念罹难的三名宇航员，阿波罗 1，2，3 号空缺，从第四号开始。

定了三人团队后，谁将第一个踏上月球又成了几个宇航员争执的焦点。在训练时是由奥尔德林先爬出舱门，最后才改成阿姆斯特朗，完全是因为舱门的设计更方便他而不是奥尔德林先出去。关于阿波罗登月的内幕细节，读者可以参看《阿波罗——月球远征》一书。

很快，人类历史上辉煌的一刻到来了。1969 年 7 月 16 日，在佛罗里达卡纳维拉尔角的肯尼迪航天中心，阿姆斯特朗等人登上了高高耸立的阿波罗 11 号宇宙飞船，即将开始人类登月之旅。这次阿波罗登月，美国向全世界进行了电视转播，时任总统的尼克松也在白宫的椭圆办公室中通过电视观看实况。我想，每一位读者如果能回到那一天，一定也会坐在电视机前观看的。所幸的是，30 多年后，在肯尼迪航天中心的指挥室里，我在模拟现场看到了阿波罗登 11 号登月任务的指挥情况和登月的录像。

好了，现在请读者们随我来到指挥中心。上午 9 时 32 分（美国东部夏令时间），火箭发射进入了最后的倒计时。宇航员和火箭的状态良好。或许是出于兴奋抑或紧张，阿姆斯特朗在火箭发射时的心跳达到了每分钟 110 次，这在以前是不曾有过的。在控制台上各种仪器的显示屏和显示灯不停地闪烁着，墙上的计时器开始倒计时——10、9、8…3、2、1，这时背景响起了"发射"的声音。大屏幕上，土星五号点火成功，橙色的火焰推着 110 米高的庞然大物徐徐升起，速度越来越快，直到火箭消失在屏幕上。第四天，也就是 7 月 19 日，火箭进入月球轨道；第五天，7 月 20 日，阿波罗 11 号准备着陆月球。镜头切换到阿波罗 11 号着陆月球表面的影像，在登月舱的下方有一个摄像机，将模糊不清的月球表面图像传回地球。只见登月舱离月球表面越来越近，终于停在了那里。这段影像在美国航天局的网站上可以看到 [26]。在登月舱安全地降落在月球表面后，指挥长阿姆斯特朗传回了人类在月球上说的第一句话："休斯敦 [27]，这里是静海基地。鹰 [28] 着陆成功。"

接下来，阿姆斯特朗和奥尔德林按照事先设定的行程，应该先睡五个小时的觉，因为他们在飞行途中没怎么合眼。但是他们俩兴奋得谁也睡不着，

[26] http://dwz.cn/i742m

[27] 指挥总部的代号。

[28] 阿波罗 11 登月舱的代号。

29
http://dwz.cn/i74xj

在征求了总部的同意后，他们提前踏上了月球的表面。在控制室的屏幕上出现了阿姆斯特朗走下登月舱，踏上月球大地的影像，他的动作非常缓慢。由于距离遥远以及通信技术远不如今天发达，传回的影像和声音断断续续，但是还是能分辨出阿姆斯特朗那句著名的话，"这是一个人的一小步，却是人类的一大步。"这几秒钟的录音在互联网上可以听到[29]。

图 16.12　奥尔德林在月球表面

全球有六亿多观众通过电视观看了人类首次踏上月球的活动。阿姆斯特朗和奥尔德林在月球的表面安放了一些实验仪器，并且采集了 20 多公斤的月球岩石标本。他们两个人在月球上滞留了大约两个半小时，然后回到登月舱睡觉。虽然奥尔德林不小心搞坏了返回火箭的点火开关，但是有惊无险，他们用一支笔打开了开关，火箭将他们先送到月球轨道和控制 / 服务舱汇合，然后返回地球。7 月 24 日，运载三名宇航员的指令舱落入太平洋。从发射到安全降落到地球表面，整个过程大约是八天零三小时。

在宇航员们返回地球 20 天后，即 8 月 13 日，美国全国举行了盛大的庆祝仪式，纽约、芝加哥和洛杉矶等三大城市同时举行了游行庆典。当晚，洛杉矶市为宇航员们举行了国宴，总统尼克松到场致辞并向宇航员和参加阿波罗计划的人员代表授勋。到场的政要还有当时的加州州长（后来成为美国总统）里根、联邦大法官、50 名国会议员、（50 个州中的）44 位州长和 83 个国家的代表。用尼克松的话讲，即使是白宫的晚宴，也从

图 16.13　阿姆斯特朗等三名宇航员从月球返回后，在隔离舱中度过了十几天。当时的美国总统尼克松在第一时间前往隔离舱看望他们并透过玻璃窗向他们表示祝贺

来没有来过这么多的州长。这一天还只是他们 45 天环球庆典的第一天，接下来他们应邀访问了 25 个国家，见到了包括英国女王在内的诸多外国政要和名流。

阿波罗登月的成功是全人类的胜利，直接和间接参加阿波罗计划的人员多达 40 万人（尼克松的原话），他们来自世界不同的国家，其中包括很多华裔科学家。第二个踏上月球的奥尔德林说："这不仅仅只是三个人去月球完成一次任务，也不仅仅是一个政府和产业团队的努力，也不仅仅是一个国家的努力。我们感觉这象征了人类对未知世界探索的求知欲……"

在阿波罗计划中，冯·布劳恩的贡献有多大呢？用阿波罗 11 号的成员柯林斯的话讲："……把我们送入轨道的土星五号火箭的复杂程度是难以想象的，它的每一部件都很完美……我们始终对它抱有信心。没有为这个计划流血、流汗、流泪的人们，这一切都不会成为现实……我想对他们说：'十分感谢'。"美国航天局是这样评价他的："毋庸置疑，他是历史上最伟大的火箭科学家。他最大的成就是在担任美国航天局马歇尔太空飞行中心主任时，主持土星五号的研发，成功地在 1969 年 7 月首次达成人类登月的伟业。"可以说没有冯·布劳恩就没有土星五号，虽然人类最终还是可以登月，但不会是在肯尼迪设定的期限内——20 世纪 60 年代。

在美国全民支持阿波罗计划并为之奋斗的同时，他们的竞争对手苏联又在做什么呢？由于内斗、资金不足和配套工业跟不上航天计划的需求，前苏联从 60 年代中期在各个方面就落后于美国了，包括火箭技术。虽然科罗廖夫等人仍然壮志凌云，怎奈严酷的现实让他们举足维艰。当美国在 1961 年 5 月宣布实施人类登月计划时，科罗廖夫也提出了苏联自己的登月计划，并开始着手研制登月火箭 N1 和相应的飞船。我们在前面提到，对接技术是登月的关键之一，科罗廖夫在他生命的最后岁月，研究了联盟号宇宙飞船和礼炮号空间站，并且解决了两者之间对接的理论问题。然而当时的苏联已经无力像美国那样进行高密集的发射，因此登月计划进展缓慢，而且各项准备工作做得也非常不充分。这中间前苏联还经历了赫鲁晓夫下台事件，新的领导人勃列日涅夫并不像他的前任那样无条件地支持航天计划。

1966 年 1 月 12 日，科罗廖夫死于一次外科手术，年仅 59 岁。很遗憾，他没有看到自己设计的宇宙飞船联盟者号和礼炮号空间站成功对接——那时他已经长眠于地下四年多了。

科罗廖夫的继任者瓦西里·米申（Vasily Mishin，1917—2001）没有科罗廖夫的影响力和魄力。虽然他在很艰难的情况下完成了 N1 火箭的研制，但是该火箭四射四败。再加上不断的航天事故，尤其是宇航员的丧生[30]，导致前苏联登月计划的整体失败，并且最终被放弃了。

前苏联和美国在火箭上的差距最容易被外界看到的是在技术上。的确，美国的土星五号 11 次发射无一失败，而 N1 火箭 4 次发射 4 次爆炸，技术上确实存在差距，但是在这背后有着更深层的原因。在说明这些深层原因之前，我们不妨先对比一下这两种火箭，它们分别是冯·布劳恩设计的土星五号和科罗廖夫的压轴之作 N1。

表 16.2　土星五号和 N1 主要参数指标的对比

火箭	土星五号	N1
高度	110 米	105 米
最大直径	10 米	17 米
质量	2800 吨	2735 吨
负载	120 吨	90 吨
发射次数	13	4
成功次数	12[31]	0
推力 1	34020KN	50300KN
推力 2	4400KN	14040KN
推力 3	1000KN	1610KN
推力 4	无第四级火箭	446KN

从上面的对比中，我们可以看到 N1 的推力其实比土星五号更大，但它只能将 90 吨有效载荷送入地球轨道，而土星五号可以运送 120 吨有效载荷。这是由于 N1 全箭以煤油做燃料，而土星五号的第二和第三级火箭是以液态氢做燃料，因此效率较高。作为火箭的燃料，煤油和液态氢各有千秋[32]，但是具有很高比冲量的液氢对提高第二和第三级火箭性能颇有帮助。前苏联方面并非不想用液态氢燃料，但是一来液态氢价格昂贵，二来它的燃烧不好控制，而前苏联在这方面的研究和准备落后于美国，故而选用了更有把握的煤油。

30
1967 年 4 月 23 日联盟 1 号降落失败，科马洛夫丧生。1971 年，联盟 11 号的三名宇航员多布洛沃斯基、帕查耶夫和沃尔科夫在返回途中窒息而亡。1968 年，加加林，在一次米格 -15 战斗机坠毁中丧生。

31
土星五号唯一一次不是完全成功的发射是在运载阿波罗 6 号的时候。那次发射，土星五号的两个发动机点火失败，但是并没有影响阿波罗 6 号完成任务。

32
理想的火箭燃料应该是比重大而同时高比冲量（相当于单位质量单位时间产生的推力），但事实上任何燃料都难两全。液氢具有高比冲量，但是比重太小，同样的质量需要很大的体积才能装下，导致火箭的外壳太重。相比之下，煤油虽然比冲量低，但是比重是液态氢的 7 倍，因此可以让火箭的外壳变得较小。一般来讲，占火箭总重量大头的第一级火箭都不会用液氢做燃料。

图 16.14 土星五号（左）和 N1（右）的对比

N1 火箭最主要的问题还不在于它的效率低，因为即使效率低一点，它还是可以把登月所需的飞船送上天。作为一个非常复杂的机体，它从制造、组装到测试都反映了一个国家整体的工业水平和质量水准，而在这方面前苏联远远落后于美国以及主要西方国家。首先，N1 火箭设计的过程本身就一波三折，虽然科罗廖夫早在 1959 年就提出了 N 系列火箭的总体设计方案，但是由于前苏联内部的政治斗争，N1 火箭的研制断断续续，直到 1969 年科罗廖夫去世后的第三年，才第一次发射。而与它同期设计的土星五号在那一年已经完成了人类首次登月的任务。其次，因为火箭非常庞大，整个设计过于复杂，我们都知道越是复杂的东西就越容易有小毛病，这种极端脆弱的结构导致了 N1 最后失败。另外，大型火箭都是在制造后运到发射场组装，土星五号是在海港城市新奥尔良制造，然后整级火箭装船运到在位于佛罗里达海边卡纳维拉尔角的发射基地组装，而 N1 的制造和前苏联的拜科努尔发射基地都在内陆，铁路无法运送这样的庞然大物，因此箭体各级都被拆散后运输，然后再重新组装。拼装出来的火箭比整体制造的火箭出现小毛病的概率高很多。最重要的是，由于缺乏资金支持，加上做事情一贯粗糙，N1 从未经过严格的出厂测试，导致它四次发射全部失败，而且每次爆炸都发生在一二级分离之前。不过需要指出的是，虽然 N1 火箭彻底失败了，前苏联还是获得了不少火箭设计经验，这促使了后来前苏联和俄罗斯主力火箭质子火箭的诞生。

最终美国人多次成功登月而前苏联一次也没有，这里面的根本原因不是科罗廖夫的能力不行，而是前苏联输在了综合国力上。

没有了对手的冯·布劳恩继续在为航天事业奉献着。继阿波罗 11 号之后，美国又有五次成功登月，完成了人类历史上的一个壮举。1972 年，在达到预期目的后，美国终止了阿波罗计划，转而开发可重复使用的太空飞行器——航天飞机。在最后一艘阿波罗飞船登月的五年后，冯·布劳恩也走到了他生命的尽头，1977 年他死于癌症。就在去世前不久，他获得了美国科技的最高奖——美国国家科学奖，但是他已经无力去白宫领奖了。14 年前，将他从德国带到美国的冯·卡门获得了第一届美国国家科学奖，12 年后，为阿波罗计划做出杰出贡献的另一名科学家卡尔曼也获得了这项殊荣。冯·布劳恩来到这个世上，似乎就是为了完成将人类送入太空、送上另一个星球的使命。他这一生过得匆匆忙忙，从 26 岁开始主管纳粹德国的火箭项目，到领导美国航天计划，三十年如一日地工作着。当他完成了这个使命后，上天似乎不愿意让他在这个世界上多停留，就召他回去了。

结束语

美苏太空竞赛产生了很多正面结果。它首先让人类飞出了地球。虽然人类目前只能在月球上短暂停留，距离真正的太空旅行乃至太空殖民还相差甚远，但是人类的太空探索只有短短几十年的历史，相比人类的历史只是一瞬间而已。当我们的远古祖先第一次抱着漂浮的树干漂过一条湍急的河流时，一定想不到自己的后代能够远渡重洋到达新的大陆。在哥伦布看来，原始人过河的行为再简单不过，但这却是探索未知的开始。当然，哥伦布也无法想象今天登月的壮举。或许几万年后，我们的后代可以自如地在太空旅行时，他们到达月球就如同我们过河一样，他们应该知道我们今天人类半个多世纪的努力是千里之行的第一步。历史将永远记住这些名字：科罗廖夫、冯·布劳恩、加加林和阿姆斯特朗。

太空竞赛的第二个结果就是培养了美国、前苏联和世界很多国家的一代科技人才，造就了今天的高科技时代。当苏联的人造卫星经过西方媒体广泛报道后，导致了美国的恐慌和政治上的争论。这件事史称史泼尼克危机。作为回应，美国采取了一系列措施以夺回技术优势，当年美国国会就通过了《国防教育法案》，并由艾森豪威尔总统立即签署生效。该法案授权的花费超过 10 亿美元，广泛用于改造学校、为优秀学生提供奖学金（和助学贷款）以帮助他们完成高等教育、发展职业教育以弥补国防工业的人力短缺等。据当时还是小学生的希拉里·克林顿女士 2008 年在 Google 讲演时回忆，那时整个美国天天宣传的都是要学习科学，发展科技，这些宣传影响了一代人的一生。在那时，大中小学生们都响应总统的号召学习科技，学习工程。美国也因此诞生了一大批世界一流大学，包括斯坦福大学和加州理工学院。按照希拉里的观点，那时美国的教育水平普遍比现在高不少。

太空探索极大地促进了科技的进步，我们今天使用的很多东西，最初都是为太空探索的需要而发明的。比如我们今天婴儿使用的尿不湿，其实最早是为宇航员开发的。我们用的反辐射保暖衣和保温包，都是太空服的一部分。今天有记忆海绵的床垫和枕头，也是采用航天技术。今天数码相机成像的 CMOS 传感器，最初也是为了将登月图像传回地球而发明的。阿波罗计划一共成功登月六次，在月球上进行了大量实验，带回来几百公斤月球的岩石标本，对我们了解太阳系的形成起到了关键的作用。这些岩石标本证实了月球起源于一颗早期行星和地球碰撞的理论。

太空竞赛也带来很多负面影响。但是很多人夸大了负面影响，甚至认为它最终拖垮了苏联。太空竞赛确实造成了很多浪费和不可持续发展的投入，但是相比它的成绩来讲，这些投入微不足道。美国阿波罗计划历时 11 年，耗资 200－250 亿美元，折算成上一次金融危机前（2007 年）的购买力，相当于 1360 亿美元，还不如 2008 年金融危机时美国政府救助银行的零头，也远比美国陷入越战泥潭中的花费要小得多。在 20 世纪 70 年代，美国因为陷入了越战泥潭，耗费高达 1110 亿美元（相当于今天的

7000 多亿美元）[33]，无力也无心进行大规模的空间探索活动，终止了阿波罗计划。虽然在 70 年代，美国航天局预算的绝对金额没有太大减少，但是占 GDP 的比重从 1970 年的 1.9% 降到了 1980 年的 0.8%。阿波罗计划的终止，导致两万多名科学家失业。前苏联对其在航天上的投入一直不公开，但是在 70 年代，它在很多航天项目，比如空间站的建设等方面的投入依然可观。在前苏联，更耗费资金的是，它利用火箭技术大量生产弹道导弹，这使得关乎国计民生的轻工业和农业长期得不到发展。最后又陷入了阿富汗战争的泥潭，直接从经济上拖垮了前苏联，令其最终在冷战中失败，导致国家的解体。

[33] http://t.cn/apnNcg

回顾美苏太空竞赛，如果仅仅概括成科罗廖夫和冯·布劳恩两个人的竞赛，多少有点以偏概全。但是这两个人在这次竞赛中起到了关键性的作用。一方面他们是造时势的英雄；另一方面，是两个超级大国成就了他们的英名。积极推动探索太空的美苏领导人肯尼迪和赫鲁晓夫在历史上都是富有传奇色彩的领袖，遗憾的是他们分别在 1963 年遇刺和在 1964 年被政变推翻，没有能分享他们倡导的事业的成功，但是人类探索太空的努力并没有因此而停止。

法国思想家圣西门（Henri de Saint-Simon，1760－1825）在他的著作《寓言》[34]中曾经讲过，一个国家如果失去了 100 名高官，它会照样前进；但是如果法国失去了各 50 名最好的物理学家、化学家、数学家和工程师……，后果将难以想象。科罗廖夫和冯·布劳恩就是这样的科学家。

[34] A Political Parable

科罗廖夫以囚徒的身份，在没有人身自由的情况下，忘我地工作，为他的祖国贡献了许许多多个世界第一。他生前（因为保密的原因）默默无闻，没有得到他应得的掌声和荣誉，也没有享受到普通人的快乐。他在去世后才为人所知，前苏联为他举行了国葬，他的陵墓在红场的墓园内。2007 年，在科罗廖夫诞辰 100 周年之际，俄罗斯为他举行了大型的纪念活动，也可谓是荣于身后了。

相比科罗廖夫，冯·布劳恩是幸运的，他虽然为纳粹服务过，但是他的新国家对他和他的同事们完全信任，将最机密最重要的任务交给了他。而他那些去了前苏联的德国同胞，因为得不到信任，早在太空竞赛真正开始前就被拒之门外。相信移民，重用移民，这是美国强大的重要原因。单比较这一点，前苏联就已经输了。

冯·布劳恩不仅是世界上第一个把航天器送出大气层的人，还把人类送上了月球。他设计的土星五号火箭，在他去世30多年后的今天，依然保持着世界最大火箭的纪录。我们很难讲他们二人谁的本事更大，但是毫无疑问，他们是人类历史上迄今为止最伟大的火箭专家。当我们提到他们时，自然还会想到加加林和阿姆斯特朗，以及几十万直接和间接服务于太空探索壮举的人们。

在本章的最后，我们再回过头来提一下本章开头提到的年轻的中国人钱学森。他后来回到了中国，成为了中国的航天之父。他师承冯·卡门，而冯·卡门和冯·布劳恩其实没有太多的关联，因此过去一个流行的说法是中国的航天得益于美国（和德国）早期的研究是不对的，或许这个说法把冯·卡门和冯·布劳恩混为一谈了。中国航天的成就，虽然多少得到了前苏联专家的一些帮助，但主要是靠自己的努力实现的。

附录　人类航天大事记

1944，　冯·布劳恩设计的人类第一枚弹道火箭，德国V-2火箭从德国发射到英国本土，飞行距离300公里

1945，　冯·卡门和钱学森将冯·布劳恩带回美国

1947，　在科罗廖夫的领导下，前苏联成功发射了第一代R-1弹道火箭

1949，　在科罗廖夫的领导下，前苏联发射了R-2弹道导弹，第一次实现弹头和火箭分离

1952，　在冯·布劳恩的领导下，美国研制出第一代弹道导弹红石导弹，并且部署在欧洲

1953，　前苏联成功发射世界上第一枚中程导弹R-5

1955，　中国导弹之父钱学森回到中国

1956，　在冯·布劳恩的领导下，美国研制出第一代中程导弹木星1-C

1957,　前苏联成功发射世界上第一枚洲际导弹 R-7，该导弹第一次成功使用了多级火箭

前苏联使用科罗廖夫研制的火箭，成功地发射了人类第一颗人造卫星

1958,　美国使用冯·布劳恩研制的朱诺一号火箭，成功地发射了自己的人造卫星

1961,　前苏联成功地进行了载人太空飞行，宇航员加加林成功地完成环地球一周太空飞行

的壮举

美国总统肯尼迪宣布了阿波罗登月计划

年底，美国宇航员格兰成为第一个环地球太空飞行的美国人

前苏联探月卫星"探月二号"到达月球，成为到达外太空星球的第一个人造物

冯·布劳恩从陆军调到了成立不久的美国宇航局 NASA，负责登月火箭土星系列的设计

土星一号研制并发射成功，这是美国第一次在火箭推力上超过前苏联

1963,　土星二 B 研制发射成功，美国火箭技术全面超过前苏联

前苏联女宇航员捷列什科娃成为世界上第一个完成环球飞行的女宇航员

1966,　前苏联航天之父科罗廖夫去世

1967,　冯·布劳恩设计的巨无霸火箭土星五号发射成功，为登月扫清了火箭方面的障碍

1968,　阿波罗 7 号升空，成为第一艘通过土星五号发射的载人飞船

阿波罗 8 号发射成功，第一次将人类送入月球轨道（没有登陆）

1969,　阿波罗 9 号发射成功，第一次实现指令舱／服务舱和登月舱的对接

1969,　阿波罗 11 号发射成功并且成功地完成了人类登月的使命。阿姆斯特朗成为世界上第

一个踏上天外星球的人

中国成功发射第一颗人造卫星

1971,　前苏联成功发射人类第一个太空站礼炮 1 号

1972,　阿波罗 17 号登月，并且成为了阿波罗计划中最后一次登月的飞船，不久阿波罗计划

结束

美国的先驱者 10 号探空飞船发射成功，在访问了一些太阳系的行星后，驶出太阳系，

成为第一个驶离太阳系的人造飞船

1977,　德国和美国航天之父冯·布劳恩去世

1981,　美国航天飞机首次发射成功

1998,　世界多国合作的国际太空站发射升空

2003,　中国神州 5 号飞船首次完成载人太空飞行的任务，杨利伟成为中国第一个环地球飞

行的太空人

2011,　美国最后一次发射航天飞机，在过去的 30 年里，美国成功发射航天飞机 134 次，

失败 1 次

参考文献

1　Matthew Brzezinski. 红色月亮升起 —— 史泼尼克卫星和被遗忘的太空时代的对手（*Red Moon Rising: Sputnik and the Hidden Rivalries that Ignited the Space Age*）.Holt Paperbacks, 2008.

2　Edgar M. Cortright. 阿波罗 —— 月球远征（*Apollo - Expeditions To The Moon*）.Dover Publications, 2009.

3　太空竞赛 .Space Race.BBC 视频节目 .

4　当我们离开地球（*When We Left Earth: The NASA Missions*）. 美国 Discovery 频道节目
.

索 引

图书在版编目（CIP）数据

文明之光. 第2册 / 吴军著. -- 北京 ：人民邮电出
版社，2014.7（2024.1重印）
ISBN 978-7-115-35853-0

Ⅰ．①文… Ⅱ．①吴… Ⅲ．①世界史－文化史 Ⅳ.
①K103

中国版本图书馆CIP数据核字(2014)第107747号

内 容 提 要

人类的历史，是从野蛮蒙昧一步步走向文明进步的过程。在文明的进程中，人类创造出多元的文化，它们有着各自的特长。要实现人类和平发展的终极理想，一个重要的前提是承认文化的多元性，并且取长补短，相互融合。

吴军博士写作《文明之光》系列，希望能开阔人们的视野，让我们看到各种各样的人类文明。虽然今天不同的地区发达程度不同，文明历史的长短不一，国家亦有大小之分，但是文明之光从世界的每一个角落发出，对人类的进步产生着影响，并且成为了奠定我们今天发达世界的基石。

吴军博士从来不坐在书斋里编书。为了创作《文明之光》，他走遍世界各地寻访当年文明的遗迹，并到各大博物馆参观了大量的文物。加上他在不同文化、不同机构下科研工作的积累，这一切赋予了他难得的史料厚度和相关知识底蕴；而从科学家向投资家身份的成功转型，使得他常常能道出超越同侪的见识。

书中文字轻松优美，图文并茂，引人入胜。毫不夸张地讲，这是一本在今天快速消费时代，适合人们拿在手上慢慢欣赏品读的好书。

◆ 著　　　　吴 军
责任编辑　俞 彬
审稿编辑　李琳骁
版式编辑　胡文佳
策划编辑　周 筠
责任印制　焦志炜

◆ 人民邮电出版社出版发行　　北京市丰台区成寿寺路 11 号
邮编　100164　电子邮件　315@ptpress.com.cn
网址　http://www.ptpress.com.cn
北京瑞禾彩色印刷有限公司印刷

◆ 开本：720×960　1/16
印张：21
字数：295 千字　　　　　　　　2014 年 7 月第 1 版
印数：224 001 - 232 000 册　　2024 年 1 月北京第 30 次印刷

定价：59.00 元
读者服务热线：(010)81055410　印装质量热线：(010)81055316
反盗版热线：(010)81055315